韶关学院2024年度校级科研项目
"行动者系统理论视域下中小学教师'县管校聘'管理改革研究"研究成果

中小学教师"县管校聘"政策与行动研究

ZHONGXIAOXUE JIAOSHI "XIAN GUAN XIAO PIN"
ZHENGCE YU XINGDONG YANJIU

童顺平　黄华明◎著

中国纺织出版社有限公司

图书在版编目（CIP）数据

中小学教师"县管校聘"政策与行动研究 / 童顺平，黄华明著 . -- 北京：中国纺织出版社有限公司, 2025.2. -- ISBN 978-7-5229-2471-7

Ⅰ . G635.1

中国国家版本馆CIP数据核字第2025U45Z37号

责任编辑：赵晓红　　责任校对：王蕙莹　　责任印制：储志伟

中国纺织出版社有限公司出版发行
地址：北京市朝阳区百子湾东里A407号楼　邮政编码：100124
销售电话：010—67004422　传真：010—87155801
http://www.c-textilep.com
中国纺织出版社天猫旗舰店
官方微博 http://weibo.com/2119887771
河北延风印务有限公司印刷　各地新华书店经销
2025年2月第1版第1次印刷
开本：710×1000　1/16　印张：18
字数：272千字　定价：99.90元

凡购本书，如有缺页、倒页、脱页，由本社图书营销中心调换

序

在教育改革的大潮中，教师管理体制的创新是提升教育质量的关键一环。中小学教师"县管校聘"管理改革是我国近年来提升教育质量、盘活教师资源、推进义务教育均衡的重要政策之一。2016年4月，韶关市拿出敢"吃螃蟹"的勇气主动求新求变，积极探索推进中小学教师"县管校聘"管理改革，形成了破解教师流动体制障碍的新经验。2017年7月27日，教育部印发《教育部关于公布第二批义务教育教师队伍"县（区）管校聘"管理体制改革示范区的通知》（教师函〔2017〕3号），确定韶关市为第二批义务教育教师队伍"县（区）管校聘"管理体制改革示范区。

作为全国"县（区）管校聘"管理体制改革示范区和广东省第一个全面推进中小学教师"县管校聘"管理改革的地市，韶关市采取有效行动，不断推进中小学教师"县管校聘"管理改革纵深化发展。在韶关市委、市政府的高度重视和相关部门的大力支持配合下，韶关市教育局先后出台了《关于推进全市基础教育学校公办教师"县管校聘"管理改革工作的意见（试行）》《关于韶关市基础教育学校公办教师"县管校聘"改革编制管理的实施意见》《关于"县管校聘"管理改革中岗位设置管理和人员流动的实施意见》《韶关市中小学校教师退出教学岗位的实施办法（试行）》《韶关市县域内义务教育学校校长教师交流轮岗工作的实施方案》《关于推进韶关市教育局直属学校教师"局管校聘"管理改革的工作方案》六个文件，以问题为导向探索建立了七大机制：一是建立教师编制核定机制，实行"县管编制总量，学校按岗配备"；二是建立教师岗位管理机制，实行"县管岗位结构，学校按岗定员"；三是建立教师岗位聘用机制，实行"县管人员身份，学校合理聘用"；四是建立教师交流轮岗机制，实行"县管全局统筹，学校择优选派"；五是建立教师补充机制，实行"县管统一招聘，学校按岗聘用"；六是建立教师退出机制，实行"县管体系标准，学校考评执行"；七是建立教职工合法权益保障机制，实行"县管权益保障，学校公开竞聘"。这七大机制构成了韶关市中小学教师"县管校聘"管理改革的核心，为破解中小学教师"县管校聘"管理改革实施中的难题提供了制度保证和行动指导。

2018年4月13日，广东省教育厅会同省委改革办、省编办、省财政厅、省人力资源社会保障厅在韶关市组织开展全省中小学教师"县管校聘"管理改革现场活动，韶关市中小学教师"县管校聘"管理改革工作经验得到充分肯定。2018年5月，韶关市中小学教师"县管校聘"管理改革被评为广东省人民政府治理创新优秀案例。2019年3月22日，韶关市中小学教师"县管校聘"管理改革工作总结现场交流活动在南雄市举行，韶关市中小学教师"县管校聘"管理改革经验和做法再度成为焦点。韶关市在中小学教师"县管校聘"管理改革工作上形成的经验做法引起了广泛关注，新华社、中国教育报、南方日报先后作了报道，省内外众多地市率队来韶关市交流学习。

本书以韶关市为个案，以法国组织社会学派大师级社会学家米歇尔·克罗齐耶（Michel Crozier）和埃哈尔·费埃德伯格提出的行动者—系统理论（Actors and Systems）为基础，采用个案研究法、文献研究法、实地调查法、资料分析法等，从省域、市域、县域三个层面对中小学教师"县管校聘"管理改革政策进行了分析，明确了中小学教师"县管校聘"管理改革行动中的规则；通过韶关市及其10个县（市、区）改革实践，对中小学教师"县管校聘"管理改革具体行动系统进行了描述与分析；通过10所中小学校实践，对中小学教师"县管校聘"管理改革组织行动者的行动及其效果进行了描述与分析；通过4位教育系统改革"局中人"，对"县管校聘"管理改革个体行动者的行动及其效果进行了描述与分析。

本书作者长期关注韶关市基础教育，主动参与韶关市基础教育改革发展过程，积极为韶关市基础教育高质量发展献计献策。本书的出版，既是对韶关市中小学教师"县管校聘"管理改革实践经验的一个重要总结和推介，也是对中小学教师"县管校聘"管理改革在理论上进行的一次可贵探索。本书可作为研究中小学教师"县管校聘"管理改革的文献资料，可作为中小学教师"县管校聘"管理改革实践者的行动指南，也可作为中小学教师"县管校聘"管理改革政策制定者的重要参考。

是为序。

黄令遥

（韶关市委教育工委书记、市教育局党组书记、局长）

2024年3月

目录

第一章 绪论 ··· 001
 第一节 研究缘起与研究意义 ··· 002
 第二节 研究现状 ·· 005
 第三节 理论基础及其适切性 ··· 012
 第四节 研究方法与研究内容 ··· 017

第二章 中小学教师"县管校聘"管理改革政策分析 ················ 021
 第一节 中小学教师"县管校聘"管理改革省域政策分析 ········· 023
 第二节 中小学教师"县管校聘"管理改革市域政策分析 ········· 030
 第三节 中小学教师"县管校聘"管理改革县域政策分析 ········· 039
 第四节 中小学教师"县管校聘"岗位管理改革政策分析 ········· 045

第三章 韶关市中小学教师"县管校聘"管理改革行动 ············ 053
 第一节 韶关市中小学教师"县管校聘"管理改革行动系统
    特征分析 ··· 054
 第二节 中小学教师"县管校聘"管理改革行动概况与策略 ······ 057
 第三节 中小学教师"县管校聘"管理改革行动效果与问题 ······ 063

第四章 南雄市中小学教师"县管校聘"管理改革行动 ············ 069
 第一节 南雄市中小学教师"县管校聘"管理改革行动
    系统特征分析 ··· 070
 第二节 南雄市中小学教师"县管校聘"管理改革行动概况 ······· 072
 第三节 南雄市中小学教师"县管校聘"管理改革行动效果与问题 ···· 073

第五章　浈江区中小学教师"县管校聘"管理改革行动 ········· 077

　　第一节　浈江区中小学教师"县管校聘"管理改革行动系统
　　　　　　特征分析 ··· 078
　　第二节　浈江区中小学教师"县管校聘"管理改革行动主要举措 ···· 080
　　第三节　浈江区中小学教师"县管校聘"管理改革行动效果与问题 ··· 085

第六章　武江区中小学教师"县管校聘"管理改革行动 ········· 089

　　第一节　武江区中小学教师"县管校聘"管理改革行动系统
　　　　　　特征分析 ··· 090
　　第二节　武江区中小学教师"县管校聘"管理改革行动策略 ········· 092
　　第三节　武江区中小学教师"县管校聘"管理改革行动效果与问题 ··· 100

第七章　曲江区中小学教师"县管校聘"管理改革行动 ········· 107

　　第一节　曲江区中小学教师"县管校聘"管理改革行动系统
　　　　　　特征分析 ··· 108
　　第二节　曲江区中小学教师"县管校聘"管理改革行动策略 ········· 111
　　第三节　曲江区中小学教师"县管校聘"管理改革行动效果与问题 ··· 116

第八章　始兴县中小学教师"县管校聘"管理改革行动 ········· 121

　　第一节　始兴县中小学教师"县管校聘"管理改革行动系统
　　　　　　特征分析 ··· 122
　　第二节　始兴县中小学教师"县管校聘"管理改革行动策略 ········· 124
　　第三节　中小学教师"县管校聘"管理改革行动效果与问题 ········· 133

第九章　新丰县中小学教师"县管校聘"管理改革行动 ········· 137

　　第一节　新丰县中小学教师"县管校聘"管理改革行动系统
　　　　　　特征分析 ··· 138
　　第二节　新丰县中小学教师"县管校聘"管理改革行动策略 ········· 140

第三节　新丰县中小学教师"县管校聘"管理改革行动效果与问题……………………………………………………………147

第十章　乳源瑶族自治县中小学教师"县管校聘"管理改革行动……151

第一节　乳源瑶族自治县中小学教师"县管校聘"管理改革行动系统特征分析…………………………………152

第二节　乳源瑶族自治县中小学教师"县管校聘"管理改革行动策略……………………………………………154

第三节　乳源瑶族自治县中小学教师"县管校聘"管理改革行动效果与问题………………………………………159

第十一章　翁源县中小学教师"县管校聘"管理改革行动……………165

第一节　翁源县中小学教师"县管校聘"管理改革行动系统特征分析……………………………………………166

第二节　翁源县中小学教师"县管校聘"管理改革行动策略………168

第三节　翁源县中小学教师"县管校聘"管理改革行动效果与问题…175

第十二章　乐昌市中小学教师"县管校聘"管理改革行动……………181

第一节　乐昌市中小学教师"县管校聘"管理改革行动系统特征分析……………………………………………182

第二节　乐昌市中小学教师"县管校聘"管理改革行动策略………184

第三节　乐昌市中小学教师"县管校聘"管理改革行动效果与问题…189

第十三章　仁化县中小学教师"县管校聘"管理改革行动……………193

第一节　仁化县中小学教师"县管校聘"管理改革行动系统特征分析……………………………………………194

第二节　仁化县中小学教师"县管校聘"管理改革行动策略………196

第三节　仁化县中小学教师"县管校聘"管理改革行动效果与问题…203

中小学教师"县管校聘"政策与行动研究

第十四章 中学教师"县管校聘"管理改革组织行动者……207

第一节 始兴中学教师"县管校聘"管理改革行动及其效果……208

第二节 长江中学教师"县管校聘"管理改革行动及其效果……211

第三节 坪田中学教师"县管校聘"管理改革行动及其效果……215

第四节 董塘中学教师"县管校聘"管理改革行动及其效果……217

第五节 龙仙第二中学教师"县管校聘"管理改革行动策略及其效果……222

第十五章 小学教师"县管校聘"管理改革组织行动者……227

第一节 韶钢第四小学教师"县管校聘"管理改革行动策略及其效果……228

第二节 新丰县城第一小学教师"县管校聘"管理改革行动策略……232

第三节 乳源瑶族自治县第一小学教师"县管校聘"管理改革行动策略及其效果……236

第四节 田家炳小学教师"县管校聘"管理改革行动策略及其效果……240

第五节 新丰县城第二小学教师"县管校聘"管理改革行动策略及其效果……244

第十六章 中小学教师"县管校聘"管理改革个体行动者……251

第一节 中小学教师"县管校聘"管理改革跋涉为乐……252

第二节 中小学教师"县管校聘"管理抱诚行路……260

第三节 中小学教师"县管校聘"管理改革探则有方……266

第四节 中小学教师"县管校聘"管理改革走则有路……271

后记……279

第一章

绪论

中小学教师"县管校聘"管理改革是我国近年来推进城乡中小学一体化改革发展最主要的公共政策之一。2015年，教育部在全国19个区县开始实行中小学教师"县管校聘"管理改革试点。2016年，韶关市成为全国中小学教师"县管校聘"管理改革示范区，作为广东省第一个以"地市"为单位开展中小学教师"县管校聘"管理改革的行动系统，其重要性不言而喻。那么，韶关市中小学教师"县管校聘"管理改革行动如何展开？行动效果到底如何？对教育系统产生了何种影响？这引起了社会各界的广泛关注。

第一节 研究缘起与研究意义

中小学教师"县管校聘"管理改革作为一项公共政策可研究的议题甚多。下面主要对本书研究的缘起和研究意义进行说明。

一、研究缘起

2010年7月，《国家中长期教育改革和发展规划纲要（2010—2020年）》中强调："教育公平的关键是机会，基本要求是保障公民依法享有受教育的权利，重点是促进义务教育均衡发展和扶持困难群体，根本措施是合理配置教育资源，向农村地区、边远贫困地区和民族地区倾斜，加快缩小教育差距。"[1]

---

[1] 中共中央 国务院.国家中长期教育改革和发展规划纲要（2010—2020年）[EB/OL].（2010-07-29）[2022-08-20].

此后，各省、市、县（市、区）积极尝试和探索教师管理体制改革，中小学教师"县管校聘"管理改革作为本土经验做法进入政策话语体系。2014年8月，教育部、财政部、人力资源和社会保障部联合颁发《关于推进县（区）域内义务教育学校校长教师交流轮岗的意见》，指出要全面推进义务教育教师队伍"县管校聘"管理改革❶。至此，中小学教师"县管校聘"管理改革成为一项重要的公共政策，受到各方面关注。2015年6月，教育部正式发文，确定北京市东城区等19个申报单位为首批义务教育教师队伍"县管校聘"管理改革示范区❷。自此，中小学教师"县管校聘"管理改革进入实践阶段。

中小学教师"县管校聘"管理改革作为一项教师均衡配置管理体制改革举措，政策目标是要实现县域内中小学教师由"学校人"转变为"系统人"，打破优质学校对优秀教师的"学校垄断"，以教师流动促进和优化城乡、校际教师资源配置，达到义务教育资源均衡配置和义务教育优质均衡发展的目的。韶关市作为教育部第二批中小学教师"县管校聘"管理改革示范区，从2016年开始推进中小学教师"县管校聘"管理改革行动，在中小学教师"县管校聘"管理改革方面取得了有效经验和突破性成果。因此，以韶关市为个案，对中小学教师"县管校聘"管理改革政策与行动进行研究，对广东省乃至全国各地中小学教师"县管校聘"管理改革政策研制和行动推行极其必要。

二、研究意义

中小学教师"县管校聘"管理改革政策和行动研究，对深化中小学教师"县管校聘"管理改革管理体制改革，生成中小学教师"县管校聘"管理改革本土经验，丰富中小学教师"县管校聘"管理改革研究具有重要意义。

首先，有助于深化中小学教师"县管校聘"管理改革实践。尽管中小学教

---

❶ 中华人民共和国教育部、财政部、人力资源和社会保障部.关于推进县（区）域内义务教育学校校长教师交流轮岗的意见[EB/OL].（2014-08-15）[2022-08-13].

❷ 中华人民共和国教育部.关于确定首批义务教育教师队伍"县管校聘"管理改革示范区的通知[EB/OL].（2015-07-02）[2022-08-11].

师"县管校聘"管理改革实施以来，各地纷纷在中小学推动跨校竞聘、定期交流、对口支援等，也确实推动了城乡教师流动，但中小学教师"县管校聘"管理改革在常态化实施过程中，仍存在一些亟待解决的重要难题，诸如，如何突破教师管理体制机制壁垒，如何让教师顺畅从"学校人"转为"系统人"，如何实现公平有效校聘等。韶关市自2016年下半年拉开中小学教师"县管校聘"管理改革帷幕以来，在探索中小学教师"县管校聘"管理改革方面积累了一些实践经验，取得了突破性成果。因此，以韶关市为个案，对中小学教师"县管校聘"管理改革政策与行动进行研究，既可以对当前全面推行中小学教师"县管校聘"管理改革政策提供参考和借鉴，还可以进一步深化和完善中小学教师"县管校聘"管理改革政策，推动中小学教师"县管校聘"管理改革深入发展。

其次，有助于生成中小学教师"县管校聘"管理改革本土经验。受我国长期实施的计划经济体制和事业单位人事管理影响，中小学教师在长期聘任制度实施过程中，对学校形成了强烈的归属感和依赖感，眼中有"单位"没有"系统"；教师与学校聘用合同关系沦为形式，教师职业"铁饭碗"状态一直没有被打破。中小学教师"县管校聘"管理改革赋予学校更大的用人自主权，借助聘用合同、岗位聘任、岗位竞争激活教师忧患意识和竞争意识，建立了能进能出、能上能下的竞争机制，打破了教师"终身制"观念，激发了教师内在活力。作为本土政策实践，理当产生本土经验。以韶关市为个案，对中小学教师"县管校聘"管理改革政策与行动进行研究，有助于总结本土经验。

最后，有助于丰富中小学教师"县管校聘"管理改革研究。2016年，国务院印发的《关于统筹推进县域内城乡义务教育一体化改革发展的若干意见》提出："全面推进教师'中小学教师"县管校聘"管理改革'改革，按照教师职业特征和岗位要求，完善教师招聘机制，统筹调配编内教师资源，着力解决乡村教师结构性缺员和城镇师资不足问题。"❶作为建国后中小学教师管理体制机制改革的重大举措，中小学教师"县管校聘"管理改革旨在实现由县级教育行政部门对县域

---

❶ 国务院.关于统筹推进县域内城乡义务教育一体化改革发展的若干意见[EB/OL].（2016-07-11）[2022-08-11].

内教师编制、人事进行统一管理，合理配置，从根本上解决优质教师在城乡间、校际间配置不均衡，农村教师结构性缺编，城镇教师"有岗无编"等突出问题。目前，研究者围绕中小学教师"县管校聘"管理改革出现了一些个案研究，但是个案研究还不够丰富，研究深度有待进一步提高。以中小学教师"县管校聘"管理改革示范区韶关市为个案，对中小学教师"县管校聘"管理改革政策与行动进行研究，有助于进一步丰富中小学教师"县管校聘"管理改革研究。

第二节　研究现状

中小学教师"县管校聘"管理改革的研究可以说较早，也可以说较迟。较早，是从这一术语的实质而言，这一术语指称的是教师流动或交流，但从这一术语本身而言，则是近些年才开始的。下面笔者分别从国外和国内对其进行回顾。

一、国外研究

中小学教师"县管校聘"管理改革是我国教师管理的本土化概念，国外学者相关的研究通常是教师流动、教师交流等。1927年美国社会学家思欧若克（Pitirim A.Sorokin，1964）出版《社会流动》一书，以人才流动为视角分析人才流动的原因，成为研究社会流动领域开山之作[1]。随后，维尔利（Charles V.Willie，1999）基于实证调研教师流动已日渐成为教育质量高低的重要影响因素，强调政府要坚持"补救办法"与"防御措施"相结合，合理配置教育教学资源，避免集聚效应拉大差距。[2]接着，摩尔和约翰森（Susan Moore，Johnson，2003）将影响教师流动因

---

[1] SOROKIN P A .Social and cultural mobility[M].New York：The Free Press，1964：133.

[2] WILLIE C V.Excellence，Equity and Diversity in Education［J］.Prospects，1999（4）：493-502.

素归结为学校混乱无序的管理、无能的领导方式和教学上遭受不公正的待遇❶。

随着研究方法出现分野，国外教师流动研究在质性研究和量化研究方面分别出现了一批较有分量的研究成果。质性研究方面，博塔斯等（Elinor Brass, Susan M. Coles, 2014）❷和格瑞耶特（Kendra Geeraerts, 2020）基于交流期间新合作对象及新教师间交流关系质性研究，提出良好工作氛围、代际间学习环境一定程度上会阻碍教师流动❸；卡波利克（Krzysztof Karbownik.2020）❹在考查学生能力基础上，分析发现不同学校学生能力差异会间接造成教师流失，促成教师校际间流动。量化研究方面，海格等（Hege Marie Gjefsen, Trude Gunnes, 2020）❺发现问责机制很大程度上会影响教师流动；塞缪尔等（Samuel Berlinski, Alejandra Ramos, 2020）❻基于绩效工资与教师流动之间关系，认为良好绩效工资待遇可以缓解教师自由流动。

近两年，相关的研究仍不断出现。布鲁恩等（Jesse Bruhn, Scott Imberman, Marcus Winters, 2022）❼研究特许学校人员灵活性发现，高固定成本的教育

---

❶ JOHNSON S M.The School That Teacher Choose [J].Educational Leadership, 2003 (5): 20-24.

❷ BRASS E, SUSAN C M.Artist Teachers Exchange: Reflections on a Collaborative Sketchbook Project for Secondary School Art Teachers [J].International Journal of Art&Design Education, 2014 (3): 365-374.

❸ GEERAERTS K.Inter-generational learning of teachers: what and how do teachers learn from older and younger colleagues? [J].European Journal of Teacher education, 2018 (4): 479-495.

❹ KARBOWNIK K.The effects of student composition on teacher turnover: Evidence from an admission reform [J].Economics of Education Review, 2020 (75): 101960-101960.

❺ GJEFSEN H M, GUNNES T.How school accountability affects teacher mobility and teacher sorting [J].Education Economics, 2020 (5): 455-473.

❻ Berlinski S, Ramos A.Teacher mobility and merit pay: Evidence from a voluntary public award program [J].Journal of Public Economics, 2020 (186): 104186.

❼ BRUHN J, SCOTT I, WINTERS M. Regulatory arbitrage in teacher hiring and retention: Evidence from Massachusetts Charter Schools [J]. Journal of Public Economics, 2022 (215): 104750.

者在获得更高的公共部门工作所需的许可证之前，使用特许学校来探索教学职业；特许学校通过提高可获得教师劳动力的平均质量，为传统公立学校创造了正外部性；特许学校更有可能失去其最高和最低增值教师，低绩效者倾向于退出公共教育，而高绩效者则倾向于转向传统的公立学校。Pham Lam D（2023）[1]研究发现，尽管《每个学生成功法案》将全校改革继续称为改善表现不佳学校学生成绩的重要战略，但是根据田纳西州的数据，使用双重差分模型来估计当学校开始实施周转改革时转学的教师的溢出效应，结果显示，转学校的教师往往不如留下来的教师有效，而且他们往往会转到附近表现不佳的学校，对非改革学校的学生考试成绩产生了适度的积极溢出效应。阮大师和马修（Nguyen Tuan,Matthew G. Springer，2023）[2]以近四十年国际教师流动研究文献为指导，经过系统梳理，提出了一个教师流动的概念框架，将教师流动的影响因素归纳为个人因素、学校因素和外部因素等九类，并提出政策杠杆来积极影响教师劳动力流动。理查德和亨利（Ingersoll Richard M，Tran Henry，2023）[3]运用组织理论视角，对具有代表性的学校、教师、校长进行问卷调查，对国家教育统计中心进行的教师跟踪调查二次统计分析发现，与城市和郊区学校相比，农村学校学生人数和师资力量在近几十年来急剧萎缩，尽管学生人数减少，对教师需求减少，但农村学校在填补教学职位方面面临着严重困难，这些教师配置问题是由退休前教师的高流动率所驱动，且不同类型学校之间教师流动数据资料差异较大，尤其是在贫困程度较高的农村学校。

这些研究尽管未直接针对中小学教师"县管校聘"管理改革政策进行研

---

[1] PHAM L D. Teachers Are Not Lemons： An Examination of Spillover Effects When Teachers Transfer Away From Turnaround Schools ［J］.Educational Researcher，2023（7）：422–433.

[2] NGUYEN T D, SPRINGER M G. A conceptual framework of teacher turnover： a systematic review of the empirical international literature and insights from the employee turnover literature ［J］.Educational Review，2023（5）：993–1028.

[3] INGERSOLL R M, Tran Henry. Teacher Shortages and Turnover in Rural Schools in the US： An Organizational Analysis ［J］.Educational Administration Quarterly，2023（2）：396–431.

究，但是其对教师流动、教师交流和教师流失的研究，有助于深化中小学教师"县管校聘"管理改革政策研究。

二、国内研究

近年来，随着中小学教师"县管校聘"管理改革政策的推广和全面实施，研究成果已日渐丰硕。笔者在中国知网以中小学教师"县管校聘"管理改革为"主题"进行搜索，截至2023年10月，发现学术期刊论文135篇、学位论文62篇。可见，已有较多研究者关注中小学教师"县管校聘"管理改革。目前研究者关注的主题主要如下。

（一）中小学教师"县管校聘"管理改革政策研究

中小学教师"县管校聘"管理改革需要确定教师的身份。刘昕鹏（2017）认为"系统人"身份难以厘清教师的权责问题[1]。李茂森（2019）基于广东、山东、浙江、安徽、福建五省中小学教师"县管校聘"管理改革实施方案进行归纳比较发现，中小学教师"县管校聘"管理改革政策应着力解决教师身份、学校用人权监管、教师管理碎片化、教师交流生态效益等问题[2]。赵文学、王寰安（2019）对中小学教师"县管校聘"管理改革政策研究发现政策会给教育主管部门和学校增添协调、管理和运营成本，同时会增加教师经济和生活成本[3]。栗晗（2021）基于国家政策条文和36个地方政策文本，进行统计分析，发现当前中小学教师"县管校聘"管理改革政策存

---

[1] 刘昕鹏.中小学教师"县管校聘"管理改革背景下教师专业人员身份的困境与再确认[J].当代教育科学，2017：19-23.

[2] 李茂森.中小学教师"县管校聘"管理改革实施方案研究与再思考[J].教育发展研究，2019（2）：67-72.

[3] 赵文学，王寰安.对义务教育教师中小学教师"县管校聘"管理改革的思考[J].教学与管理，2019（2）：4-6.

在类型单一、内容不规范、目标泛化、保障措施不到位等特征[1]。赵文学、王寰安（2019）[2]、夏心军（2016）[3]、曾志（2016）[4]研究发现，中小学教师"县管校聘"管理改革政策降低了学校权威，削弱了教师对学校文化的认同感和归属感，增加了教育行政部门管理负担和财政部门经济支出。杨汝洪（2023）[5]基于政策工具视角对泉州市义务教育学校教师"县管校聘"政策分析发现，政策工具整体结构失衡，体现在五种政策工具中，命令工具占比过高；政策效用衡量标准不合理，体现在关注均衡而非优质均衡、关注"量"的流动而非"质"的交流；政策可操作性不强，体现在激励工具与教师需求不匹配而抵消政策效用、政策合力不足等。

（二）中小学教师"县管校聘"管理改革实践成效研究

吴春（2018）[6]以四川邛崃为个案发现，中小学教师"县管校聘"管理改革政策实施有助于实现区域内教师资源优化配置，提升教师队伍整体质量和品质。黄全明（2020）[7]基于中小学教师"县管校聘"管理改革政策操作研究发现，中小学教师"县管校聘"管理改革在推动教师发展内驱力、学校内部用人

---

[1] 栗晗.义务教育教师中小学教师"县管校聘"管理改革政策研究——基于政策文本的分析[D].保定：河北大学，2021.

[2] 赵文学，王寰安.对义务教育教师中小学教师"县管校聘"管理改革的思考[J].教学与管理，2019（2）：4-6.

[3] 夏心军.从"系统人"到"学校人"：关于教师流动与文化传承的思考[J].上海教育科研，2016（9）：84-89.

[4] 曾志.中小学教师"县管校聘"管理改革理论与实践研究[D].成都：四川师范大学，2016：摘要.

[5] 杨汝洪.泉州市义务教育学校教师"县管校聘"政策研究[D].长春：东北师范大学，2023：摘要.

[6] 吴春.邛崃市政府实施教师中小学教师"县管校聘"管理改革案例研究[D].成都：电子科技大学，2018：摘要.

[7] 黄全明.教师中小学教师"县管校聘"管理改革改革的政策取向及实践省思[J].宁波教育学院学报，2020（2）：78-82.

机制、校际间师资均衡配置方面发挥了巨大作用。何雅丽（2020）[1]基于茂名市考察发现，中小学教师"县管校聘"管理改革政策能够促进区域内中小学教师交流和研讨，扩大制度影响力。殷竣晓、赵垣可（2023）[2]基于P县的田野考察发现，P县开展的"县管校聘"管理改革并没有很好地促进区域教育均衡发展，但在一定程度上能够起到鞭策教师、激发教师的职业成就感以及凝聚团队精神的作用。

（三）中小学教师"县管校聘"管理改革实施问题研究

侯洁（2017）[3]、黄旭中（2020）[4]、汪丞等（2020）[5]研究发现，中小学教师"县管校聘"管理改革存在教师人事管理脱节、相关部门协调不够、部门间缺乏联动等问题。鲍姝琼（2019）[6]、王艳丽（2020）[7]发现，轮岗教师在交流中存在绩效考核缺乏有效评定、年度考核与评优评先被边缘化等问题。范文卿

---

[1] 何雅丽.中小学教师"县管校聘"管理改革人事制度改革研究——以广东省茂名市茂名市为例［D］.南昌：南昌大学，2020：摘要.

[2] 殷竣晓，赵垣可."县管校聘"管理改革中教师的行动策略及逻辑——基于P县的田野考察［J］.江苏教育研究，2023（13）：37-42.

[3] 侯洁，李睿，张茂聪.中小学教师"县管校聘"管理改革政策的实施困境及破解之道［J］.中小学管理，2017（10）：29-32.

[4] 黄旭中.义务教育教师中小学教师"县管校聘"管理改革政策执行研究［D］.武汉：华中师范大学，2020：摘要.

[5] 汪丞.教师定期交流的政策困境与对策——基于政策工具的视角［J］.教师教育研究，2020（1）：20-26.

[6] 鲍姝琼.中小学教师"县管校聘"管理改革下义务段教师流动问题研究［D］.宁波：宁波大学，2019：摘要.

[7] 王艳丽.中小学教师"县管校聘"管理改革教师流动政策的困境与对策［J］.人才资源开发，2020（20）：13-14.

（2020）❶研究发现教师在流动时参与度低，出现抵触心理。陈醒蕾（2022）❷以H市为个案调查发现中小学教师"县管校聘"管理改革存在政策宣传不到位、组织架构协调性低、学校管理相互缠绕、目标群体积极性不够、缺乏有效监督等问题。闫艳、王星霞（2023）❸基于史密斯政策执行过程模型对义务教育阶段教师"县管校聘"政策执行的困境分析发现，河南省B县在"县管校聘"政策执行过程中存在政策文本不够全面细致、政策执行主体推进力度不足、政策配套措施落实不力等问题。

（四）中小学教师"县管校聘"管理改革推进策略研究

操太圣、卢乃桂（2018）❹提出中小学教师"县管校聘"管理改革政策推进要体现教育公共性，需充分发挥政府主导作用，要尊重教师发展需求。姜超（2021）❺提出中小学教师"县管校聘"管理改革政策推进要注重"结构—个体"整合、教师教育教学活动质量、利益相关者话语互动。吴丽翠（2021）❻提出中小学教师"县管校聘"管理改革政策推进要在政策顶层设计、宣传、目标、协调上下功夫。袁媛（2021）❼提出推进中小学教师"县管校聘"管理改

---

❶ 范文卿.中小学教师"县管校聘"管理改革教师流动政策的实施困境与破解路径［J］.教学与管理，2020（1）：9-11.

❷ 陈醒蕾.H市浈江区中小学教师"县管校聘"管理改革政策执行研究［D］.桂林：广西师范大学，2022：摘要.

❸ 闫艳，王星霞.义务教育阶段教师"县管校聘"政策执行的困境与突破——基于史密斯政策执行过程模型［J］.成都师范学院学报，2023（9）：79-86.

❹ 操太圣，卢乃桂.中小学教师"县管校聘"管理改革模式下的轮岗教师管理审思［J］.教育研究，2018（39）：58-63.

❺ 姜超.中小学教师"县管校聘"管理改革的政策前提、管聘指向与执行模式反思［J］.教育科学研究，2021（5）：34-39.

❻ 吴丽翠.义务教育阶段教师交流的实践困境与变革理路［J］.教学与管理，2021（3）：22-25.

❼ 袁媛.中小学教师"县管校聘"管理改革体制下教师交流轮岗的机制建构［J］.四川师范大学学报（社会科学版），2021（3）：127-132.

革要组建教师管理服务中心、制定科学交流轮岗教师遴选机制，加大各部门之间的协调力度，以激励补偿机制提升交流轮岗积极性来实现。陈英文、张慧杰（2023）[1]基于S省的调查数据提出，"县管校聘"政策背景下解决义务教育学校师资交流轮岗问题要加强示范引领，提升校长和教师对政策的理解程度，要积极运用调节杠杆，统筹省域政策推进水平，要因人因事制宜，激发教师交流轮岗的主观意愿，要加强监测与评估专业性，完善督导评估制度。

纵观已有研究文献，可以发现国外研究者主要围绕中小学教师流动、教师交流等进行了不少实证研究，国内研究者主要围绕中小学教师"县管校聘"管理改革开展了较多研究，也出现了一些个案研究，但是个案研究还不够丰富、描述厚度和分析深度还有待提高。事实上，中小学教师"县管校聘"管理改革示范区在过去的几年时间已经积累了一些有效经验，发挥了一定的指导和示范作用，将其作为个案，对中小学教师"县管校聘"管理改革政策和行动进行研究，具有重要意义。本书以韶关市为个案，就此"县管校聘"管理改革示范区，对中小学教师"县管校聘"管理改革政策和行动进行研究，有助于进一步丰富中小学教师"县管校聘"管理改革研究，推进中小学教师"县管校聘"管理改革实践深入发展。

第三节 理论基础及其适切性

理论是研究和分析的脚手架。本书研究的理论基础为行动者—系统理论。下面对该理论进行简要介绍，并对适切性作出说明。

一、行动者—系统理论简介

本书研究的理论基础是行动者—系统理论。行动者—系统（actors and

---

[1] 陈英文，张慧杰. "县管校聘"政策背景下义务教育学校师资交流轮岗的问题与对策——基于S省的调查数据[J]. 教育理论与实践，2023（26）：23-27.

systems）是法国组织社会学派大师级社会学家米歇尔·克罗齐耶（Michel Crozier）和埃哈尔·费埃德伯格（Erhard Friedberg）合作构建并提出的重要理论。

米歇尔·克罗齐耶是法兰西科学研究院教授，组织社会学研究中心主任，巴黎政治研究院社会学高等教育部负责人。曾在哈佛大学和法国楠泰尔大学执教多年。他主持过多次有关政府部门、企业以及其他机构的实际功能的社会学调查，围绕权力现象和组织现象开展过多方面的研究，主要代表作有《被封闭的社会》《科层现象》《法令不能改变社会》等。埃哈尔·费埃德伯格教授是杰出的奥地利裔法国组织社会学大师，巴黎政治学院公共事务管理系（MPA）主任，曾长期担任法国组织社会学研究中心主任，在法国及欧洲众多企业中担任顾问，在国际学术界享有盛誉，代表作有《组织社会学分析》《权力与规则》等。两位社会学大师基于对组织及其行动长时间的观察和研究，2007年出版专著《行动者与系统——集体行动的政治学》。在书中系统构成和提出了行动者—系统理论。

行动者—系统理论的核心概念包含权力、行动者、系统、游戏、组织。权力概念在行动者—系统理论中占有基础地位。行动者—系统理论的基础假设是组织中权力关系的假设。他们认为一切组织都是作为权力关系整体而形成的一种结构，权力意味着对其他人或群体施加影响的可能性程度。"任何权力现象，不论它产生于何种根源，不论它具有何种合法性，不论它具有怎样的目的，也不论它使用何种方法——从最广泛的层面来说——都蕴含着一个人或一个群体对另一个人或另一些群体施加影响的可能性。"[1]他们认为，权力存在于权力关系各方参与者所支配的自由之中，权力代表着行动的自由程度。"权力因此存在于权力关系各方参与者所支配的自由余地之中，即存在于一方所拥有的能够拒绝另一方要求他做某事的或大或小的可能性之中。所有的力量、实力、财富、声望、权威……简言之，各方拥有的所有资源的作用，仅在于给他们提供更大的自由行动余地。"[2]

行动者—系统理论认为，基于权力关系假设，行动者和系统之间存在相互

---

[1] 克罗齐耶，费埃德伯格.行动者与系统——集体行动的政治学[M].张月，等译.上海：上海人民出版社，2007：51.

[2] 克罗齐耶，费埃德伯格.行动者与系统——集体行动的政治学[M].张月，等译.上海：上海人民出版社，2007：54.

作用关系，在任何系统中，行动者的决策和行为会受到制度、结构和环境等系统因素的制约和影响，同时行动者通过自身的行为和选择也会对系统产生反馈和影响。其中，行动者可以是个人、团体、政府、企业等主体，系统则可以是社会、组织、市场、政治体系等。显而易见，系统和行动者具有相对性，但是系统更宏大，行动者在系统中行动，对此可以确信无疑。

游戏❶是行动者—系统理论中另一个重要概念。游戏是组织行动和规范合作的一种工具，是行动者为了获取利益时必须遵循的规则。"游戏是人们为了规范他们的合作而设立的工具。它是有组织行动的，不可或缺的工具。它协调了自由和限制之间的关系。游戏者始终是自由的，但是如果他们想获得利益，就应该根据游戏的属性和规则来采用合适的策略。也就是说，为了进一步获取利益，他必须接受强加给他的诸多限制。"❷游戏本质上是一种整合行动的模式或机制。他们指出："我们实际使用过的游戏概念，从本质上说是一种整合人类行为的模式，这一模式假定，在社会关系领域，人们看到的是二元性的景观，而不是整合为一的景观。它从总体上维持而非调和两种相互矛盾的趋向，即行动者自私的策略趋向以及系统最终的和谐趋向，前者应用于各个行动者在游戏中的行为，而后者则应用于游戏的结果。只有游戏本身作为社会整合机制才能予以超越。"❸游戏也可以理解为一套规则，它会根据环境条件发展变化，存在正式和非正式之分，能够划定行动者采用的策略。"游戏的规则有正式游戏规则和非正式游戏规则之分，其中重点突出了赢和输的可能性，并且划定了合理策略的总体范围，也就是所谓的行动者能够采用的策略，这样，他们就能根据自己的意愿，决定自己在何种程度上参与到组织中去，从而为自己的

---

❶ "游戏"在此理论中可以理解为一套规则、一种机制，也可以理解为一种模型，考虑到"游戏"一词用于重大公共政策研究不够严肃，本书代以"规则"。

❷ 克罗齐耶，费埃德伯格.行动者与系统——集体行动的政治学[M].张月，等译.上海：上海人民出版社，2007：95.

❸ 克罗齐耶，费埃德伯格.行动者与系统——集体行动的政治学[M].张月，等译.上海：上海人民出版社，2007：227.

利益服务，或者至少不至于受其限制。"[1]游戏决定着组织中行动者选择时所采取的策略。他们指出："游戏强加的限制并不决定行为本身，而是决定着行动者在进行选择的时候所采取的一系列策略。这种选择，无论是长期的，还是短期的，都会引起游戏的变化。"[2]

组织是与游戏紧密相关的另一个重要概念。但是不同于一般的理解，在行动者—系统理论中组织并不是一个实体，而是一种行动集合，是行动者参与的诸种游戏的结果。"我们认为，应该将组织的功能理解为一系列游戏的结果，而不是将它看成各种各样的适应过程的产物，在这些过程中，集合在一起的个体的人抑或群体，依据他们自己的动机，调整自我，使之适应预先由组织设定的程序与'角色'。我们提议，应该将其看作是一系列由各种各样的组织行动者参与的诸种游戏的结果。"[3]当组织被构想成诸种相互依赖的游戏的集合形式时，组织会成为一种限制性力量，在保证人们追求利益时，必须遵从主导要求与规则，为组织目标的实现作出贡献。他们指出："当组织被人们构想成诸种相互依赖的游戏的集合形式时，行动者行为整合的本体社会学现象，不是被解释成这样一种学习的直接结果：学习一系列相互依赖的行为，以及与之相对应的诸种规范和价值。相反，它被分析成根本性、限制性力量的非直接结果，这种限制性力量要求每一个行动者，在其希望进行游戏，并且确保自己参与'付出'的成本不过大抑或至少'代价'不过于高昂的前提条件下，遵从诸种游戏之中居于主导地位的要求与规则，这些游戏在组织之中进行，而且这样一来，无论是否愿意（nolens volens），都会为组织目标的实现作出贡献。"[4]

行动者—系统理论更多关注的是行动及其与系统之间的关系，尽管对变革论述不算太多，但是十分精当。他们提出，当变革发生时，行动者会在相互关

---

[1] 克罗齐耶，费埃德伯格.行动者与系统——集体行动的政治学[M].张月，等译.上海：上海人民出版社，2007：97.

[2] 同[1]。

[3] 同[1]。

[4] 同[1]。

系或社会组织集体中发生改变。"当我们说变革必须被当作一个社会问题来考虑的时候，我们的意思是说，人们不仅不是被动地接受变革，而且是在集体中改变，就像一个集体一样变化：不是个人的，而是在他们相互的关系中以及在他们的社会组织中发生变化。"❶同时，系统也会对改革产生适应作用，会对改革的意义进行一定程度改变。"系统会在自我适应的同时，通过一些补偿性的调节手段维持自身不变，而这些调节的手段，会或多或少地从整体上改变改革的意义。"❷因此，变革的目的难以完全达成。

二、行动者—系统理论的适切性

米歇尔·克罗齐耶（Michel Crozier）和埃哈尔·费埃德伯格（Erhard Friedberg）均为组织社会学的大师，作为国际上社会学研究领域的执牛耳者，他们构建和提出的行动者—系统理论一诞生便产生了很大影响，引发了巨大关切。该理论在社会学、组织学、管理学、经济学等领域得到了广泛的运用。近年来，行动者—系统理论也被教育研究者所关注，在教育学领域也得到了一定程度的运用。

行动者—系统理论旨在考察行动者与系统之间的关系。诚如张月在译者序指出的："归根到底，本书首先是对存在于行动者和系统之间的关系的某种思考。事实上，作者正是围绕这对立的两极构筑其推论的。当行动者游离于系统之外时，他实际上是不存在的，因为正是系统在设定行动者的自由度以及他在自己的行动中可利用的合理性。但是，系统只是通过行动者而存在的，因为行动者是唯一的系统支撑者，是唯一能赋予系统生命，并且能让系统发生变化的

---

❶ 克罗齐耶，费埃德伯格.行动者与系统——集体行动的政治学[M].张月，等译.上海：上海人民出版社，2007：368.

❷ 克罗齐耶，费埃德伯格.行动者与系统——集体行动的政治学[M].张月，等译.上海：上海人民出版社，2007：379.

要素。有组织的行动的限制因素,恰恰就产生于这两条路径的并存区域。"[1]
本书研究旨在分析中小学教师"县管校聘"管理改革政策与行动,分析中小学教师"县管校聘"管理改革政策,目的是明晰中小学教师"县管校聘"管理改革行动中行动者必须遵从的规则,描述和分析中小学教师"县管校聘"管理改革行动,目的是阐明中小学教师"县管校聘"管理改革中行动者,有关政府及有关部门,有关学校及其领导者,如何行动,行动效果如何,行动对教育系统带来何种影响,符合行动者—系统理论旨趣和核心要义,因此,行动者—系统理论适用于本书的研究。

第四节 研究方法与研究内容

研究方法是研究前行的操作工具。本书的研究按照研究类别[2]划分,属于描述性研究。本书涉及的研究方法有个案研究法、文献研究法、资料分析法、实地调查法。

一、研究方法

(一)个案研究法

个案能以小见大,见微知著。本书选取的研究个案为广东省韶关市。韶关市位于广东省北部,是粤东、粤西、粤北地区基础教育发展的领头羊之一。为

---

[1] 克罗齐耶,费埃德伯格.行动者与系统——集体行动的政治学[M].张月,等译.上海:上海人民出版社,2007:28.

[2] 研究按照目的可以分为探索性研究、叙述性研究、因果性研究三大类型。探索性研究(exploration research)目的是获得初步印象和感性认识,为日后深入研究提供基础和方向。叙述性研究(descriptive research)目的是从杂乱资料和现象中描述出主要规律和特征。因果性研究(causal research)目的是探索某种假设与条件因素间的因果关系。

解决域内教师发展问题，韶关市从2016年下半年开始探索中小学教师"县管校聘"管理改革工作。2017年6月，韶关市被教育部批准成为第二批义务教育教师队伍"县（区）管校聘"管理体制改革国家级示范区，成为广东省唯一的以地级市列入义务教育教师队伍管理体制改革的国家级示范区。为全面推进中小学教师"县管校聘"管理改革管理制度改革，2017年12月，广东省教育厅、广东省机构编制委员会办公室、广东省财政厅、广东省人力资源和社会保障厅联合出台《关于推进中小学教师"县管校聘"管理改革的指导意见》，韶关市又作为全省第一个中小学教师"县管校聘"管理改革地区开始先行先试。2017年、2018年韶关市分两批在全市范围内推进中小学教师"县管校聘"管理改革政策，截至2019年8月底，全市所辖10个县（市、区）全面完成中小学教师"县管校聘"管理改革工作。目前，韶关市中小学教师"县管校聘"管理改革进入常态化阶段。以韶关市作为个案，对中小学教师"县管校聘"管理改革政策和行动进行研究，具有代表性和典型性，能够为广东省乃至全国有关地市提供启示与借鉴。

（二）文献研究法

本书在研究中，通过"中国知网"等系统检索了当前国内外关于中小学教师"县管校聘"管理改革的研究文献，这些文献的查阅和运用，为本书打下了坚实的理论基础。本书在研究过程中，笔者还阅读了有关著作，查阅了党中央、国务院、教育部以及有关省、市等的中小学教师"县管校聘"管理改革政策文件和有关电子文档，兹以对中小学教师"县管校聘"管理改革政策和行动进行了深入考察。

（三）资料分析法

资料分析法是指对收集来的现有资料进行分析和利用以扩展研究深度与广度的研究方法。本书的研究高度依赖于韶关市及相关县（市、区）有关中小学教师"县管校聘"管理改革的政策文本、工作计划、工作总结、汇报材料，韶关市及有关县（市、区）经济社会发展统计报告、教育发展综述等资料。在研究过程中，我们对资料进行了比对分析，结合实地考察情况，对资料进行筛选和剔除，保证了描述的精确性和可靠性。

（四）实地调查法

受韶关市教育局委托，我们不仅比较深入地参与了韶关市中小学教师"县管校聘"管理改革过程，还分别于2018年、2021年两次对韶关市中小学教师"县管校聘"管理改革行动进行系统调查，多次与韶关市部分县（市、区）有关部门、学校主要负责人、师生代表进行座谈调查。

二、研究内容

本书以韶关市为个案，采用个案研究法、文献研究法、资料分析法、实地调查法，对中小学教师"县管校聘"管理改革政策与行动进行了叙述性研究。本书包含十六章内容，具体如下：第一章绪论，第二章中小学教师"县管校聘"管理改革政策分析，第三章韶关市中小学教师"县管校聘"管理改革行动，第四章南雄市中小学教师"县管校聘"管理改革行动，第五章浈江区中小学教师"县管校聘"管理改革行动，第六章武江区中小学教师"县管校聘"管理改革行动，第七章曲江区中小学教师"县管校聘"管理改革行动，第八章始兴县中小学教师"县管校聘"管理改革行动，第九章新丰县中小学教师"县管校聘"管理改革行动，第十章乳源瑶族自治县中小学教师"县管校聘"管理改革行动，第十一章翁源县中小学教师"县管校聘"管理改革行动，第十二章乐昌市中小学教师"县管校聘"管理改革行动，第十三章仁化县中小学教师"县管校聘"管理改革行动，第十四章中学教师"县管校聘"管理改革组织行动者，第十五章小学教师"县管校聘"管理改革组织行动者，第十六章中小学教师"县管校聘"管理改革个体行动者。

第二章

中小学教师"县管校聘"管理改革政策分析

中小学教师"县管校聘"管理改革❶是一个政策，也是一项重要决策。克罗齐耶与费埃德伯格指出："事实上，一项决策始终都是一个具体行动系统的产物，这个具体行动系统要么是一个组织，要么是一个有组织的系统，一个稳定的行动系统，抑或为了面对变化无常的境遇而临时设计出来的系统。"❷中小学教师"县管校聘"管理改革作为一项决策，事实上为中小学教师"县管校聘"管理改革行动设定了一系列规则，因此需要对中小学教师"县管校聘"管理改革进行解读和分析。中小学教师"县管校聘"管理改革是一项旨在深化中小学教师管理体制机制改革的公共政策。诚如卡尔·弗雷德里奇所言："政策是在某一特定环境下，个人、团体或政府有计划的活动过程。提出政策的用意就是利用时机，克服障碍，以完成某个既定目标，或达到某一既定目的。"❸中小学教师"县管校聘"管理改革也可以理解为公共政策权威性分配的方案。政策是社会公共权威在一定历史时期，为达到一定目标，经过一定合法程序而制定的行动方案和行为依据。其本质是一种直接或间接地对社会资源和利益（物质的和精神的）进行的权威性分配的方案❹。通常认为，公共政策由总政策、基本政策和具体政策三个层次构成。总政策是最高层次的政策，是其他层次政策制定的出发点和依据，对其他层次政策具有指导性和规制性；基本政策

---

❶ 本书尽量规范使用"中小学教师'县管校聘'管理改革"这一术语，在个别地方为行文简洁，使用"教师'县管校聘'管理改革"或"'县管校聘'政策"。

❷ 克罗齐耶，费埃德伯格.行动者与系统——集体行动的政治学[M].张月，等译.上海：上海人民出版社，2007：292.

❸ EASTON D.The Policy System[M].New York：Kropf，1953：129.

❹ 丁煌.政策执行阻滞机制及其防治对策研究：一项基于行为和制度的分析[M].北京：人民出版社，2002：14.

属于中间层次的政策，连接着总政策与具体政策，既是总政策的具体化，又是具体政策制定的依据与原则；具体政策是最低层次的政策，是基本政策的具体化，是落实总政策与基本政策的行为准则，是实现总政策与基本政策的手段与方法❶。本章主要从省域、市域和县域三个层面对中小学教师"县管校聘"管理改革政策进行了分析，根据需要还对中小学教师"县管校聘"管理改革内容，即教师岗位管理政策进行了梳理和分析，旨在进一步明确和把握中小学教师"县管校聘"管理改革规则体系。

第一节 中小学教师"县管校聘"管理改革省域政策分析

公共政策是一种行动共识。克罗齐耶与费埃德伯格指出："系统中行动者之间的相互依赖，似乎首先表现为这样一个事实，那就是没有任何一个行动者可以单方面作出任何一个决策；所有行动的必不可少的先决条件，就是达成一个可接受的共识。"❷公共政策的主要体现形式是政策文本。广东省中小学教师"县管校聘"管理改革政策文本，最主要的是2017年12月16日，由广东省教育厅、广东省机构编制委员会办公室、广东省财政厅、广东省人力资源和社会保障厅联合印发的《关于推进中小学教师"县管校聘"管理改革的指导意见》（粤教师〔2017〕13号）（下称"广东省中小学教师'县管校聘'管理改革政策"）。下面主要对"广东省中小学教师'县管校聘'管理改革政策"进行解读和分析。

一、政策依据

从政策层次看，"广东省中小学教师'县管校聘'管理改革政策"属于基

---

❶ 张金马.政策科学导论[M].北京：中国人民大学出版社，1992：31-34.

❷ 克罗齐耶，费埃德伯格.行动者与系统——集体行动的政治学[M].张月，等译.上海：上海人民出版社，2007：247.

中小学教师"县管校聘"政策与行动研究

本政策。政策依据通常说的就是处于最高层次的总政策。"广东省中小学教师'县管校聘'管理改革政策"的政策依据主要有三：其一，《国务院关于加强教师队伍建设的意见》（国发〔2012〕41号）；其二，《国务院关于统筹推进县域内城乡义务教育一体化改革发展的若干意见》（国发〔2016〕40号）；其三，《教育部 财政部 人力资源和社会保障部关于推进县（区）域内义务教育学校校长教师交流轮岗的意见》（教师〔2014〕4号）。这三份文件均要求要进一步深化中小学教师管理体制机制改革，加强教师统筹管理，促进县域内教育均衡发展。其中，《教育部 财政部 人力资源和社会保障部关于推进县（区）域内义务教育学校校长教师交流轮岗的意见》中明确要求："加强县（区）域内义务教育教师的统筹管理，推进'县管校聘'管理改革，打破教师交流轮岗的管理体制障碍。"❶

二、指导思想、基本原则和使用范围

（一）指导思想

广东省中小学教师"县管校聘"管理改革政策确定的指导思想是：认真贯彻落实习近平新时代中国特色社会主义思想和党的十九大精神，全面贯彻党的教育方针，以习近平总书记对广东提出的"四个坚持、三个支撑、两个走在前列"❷要求为统领，坚持义务教育"以县为主"的管理体制，全面深化教师管理制度改革，切实加强县（市、区）域内中小学教师的统筹管理，努力破解教师交流轮岗工作中遇到的困难和问题，为促进校长教师合理流动、优化教师资源配置提供制度保障，促进教育公平，促进教育均衡优质发展，努力办好人民

---

❶ 中华人民共和国教育部.关于推进县（区）域内义务教育学校校长教师交流轮岗的意见[EB/OL].（2014-08-15）[2023-10-07].

❷ "四个坚持"即坚持党的领导、坚持中国特色社会主义、坚持新发展理念、坚持改革开放；"三个支撑"即为全国推进供给侧结构性改革、实施创新驱动发展战略、构建开放型经济新体制提供支撑；"两个走在前列"即在全面建成小康社会、加快建设社会主义现代化新征程上走在前列。

满意的教育。

（二）基本原则

"广东省中小学教师'县管校聘'管理改革政策"要求的基本原则共四个方面。

1. 坚持统筹兼顾，协同推进

这一原则强调，中小学教师"县管校聘"管理改革政策由县级人民政府统筹推进实施，要联动实施"县管校聘"管理改革与城乡义务教育一体化改革发展、校长教师交流轮岗、完善学校治理结构改革等政策措施。

2. 坚持改革创新，简政放权

这一原则要求要优化顶层设计，抓住关键环节，把教师管理制度改革和机制创新作为加快推进"放管服"改革的突破口。

3. 坚持以人为本，激发活力

这一原则要求要充分调动校长和教师的主观能动性，激发教师队伍活力。

4. 坚持公正公平，规范有序

这一原则要求要规范操作程序，严肃工作纪律，切实防止不规范、不公平的情况发生。

（三）对象范围

"广东省中小学教师'县管校聘'管理改革政策"的适用范围十分明确，文件明确适用于公办中小学在编在岗教职员，并不包括私立中小学学校教师以及学前教育、特殊教育、职业教育相关教职员。

三、主要政策内容

"广东省中小学教师'县管校聘'管理改革政策"涉及七个方面的主要内容：编制管理机制、岗位设置管理、公开招聘制度、岗位聘用管理制度、均衡配置机制、退出机制、合法权益保障机制。

（一）编制管理机制

"广东省中小学教师'县管校聘'管理改革政策"要求县级机构编制部门对中小学教职员编制实施"总量管理+动态调整"的做法，即按照中小学教职员编制标准核定总量，村小学、教学点按照教职员与学生比例和教职员与班级比例相结合的方式核定总量；教育行政部门在核定的编制总量内，按照教育教学规模和教师队伍结构要求统筹提出各学校教职员编制的分配方案以及动态调整意见，并报同级机构编制和财政部门备案。文件要求，机构编制部门要会同教育行政部门及时确定中小学教职员编制使用年度计划，保证县域内专任教师满足中小学开齐开足国家规定的课程，原则上，县域内中小学教职员编制总额每年核定一次。

（二）岗位设置管理

"广东省中小学教师'县管校聘'管理改革政策"要求岗位设置管理实行"总量控制+动态调整"的做法，即由县级人力资源社会保障部门会同教育行政部门，根据国家、省制定的中小学专业技术岗位结构比例控制标准和县域内中小学校编制总量，核定县域内中小学专业技术高、中、初级岗位总量；教育行政部门在核定的岗位总量内，按照学校规模、班额、师资结构、承担教育教学改革和任务需要等情况，将岗位具体分配到各学校，结合校长教师交流轮岗情况，及时动态调整，并报同级人力资源社会保障部门备案。为了进一步促进城乡义务教育均衡发展，文件还规定，在调整分配学校专业技术岗位时，应向农村、偏远地区学校和薄弱学校倾斜，适当增加高、中级专业技术岗位数量。

（三）公开招聘制度

"广东省中小学教师'县管校聘'管理改革政策"要求县级教育行政部门按照公开招聘政策规定，制定符合教育教学规律、教师职业特征和岗位适应性的招聘方案，重点考察应聘者的职业道德、专业素养、职业精神和从教潜能。广东省中小学教师"县管校聘"管理改革政策还鼓励县级教育行政部门创新招聘考试办法，探索面试+笔试、直接面试、考察聘用、优秀人才到校任教"绿色通道"等。

(四)岗位聘用管理制度

在校聘环节,"广东省中小学教师'县管校聘'管理改革政策"要求,落实学校用人自主权,由学校按照有关规定做好教师考核评价、职称评聘、薪酬分配等管理工作。政策要求学校依法依规落实中小学教师聘用合同管理,与聘用人员签订聘用合同。同时,以岗位职责为依据加强教师工作考核,制定不同工作岗位分类考核指标和考核办法,突出考核教师师德表现、工作绩效和能力水平与岗位要求的匹配度,将考核结果作为职称评聘、评先评优、薪酬分配、资格注册以及聘用合同续订的重要依据。政策还鼓励学校建立完善能上能下、能进能出的竞争性用人机制和学校、教师、学生、家长、社会多方参与的教师考核评价机制。

(五)均衡配置机制

"广东省中小学教师'县管校聘'管理改革政策"要求,各地教育行政部门根据本地实际制定校长和教师交流轮岗实施方案,通过多种形式开展交流轮岗,逐步实现学校之间专任教师高一层次学历比例、中高级教师职称比例和骨干教师比例大体相当。政策要求教育行政部门要加强对交流轮岗校长教师的管理和服务,为交流校长教师的生活和工作提供便利;要会同机构编制、财政部门加强公办中小学临聘教师管理,按照有关规定统一标准、统一招聘、统筹调配临聘教师,经费由本级财政核拨,确保临聘教师与公办教师同工同酬。政策还要求学校应与临聘教师签订劳动合同,严禁中小学自行招聘临聘教师。

(六)教师退出机制

"广东省中小学教师'县管校聘'管理改革政策"要求,推进开展5年一周期的中小学教师资格定期注册,对注册不合格或逾期不注册的人员调整出教师岗位,不得从事教学工作;实行师德考核"一票否决制",师德违规情节严重者应依规予以处理;教师年度考核不合格,教师无正当理由不同意变更工作岗位的,或者调整到新工作岗位后考核仍不合格,学校可按有关规定解除聘用合同；聘期考核不合格的教师，学校可以不与其续订聘用合同或按聘用合同约定处理。

（七）合法权益保障机制

"广东省中小学教师'县管校聘'管理改革政策"要求，学校制定教职员岗位竞聘方案、考核办法等管理制度，要充分征求教职工意见，经教职工大会或代表大会审议通过后实施；年度考核、评先评优、职称晋升、岗位竞聘等应公开，实行回避制度，并按照规定公示。政策还要求落实"两个不低于"，即县域内中小学教师平均工资水平不低于当地公务员平均工资水平，农村教师平均工资水平不低于城镇教师平均工资水平。此外，政策还要求教育行政部门健全教职工维权服务机制，学校建立健全教职工申诉制度。

四、工作要求

中小学教师"县管校聘"管理改革工作被视为深化教师管理体制机制改革的一项重要举措，事关全省教育改革与发展大局，因此，"广东省中小学教师'县管校聘'管理改革政策"要求：一是高度重视，统一思想认识。政策指出，各地要充分认识"县管校聘"管理改革工作的重要性和现实意义，增强改革工作的自觉性和主动性。二是周密部署，稳步推进实施。政策指出，各地要加强组织领导，由地方政府牵头建立健全推进改革工作协调机制，制定切实可行的工作方案，明确各有关职能部门的工作职责，细化分工，落实责任，扎实推进各项工作举措落实到位。三是加强宣传，做好正面引导。政策要求，各地要加大宣传力度，积极做好政策措施的解读工作，广泛听取意见建议，对可能存在的风险因素要提早研判及防控，对改革中遇到的问题及意见建议要及时反馈。

五、政策词频分析

借助NVivo分析软件分析发现，"广东省中小学教师'县管校聘'管理改革政策""教师"出现频次最高，达104次，突出了"广东省中小学教师'县管校聘'管理改革政策"主要对象是教师，教师作为中小学教师"县管校聘"管理改革行动者的重要性；其次是"管理"，出现频次57次；再次是"中小学"，出现频次51次，中小学是"县管校聘"管理改革的重要主体，也是"县管校聘"管理改革行动者的重要性；最后是"改革"，出现频次49次，这一关键词指明了中小学教师"县管校聘"管理改革政策的实质是一项变革性行动（详见表2-1）。

表2-1 "广东省中小学教师'县管校聘'管理改革政策"词频分析

单词	长度	计数	加权百分比/%
教师	2	104	3.83
管理	2	57	2.10
中小学	3	51	1.88
改革	2	49	1.81
学校	2	45	1.66
实施	2	45	1.66
2018	4	44	1.62
工作	2	39	1.44
岗位	2	37	1.36
意见	2	34	1.25
推进	2	27	1.00
教育	2	26	0.96

"广东省中小学教师'县管校聘'管理改革政策"词语云图如图2-1所示，处于中心位置的词语主要有教师、学校、改革、实施、管理和中小学，处于次中心位置的词语有编制、教育、方案、调整、公办、通知、岗位、推进、部门、印发、机制等，处于次边缘位置的词语有基础教育、办法、行政部门、校长、流动、加强、聘用、制度、资源、教职员、教学、韶关市等，处于边缘位置的是教育局、义务教育、队伍、总量、财政、统筹、比例、招聘、班级、

图2-1 "广东省中小学教师'县管校聘'管理改革政策"词语云

核定等。由此,可以对"广东省中小学教师'县管校聘'管理改革政策"的关键事项和主要信息有所把握。综观之,"广东省中小学教师'县管校聘'管理改革政策"是一项指向教师管理的改革政策,由学校和中小学实施,改革涉及编制管理、机制调整、岗位考核、校长轮岗、教师流动等内容,关涉教师、中小学、行政部门等重要行动者。

综上所述,"广东省中小学教师'县管校聘'管理改革政策"作为层次较高政策,为中小学教师"县管校聘"管理改革行动设定了省域内最高规则,成为韶关市及其不同县(市、区)中小学教师"县管校聘"管理改革政策制定的重要依据和行动规则。

第二节 中小学教师"县管校聘"管理改革市域政策分析

中小学教师"县管校聘"管理改革市域政策从政策层次看,同样属于基本政策,但是它比省域政策更具体。下面以韶关市中小学教师"县管校聘"管理改革政策为例,对中小学教师"县管校聘"市域政策进行分析。

一、政策依据、目标与原则

（一）政策依据

韶关市中小学教师"县管校聘"管理改革政策的元政策包含：其一，《国家中长期教育改革和发展规划纲要（2010—2020年）》；其二，《教育部、财政部、人力资源和社会保障部关于推进县（区）域内义务教育学校校长教师交流轮岗的意见》（教师〔2014〕4号）；其三，《广东省教育厅关于进一步加强县域内义务教育学校校长教师交流轮岗工作的实施意见》（粤教师〔2015〕1号）。由于韶关市中小学教师"县管校聘"管理改革政策2017年4月正式发布，比"广东省中小学教师'县管校聘'管理改革政策"发布要早，故韶关市中小学教师"县管校聘"管理改革政策并没有将"广东省中小学教师'县管校聘'管理改革政策"作为元政策。

（二）政策目标

韶关市中小学教师"县管校聘"管理改革政策的目标是促进县域内基础教育科学发展，核心是提高教师资源使用效益，通过创新用人机制，加快县域内教师无校籍管理、教师队伍县域内统管统用，实现教师由"学校人"向"系统人"转变，进而为推进韶关市教育现代化建设提供坚强有力的师资保障。

（三）政策执行基本原则

韶关市中小学教师"县管校聘"管理改革政策的基本原则包含以下三点。

1.坚持统筹兼顾，平稳推进

通过将中小学教师"县管校聘"管理改革与中小学校去行政化、教师交流轮岗、完善学校治理结构改革等统筹性的实施，从总体上改变韶关市教育现状，带来系统整体跃迁。

2.坚持以人为本，民主协商

在中小学教师"县管校聘"管理改革中，要充分尊重基层学校校长、教师的意见，切实维护一线教师和教师的权益。

3.坚持和谐稳定，激励为主。

推进中小学教师"县管校聘"管理改革要积极稳妥，对推进情况实行动态管理，定期开展效果评估，根据环境变化、社会需求和群众反映及时调整工作措施，维护教育系统的稳定，做好风险研判和不稳定因素预防。

二、适用对象与部门分工

（一）适用对象

韶关市中小学教师"县管校聘"管理改革政策对适用对象和主要行动者进行了明确规定。明确政策实施范围是全市公办中小学校（含幼儿园、特殊教育学校，下同）在编在职教职工。这一规定，将幼儿园和特殊教育学校也纳入其中，这不同于"广东省中小学教师'县管校聘'管理改革政策"。一方面表明，韶关市具有通过中小学教师"县管校聘"管理改革政策彻底改变基础教育系统，实现韶关市基础教育系统整体跃迁的决心；另一方面，也可以看到，韶关市作为"广东省中小学教师'县管校聘'管理改革政策"的试点市，其中小学教师"县管校聘"管理改革政策具有探索性。

（二）部门分工

韶关市中小学教师"县管校聘"管理改革政策对主要行动者的工作职责分工进行了明确界定，具体如下。

就编制部门而言，韶关市中小学教师"县管校聘"管理改革政策要求其要会同人社、教育部门，依据区域内教育发展、教师数、学生数和结构变化情况，以及中央、省的相关规定和标准，对教职工编制总量进行核定和管理。

就人社部门而言，韶关市中小学教师"县管校聘"管理改革政策要求其要会同编制、教育部门，依据区域内教育发展、教师数、学生数和结构变化情况，对各类岗位进行核定，并负责审核学校岗位设置方案。同时，要根据教育部门提供的教师需求计划，负责本行政辖区内教师补充计划和方案的综合审核。此外，还需要完善人事争议仲裁制度和维权服务机制。

就教育部门而言,韶关市中小学教师"县管校聘"管理改革政策要求其要负责中小学教师"县管校聘"管理改革具体工作,对所属中小学校教职工进行宏观管理,统筹调配。同时,要承办教职工集中管理中人事档案、工资审批、职称评聘、聘用解聘、教师资格定期注册等事务性工作,对未聘教职工进行结果复核、集中管理和培训。

就财政部门而言,韶关市中小学教师"县管校聘"管理改革政策要求其要落实教职工工资待遇和山区、边远地区教师生活补助,确保教师平均工资水平不低于或高于当地公务员平均工资水平。

就中小学校而言,韶关市中小学教师"县管校聘"管理改革政策要求其要根据设定的上岗条件、岗位职责、工作量、工作目标和考核细则,落实教师竞聘上岗制度,学校与教职工签订聘用合同。同时,还要负责教职工的日常管理、使用和业务考核,发放奖励性绩效工资等工作。

由此可见,韶关市中小学教师"县管校聘"管理改革政策对主要行动者的工作职责分工规定具体而明确,这为中小学教师"县管校聘"管理改革政策的落实和推进奠定了坚实基础,同时也为中小学教师"县管校聘"管理改革政策相关行动者提供了行动指引。

三、主要政策举措

韶关市中小学教师"县管校聘"管理改革政策包含七个方面的主要政策举措,具体如下。

(一)加强师资配置管理,实行"县管编制总量,学校按岗配备"

韶关市中小学教师"县管校聘"管理改革政策要求按照"总量控制、统筹城乡、结构调整、有增有减"的原则,探索更加科学的编制管理办法,提出要逐步建立教职工编制县级"总量控制、动态管理"机制。编制部门要进一步完善中小学教职工编制动态管理机制,根据学校布局结构调整、不同学段学生规模变化等情况进行动态调整,提升编制使用效益。教育部门要在编制总量核定后,统筹使用编制总量,因校制宜,合理调剂。学校要按照教育教学规模和自身发展需要，规划班额和师资需求。教育部门同时需要按照学校实际情况进行配置和调整，按岗位需求配备教职工数量。

（二）完善岗位设置管理，实行"县管岗位结构，学校按岗定员"

韶关市中小学教师"县管校聘"管理改革政策要求教育部门在人社部门核定的岗位总量内，按照学校办学规模、教职工编制、师资结构和岗位标准，将岗位具体分配到各学校，并根据教师交流轮岗实际情况及时调整岗位数量。同时提出，在分配专业技术中、高级岗位时应向农村学校、薄弱学校倾斜，农村、偏远地区中小学和薄弱学校中高级职称岗位设置比例，可在规定的比例上限内上浮2个百分点，以强化其吸引力。政策强调，由人社、教育部门根据学校规模、教职工人数和教育教学质量等因素，合理确定管理岗位等级分布，采取有效措施逐步化解超岗问题，拓展专业发展空间，以调动教师工作积极性。

（三）完善岗位聘用管理，实行"县管人员身份，学校合理聘用"

韶关市中小学教师"县管校聘"管理改革政策要求全面推进聘任制度和岗位管理制度，落实中小学教师聘用合同管理，认真签订和严格履行聘用合同；落实学校用人自主权，学校按照有关规定做好教职工考核评价、评优评先、职称评聘、工资分配等管理工作；搞活内部用人机制，加强教职工的工作考核，并将考核结果作为调整岗位、工资和续订聘用合同的依据，对不能完成工作任务的人员要进行转岗或低聘，逐步建立能上能下、能进能出的竞争性用人机制。政策还提出，要统筹中小学教职工人事档案集中管理、教师资格定期注册管理，深化中小学校后勤服务社会化改革，探索政府购买服务等。

（四）强化交流轮岗力度，实行"县管全局统筹，学校择优选派"

韶关市中小学教师"县管校聘"管理改革政策要求，教育部门要负责全局统筹交流对象、制定具体方案，采取多种交流轮岗形式，逐步达到学校之间专任教师高一层次学历比例、中高级职称教师比例和骨干教师比例大致相当，实现县域内教师资源的均衡配置。学校要认真执行教育部门在校长、教师交流轮岗工作上的整体安排，按照相关要求择优选派，交流任教经历纳入教师职称评聘、推荐评先评优的考核范畴。

（五）改进补充方式，实行"县管统一招聘，学校按岗聘用"

韶关市中小学教师"县管校聘"管理改革政策要求，学校根据岗位设置和教学实际申报教师需求数，教育部门按照教师编制及师资结构等情况在区域内进行合理调配。教育部门调配后，根据教师编制和实际需求，由人社、教育部门按照公开招聘有关规定进行公开招聘。政策强调，教师公开招聘办法要符合教育教学规律和教师职业特征，突出职业道德、职业精神、专业素养和从教潜能；考试科目设置和内容要突出岗位特征和职业适应性，探索面试和技能测试前置，增强招聘的针对性。政策提出，实施高层次人才引进工程，对具有硕士研究生学历、高级专业技术职务人员、特级教师和省（市）级以上名师、名校长、名班主任等高层次专业人才，在核准编制使用计划内可采取直接考核方式招聘。政策还进一步明确要建立完善聘用优秀人才到乡村学校任教的"绿色通道"。

（六）建立教师退出机制，实行"县管体系标准，学校考评执行"

韶关市中小学教师"县管校聘"管理改革政策要求建立以能力和业绩为导向，以社会和业内认可为核心的中小学教师评价机制。教育部门要制定基本评价标准，学校结合实际确定具体考评实施办法，通过严格考核、科学评价，逐步建立教师退出机制。政策对教师退出进行了操作性规定：对不适应教学岗位要求的教师进行离岗培训，培训后仍然不能适应教师岗位要求的，进行转岗；转岗后还不能胜任岗位的，其人事关系转到当地人才服务市场，另行就业或退岗；把不符合教师资格标准要求的人员依法调整出教师队伍。政策强调，实行师德表现"一票否决制"，对有严重失德行为、影响恶劣者按有关规定予以严肃处理直至撤销教师资格。可见，政策对教师退出机制落实中的困难、可能存在的风险和不稳定因素有所预判和防范。

（七）完善教职工合法权益保障机制，实行"县管权益保障，学校公开竞聘"

韶关市中小学教师"县管校聘"管理改革政策要求，学校要制定教职工竞聘方案、考核办法等，经教职工代表大会（或教职工大会）审议通过后实施；对聘任和考核结果，须公示7个工作日以上，充分保障教职工的参与权和监督权。同时，要求人社、教育部门要完善人事争议仲裁制度和教职工维权服务机制，让教职工有充分、畅通的诉求渠道，对学校违背政策和程序的聘任行为，要坚决予以纠正和查处；要求财务部门不断提高教师的社会地位，落实工资保险待遇，确保教师平均工资水平不低于或高于当地公务员平均工资水平，并依法维护教师休假、定期进行身体健康检查等权利。

四、工作要求和配套政策

（一）工作要求

韶关市中小学教师"县管校聘"管理改革政策明确提出了若干行动要求，包含以下三点。

1. 统一思想认识

政策指出，中小学教师"县管校聘"管理改革是推进区域内义务教育均衡发展，保障教师交流轮岗工作顺利实施，实现师资均衡配置、办好人民满意教育的重要举措，各地、各有关部门要做好政策宣传，统一思想认识，加强教育引导，营造良好的政策氛围

2. 加强组织领导

政策提出，中小学教师"县管校聘"管理改革实行市级统筹、以县（市、区）为主的工作机制，市编办、市人社局、市教育局负责对全市推行中小学教职工"县管校聘"管理改革工作进行宏观指导和具体协调，各县（市、区）要加强领导，明确各自职责，制定切实可行的工作方案，分步组织实施

3. 积极稳妥推进

政策强调，各县（市、区）要稳步推进"县管校聘"管理改革工作，对改

革中遇到的问题要妥善解决，对可能存在的风险因素要提早研判和防范，做好工作预案，切实维护社会稳定。

（二）配套政策

韶关市还研究制定了中小学教师"县管校聘"管理改革政策，主要包含：编制管理类政策，如韶关市编办、教育局2018年2月印发的《关于韶关市基础教育学校公办教师"县管校聘"改革编制管理的实施意见》；岗位设置管理类政策，如韶关市人社局、教育局2018年1月印发的《关于中小学教师"县管校聘"管理改革中岗位设置管理和人员流动的实施意见》；教师退出类政策，如韶关市教育、编办、财政、人社部门2018年2月印发的《关于印发〈韶关市中小学校教师退出教学岗位的实施办法（试行）〉的通知》等，这些政策文件保证了韶关市中小学教师"县管校聘"管理改革的顺利推进。

五、政策词频分析

借助NVivo分析软件分析发现，韶关市中小学教师"县管校聘"管理改革政策"教师"出现频次最高，达159次，同样突出了中小学教师"县管校聘"管理改革政策的主体和对象是教师，教师是重要行动者；其次是"管理"，出现频次85次；再次是"学校"，出现频次82次，显示学校是中小学教师"县管校聘"管理改革的关键主体和重要行动者；最后是"改革"，出现频次64次，同样指明中小学教师"县管校聘"管理改革政策实质是变革行动（详见表2-2）。

表2-2　韶关市中小学教师"县管校聘"管理改革政策词频分析

单词	长度	计数	加权百分比/%
教师	2	159	3.72
管理	2	85	1.99
学校	2	82	1.92

续表

单词	长度	计数	加权百分比/%
改革	2	64	1.50
工作	2	63	1.48
中小学	3	61	1.43
教育	2	59	1.38
实施	2	57	1.34
岗位	2	57	1.34
2018	4	44	1.03
推进	2	40	0.94
意见	2	39	0.91

韶关市中小学教师"县管校聘"管理改革政策词语云图如图2-2所示，处于中心位置的词语主要有教师、学校、改革、管理和工作，处于次中心位置的词语有编制、教职工、机制、实施、岗位、通知、教育、方案、推进、部门、交流和调整等，处于次边缘位置的词语有保障、轮岗、聘用、工资、校长、结构、社会等，处于边缘位置的是职称、合同、均衡、标准、流动、队伍等。由此，可以对韶关市中小学教师"县管校聘"管理改革政策的关键事项和主要信

图2-2 韶关市中小学教师"县管校聘"管理改革政策词语云

息有所把握。综观之，韶关市中小学教师"县管校聘"管理改革政策凸显了教师指向目标和教师中心理念，同广东省中小学教师"县管校聘"管理改革政策一样，是一项指向教师管理、由学校和中小学实施的改革工作，改革内容涉及编制、机制、岗位等，重要行动者包含教师、学校、相关部门。

综上所述，韶关市中小学教师"县管校聘"管理改革政策作为中间层次政策，为中小学教师"县管校聘"管理改革行动设定了市域内最高规则，成为韶关市及其不同县（市、区）中小学教师"县管校聘"管理改革政策制定的直接依据和行动规则。

第三节 中小学教师"县管校聘"管理改革县域政策分析

2017年4月，韶关市正式印发《关于韶关市基础教育学校公办教师"县管校聘"管理改革的工作意见（试行）》，同时确定浈江区为中小学教师"县管校聘"管理改革试点县（市、区）。下面以《浈江区推进基础教育学校公办教师"县管校聘"管理改革工作实施方案的通知》（简称"浈江区中小学教师'县管校聘'管理改革政策"）为主，同时结合浈江区2019年印发的《浈江区中小学公办教师县管校聘工作2019年度实施方案》（简称"实施方案"），对中小学教师"县管校聘"管理改革县域政策进行分析。

一、指导思想与基本原则

（一）指导思想

"浈江区中小学教师'县管校聘'管理改革政策"确定的指导思想部分由中央精神和要求构成，即认真贯彻落实习近平新时代中国特色社会主义思想和党的十九大精神，以习近平总书记对广东提出的"四个坚持、三个支撑、两个走在前列"要求为统领；部分为目标表述，即以突出区域内基础教育科学发展为目标，以提高教师资源使用效益为核心，同时创新用人机制，推进区域内教师无校籍管理、统管统用，实现教师由"学校人"向"系统人"转变，为区教育现代化建设提供坚强有力的师资保障。

（二）基本原则

"浈江区中小学教师'县管校聘'管理改革政策"确定的基本原则，同韶关市中小学教师"县管校聘"管理改革政策确定的基本原则具有一致性，即坚持统筹兼顾，平稳推进；坚持以人为本，民主协商；坚持和谐稳定，激励为主；坚持动态管理，定期评估。

二、实施范围与工作职责

（一）实施范围

"浈江区中小学教师'县管校聘'管理改革政策"明确，实施范围为全区公办中小学校（含幼儿园）在编在职教职工。这一规定与"广东省中小学教师'县管校聘'管理改革政策"规定不同，也与韶关市中小学教师"县管校聘"管理改革政策确定有差异，政策适用范围比广东省广，包含了幼儿园在编在职教职工；但是比韶关市窄，不包含特殊教育学校在编在职教职工。

（二）工作职责

"浈江区中小学教师'县管校聘'管理改革政策"对如下行动主体提出了具体要求。

1. 区编办

政策要求区编办要根据中央、省、市的相关规定和标准，会同区人社局、区教育局，依据区域内教育发展、布局结构调整、班额数、教师数、学生数和结构变化等情况进行动态调整，原则上每1年对教职工编制总量进行核定和管理。

2. 区人社局

政策要求区人社局要会同区编办、区教育局，依据区域内教育发展、教师数、学生数和结构变化情况，核定区域内中小学（幼儿园）专业技术高、中、初级岗位总量，实行总量控制，并负责审核学校岗位设置方案。同时，要根据区教育局提供的教师需求计划和招聘方案，负责本行政辖区内招聘教师方案的综合审核。此外，还要完善人事争议仲裁制度和维权服务机制。

3. 区教育局

政策要求区教育局要负责教师"县管校聘"改革具体工作，对所属中小学校教职工进行宏观管理，统筹调配，同时要做好教职工集中管理中人事档案、工资审批、职称评聘、聘用解聘、教师资格定期注册、制定招聘教师方案并组织实施等事务性工作，负责对未聘教职工进行结果复核、集中管理与培训。

4. 区财政局

政策要求区财政局要落实教职工工资待遇和山区偏远地区教师生活补助，确保教师平均工资水平不低于或高于当地公务员平均工资水平。

5. 学校

政策要求相关学校要根据设定的上岗条件、岗位职责、工作量、工作目标和考核细则，实行竞聘上岗，学校与教职工签订聘用合同，负责教职工的日常管理、使用和业务考核，发放奖励性绩效工资等工作。同时，明确严禁学校超编聘请临聘教师。

三、主要举措与工作要求

"浈江区中小学教师'县管校聘'管理改革政策"确定的基本原则，同韶关市中小学教师"县管校聘"管理改革政策确定的主要举措具有一致性：其一，加强师资配置管理，实行"县管编制总量，学校按岗配备"；其二，完善岗位设置管理，实行"县管岗位结构，学校按岗定员"；其三，完善岗位聘用管理，实行"县管人员身份，学校合理聘用"；其四，强化交流轮岗力度，实行"县管全局统筹，学校择优选派"；其五，改进补充方式，实行"县管统一招聘，学校按岗聘用"；其六，建立教师退出机制，实行"县管体系标准，学校考评执行"；其七，完善教职工合法权益保障机制，实行"县管权益保障，学校公开竞聘"。

"浈江区中小学教师'县管校聘'管理改革政策"确定的工作要求，包括统一思想认识，加强组织领导，积极稳妥推进。这仍然同韶关市中小学教师"县管校聘"管理改革政策具有一致性。

"浈江区中小学教师'县管校聘'管理改革政策"主要举措与工作要求，一方面显示出其同韶关市中小学教师"县管校聘"管理改革政策具有同构性和一致性，另一方面也显示出其政策创新和操作化方面的不足。

四、配套政策及其操作细则

为了使中小学教师"县管校聘"管理改革政策更具有操作性，浈江区2019年印发了《浈江区中小学公办教师县管校聘工作2019年度实施方案》（简称"实施方案"）。实施方案对中小学教师"县管校聘"管理改革进行了操作化设计，以"校聘"为例。"实施方案"明确中小学教师"县管校聘"管理改革"校聘"要实行竞聘。

（一）实施方案明确中小学教师竞聘的条件

坚持四项基本原则，自觉执行党的路线、方针、政策；遵守国家法律法规和教师职业道德；师德师风合格（如没有从事有偿家教），年度考核合格以上；具有应聘岗位要求的文化程度（小学教师需中专以上学历，中学教师需大专以上学历）和任职资格；符合岗位竞聘条件，忠诚党的教育事业，遵纪守法，遵守教师职业道德行为规范；自觉接受学校安排的所有教育教学管理工作；按质按量完成岗位职责所规定的工作任务。这些原则综合考虑了政治立场、法规和道德、年度合格、教育层次、岗位条件、工作态度等因素，具有科学性。

（二）实施方案明确中小学教师竞聘的原则

1. 优先原则

"实施方案"提出，在该校编制、岗位（学科）允许的情况下，一是对符合岗位竞聘条件要求的该校教师（含援疆、援藏及支教教师）优先聘任；二是对特殊群体（男55岁以上，女50岁以上，孕期或哺乳期的女教师，患有严重疾病教师）优先聘任。

2. 择优原则

"实施方案"明确，在应聘人数大于编制、岗位（学科）数的情况下，学校在确保课程开齐开足的前提下按照学科需求择优聘任。

3. 补充原则

"实施方案"提出，在该校编制、岗位空缺的情况下，可接收其他学校相应学科的教师跨校竞聘。在申请跨校竞聘人数大于空缺岗位数的情况下，由聘任学校按照学校所制定的方案择优聘任；在申请跨校竞聘人数小于或等于空缺岗位数的情况下，由聘任学校按学科需求直接聘任。

4. 均衡原则

"实施方案"要求学校必须严格按照国家规定的课程设置标准和有关文件要求的工作量标准，结合学校实际核定岗位进行聘任。在竞聘原则设计时，能同时关照到优先、择优、补充和均衡四个方面的价值，足见其用心。

（三）实施方案明确中小学教师竞聘办法

1. 明确若干关键方的概念

"实施方案"指出，教师是指学校中直接从事教育、教学工作的专业人员；职员是指从事学校管理工作的人员，包括行政管理、党群工作和教育教学管理的人员；教学辅助人员是指学校中从事教学实验、图书、电化教育、财务、校医、卫生保健及寄宿生生活指导等教学辅助工作的人员。现已在编在岗的后勤服务人员，占用事业编制，但不参与本次岗位竞聘。

2. 明确核定岗位数

根据广东省教育厅制定的课程计划及《关于印发〈广东省深化中小学教师职称制度改革实施方案〉的通知》及浈江区教育局印发的教职工工作量有关文件的精神，结合学校办学规模、教职工编制、师资结构，按不同学科设置岗位和工作量。严格控制领导、职员、教学辅助人员在学校教职员编制中所占比例，领导职数按"三定"方案确定，原则上，专任教师占教职员编制的比例初中不低于88%，小学不低于92%（幼儿园参照中小学的比例）。

3. 明确竞聘方式

（1）校内竞聘。政策方案要求，所有教师必须在该校先完成校内竞聘。学校先从该校在编在岗教师中聘用不少于岗位数90%的教师；对特殊群体，建议在原校聘任。

（2）跨校竞聘。政策方案明确，跨校竞聘对象为校内聘任中未聘人员。申请跨校竞聘的教师须经校内聘任之后根据各学校岗位空缺情况提出跨校聘任申请；聘任学校必须在校内聘任后该校岗位空缺的情况下才允许接收跨校竞聘申请；跨校竞聘只限报一所学校。如学校缺编，经区教育局同意，可从超编学校聘用未聘人员；如学校超编，无岗可聘，由教师本人申请，经所在学校和区教育局同意，可到有空岗的学校竞聘。在该校和跨校都不能竞聘上岗的，由区教育局安排到其他有空岗的学校聘用，如本人不同意跨校竞聘上岗的，可留在该校待岗培训。政策方案提出，在本区工作不满5年的教师，不能跨校参加竞聘。

4. 进一步明确教师退出机制

对未能竞聘上岗的、考核不合格的或因其他原因不能胜任教学岗位工作的教师，按照《韶关市中小学校教师退出教学岗位的实施办法》处理，暂时退出教学工作岗位纳入待岗培训。教师参加待岗培训期间，要承担学校或教育行政部门安排的工作任务，不享受原专任教师工资待遇，不能参加高一级专业技术职务（职称）评聘和各级各类评优，日常管理由学校负责。待岗培训期间，学校或区教育局为其提供不少于2次的竞聘上岗机会（含跨校竞聘）。待岗培训期累计不超过12个月。经待岗培训后仍不能上岗的，学校要将该教师转岗至非教学工作岗位，从事非教学工作。转岗后仍然不能胜任工作岗位的，由聘用单位上报教育主管部门批准，予以解聘，人事关系转到区人才服务中心管理。保障教职工合法权益。学校制定的竞聘方案、考核办法等，须经教职工代表大会（或教职工大会）审议，且须获得2/3的代表（或教职工）同意方能通过，并报教育局县管校聘办公室备案。要充分保障教职工的知情权、参与权和监督权，对竞聘结果和考核结果，须公示5个工作日以上。要成立争议协调工作小组，保证教职工有充分、畅通的反映诉求途径，协调解决争议问题，维护教职工的合法权益，确保教职工队伍稳定，使改革顺利进行。

5. 规范竞聘工作步骤

第一步中小学教师"县管校聘"管理改革前期筹备工作；第二步各校公布学科岗位竞聘方案、岗位职责和考核方案；第三步校内竞聘；第四步是空缺岗位公布；第五步跨校竞聘；第六步组织调剂；第七步签订聘用协议。对每一个工作步骤都有明确终始时间、报送材料时间、所要填写表册和报送材料科室，规定详细，操作性强。

综上所述，"浈江区中小学教师'县管校聘'管理改革政策"作为最底层的政策，为中小学教师"县管校聘"管理改革行动设定了本县（市、区）内具体规则，成为本县（市、区）不同中小学校进行教师"县管校聘"管理改革政策制定和行动的直接依据。

第四节 中小学教师"县管校聘"岗位管理改革政策分析

在科学合理的编制管理基础上，依据实际建立健全中小学教师岗位管理制度并明确岗位类别与岗位等级，是多年来人社部门、教育部门共同努力与积极推进的一项重要工作，也是破解事业单位人员能进不能出、能上不能下顽瘴痼疾的关键之举。因此，在中小学教师"县管校聘"管理改革中，对教师进行科学合理、注重实效的岗位管理，成为编制管理改革之后另一个关注重点[1]。如前面对中小学教师"县管校聘"管理改革省域、市域、县域政策的分析所示，中小学教师"县管校聘"岗位管理改革是中小学教师"县管校聘"管理改革政策关涉的核心内容。为进一步明晰中小学教师"县管校聘"管理改革政策内容的来龙去脉，下面对中小学教师"县管校聘"岗位管理改革政策进行历史考察和分析。

---

[1] 余依凡，马青.义务教育教师"县管校聘"政策研究——基于5个试点县改革实施方案文本的考察分析[J].宁夏大学学报（人文社会科学版），2022（6）：174-183.

一、中小学教师岗位管理的由来与内涵

1978年十一届三中全会提出克服平均主义，1984年机关事业单位实现结构工资制，2006年，中央经过反复研究，决定改革和完善事业单位工作人员收入分配制度，推行事业单位岗位管理制度。中小学教师岗位管理是2006年启动的新一轮收入分配制度改革工作的重要组成部分。

岗位是一个单位为实现其工作目标进行组织分工的基本单元。一个单位的每个岗位都有具体的职责任务、工作标准和相应的任职条件。岗位管理的前提是岗位设置。岗位设置就是单位根据编制部门核定的编制数和领导职数，在核准的岗位总量、结构比例和最高等级限额内，按照精简效能的原则，科学合理地设置各类岗位。岗位管理就是单位在完成岗位设置的基础上，通过竞聘上岗、公开招聘等方式，择优聘用各类岗位工作人员，并按照岗位职责和聘用合同进行管理。

中小学教师岗位管理是岗位管理制度在义务教育阶段学校的具体实践。中小学教师岗位管理是学校根据相关政策文件，在完成岗位设置的基础上，通过竞聘上岗、公开招聘等方式，择优聘用各类岗位工作人员，并按照岗位职责和聘用合同进行的管理活动。

二、中小学教师岗位管理的意义与政策构成

中小学教师岗位管理可以优化学校人才资源配置，改善学校人才队伍结构，调动工作人员的积极性和创造性，促进学校事业健康发展。

中小学岗位设置管理涉及两个层面的政策。国家层面的政策文件有5个，即《事业单位岗位设置管理试行办法》《〈事业单位岗位设置管理试行办法〉实施意见》《关于义务教育学校岗位设置管理的指导意见》《人事部 教育部关于印发高等学校、义务教育学校、中等职业学校等教育事业单位岗位设置管理的三个指导意见》《人力资源社会保障部 教育部关于印发〈关于深化中小学教师职称制度改革的指导意见〉的通知》。省域层面的政策文件有3个，即《广东省事业单位岗位设置管理实施意见》《关于印发〈广东省教育事业单位

岗位设置管理指导意见〉的通知》《关于印发〈广东省深化中小学教师职称制度改革实施方案〉的通知》。

三、中小学教师岗位管理政策的主要内容

（一）事业单位岗位设置管理政策的内容要求

2006年7月，人事部印发的《事业单位岗位设置管理试行办法》是中小学教师岗位管理的根本依据。该文件岗位等级规定：根据岗位性质、职责任务和任职条件，对事业单位管理岗位、专业技术岗位、工勤技能岗位分别划分通用的岗位等级；管理岗位分为10个等级，即一至十级职员岗位；专业技术岗位分为13个等级，包括高级岗位、中级岗位和初级岗位。高级岗位分7个等级，即一至七级；中级岗位分3个等级，即八至十级；初级岗位分3个等级，即十一至十三级。工勤技能岗位包括技术工岗位和普通工岗位，其中技术工岗位分为5个等级，即一至五级。普通工岗位不分等级。岗位聘用规定：事业单位聘用人员，应在岗位有空缺的条件下，按照公开招聘、竞聘上岗的有关规定择优聘用；事业单位应当与聘用人员签订聘用合同，确定相应的工资待遇。聘用合同期限内调整岗位的，应对聘用合同的相关内容作出相应变更。事业单位应按照管理岗位、专业技术岗位、工勤技能岗位的职责任务和任职条件聘用人员。由此构建了事业单位岗位管理总体框架和逻辑，即分级别设置岗位，根据岗位条件聘用人员，根据岗位级别落实聘用人员工资待遇。2006年8月，人事部印发的《〈事业单位岗位设置管理试行办法〉实施意见》对专业技术岗位等级设置规定：专业技术高级、中级、初级岗位之间，以及高级、中级、初级岗位内部不同等级岗位之间的结构比例，根据地区经济、社会事业发展水平和行业特征，以及事业单位的功能、规格、隶属关系和专业技术水平，实行不同的结构比例控制。专业技术高级、中级、初级岗位之间的结构比例全国总体控制目标为1∶3∶6。高级、中级、初级岗位内部不同等级岗位之间的结构比例全国总体控制目标：二级、三级、四级岗位之间的比例为1∶3∶6，五级、六级、七级岗位之间的比例为2∶4∶4，八级、九级、十级岗位之间的比例为3∶4∶3，

十一级、十二级岗位之间的比例为5∶5。

受此影响，2008年11月，广东省人事厅印发的《广东省事业单位岗位设置管理实施意见》专业技术岗位的数量和结构比例按以下规定确定：专业技术高级、中级、初级岗位之间的总体结构比例，全省总体控制目标为1∶3∶6。其中，省属和副省级市属事业单位为3∶4∶3；地级市和副省级市区属事业单位为2∶4∶4；县（市、区）和副省级市街道办事处属事业单位为1∶3∶6；乡镇属事业单位为0.5∶3.0∶6.5，经济发达、人才密集的乡镇，其比例可相对高于其他一般乡镇。高级、中级、初级岗位内部不同等级岗位之间的结构比例，全省总体控制目标为：二级、三级、四级岗位之间的结构比例为1∶3∶6，五级、六级、七级岗位之间的结构比例为2∶4∶4，八级、九级、十级岗位之间的结构比例为3∶4∶3，十一级、十二级岗位之间的结构比例为5∶5。这些规定共同构成了中小学教师岗位管理的政策基础。

（二）义务教育学校岗位设置管理政策的内容要求

为做好义务教育学校岗位设置管理组织实施工作，人事部、教育部根据《事业单位岗位设置管理试行办法》《〈事业单位岗位设置管理试行办法〉实施意见》的要求，2007年印发《关于义务教育学校岗位设置管理的指导意见》指出：按照现行专业技术职务管理制度，义务教育学校中学教师岗位共划分为9个等级。其中高级岗位分3个等级，分别对应事业单位专业技术岗位等级的五级、六级、七级；中级岗位分3个等级，分别对应事业单位专业技术岗位等级的八级、九级、十级；初级岗位分3个等级，分别对应事业单位专业技术岗位等级的十一级、十二级、十三级。义务教育学校小学教师岗位暂按6个等级划分。现行小学高级教师职务对应事业单位专业技术岗位等级的八级、九级、十级；小学一级教师职务对应专业技术岗位等级的十一级、十二级；小学二级、三级教师职务对应专业技术岗位等级的十三级。根据全国事业单位专业技术人员高级、中级、初级岗位之间的结构比例总体控制目标的要求，按照义务教育学校教师专业技术职务高级、中级、初级结构比例现状，结合义务教育事业发展需要和"十一五"人才发展规划纲要，合理确定义务教育学校教师高级、中级、初级岗位之间的结构比例。农村地区学校教师高级、中级岗位结构比例，应与本地城镇同类学校大体平衡。教师高级岗位五至七级之间的结构比例为2∶4∶4，中级岗位八到十级之间的结构比例为3∶4∶3，初级岗位十一级、十二级之间的比例为5∶5。对于乡镇以下规模小、人员少的义务教育学校（或教学点），专业技术岗位设置的结构比例可以学区为基础实行集中调控、集中管理。高级、中级教师岗位的设置要兼顾不同学科教育教学工作的需要，有利于促进全面推进素质教育和新课程改革的实施。

为响应中央层面政策要求，2010年11月，广东省印发《广东省义务教育学校岗位设置管理指导意见》要求：义务教育学校岗位总量应按照中小学编制标准，原则上以核定的编制总量确定。岗位设置要优先满足教育教学工作的实际需要，严格控制非教学岗位。对寄宿制学校可适当增加管理岗位和工勤技能岗位。普通初中教师岗位占岗位总量的比例一般不低于85%，普通小学教师岗位占岗位总量的比例一般不低于90%，管理岗位、辅系列专业技术岗位和工勤技能岗位的设置，应保持相对合理的结构比例。全省专业技术岗位分为13个等级。其中高级岗位分7个等级，即一至七级，高级岗位中的正高级岗位为一至四级，副高级岗位为五至七级；中级岗位分3个等级，即八至十级；初级岗位分3个等级，即十一至十三级，其中十三级是高级岗位。

（三）中小学教师职称制度改革政策的内容要求

为深化教育领域综合改革，切实加强中小学教师队伍建设，按照党中央、国务院关于完善人才评价机制和深化职称制度改革的要求，2015年8月，人力资源和社会保障部、教育部印发《关于深化中小学教师职称制度改革的指导意见》指出：改革原中学和小学教师相互独立的职称（职务）制度体系。贯彻落实义务教育法，建立统一的中小学教师职务制度，教师职务分为初级职务、中级职务和高级职务。原中学教师职务系列与小学教师职务系列统一并入新设置的中小学教师职称（职务）系列。中小学教师高级、中级、初级岗位之间的结构比例，以及高级、中级、初级岗位内部各等级的结构比例，根据新的中小学教师职称等级体系，按照国家关于中小学岗位设置管理的有关规定执行。其中，正高级教师数量国家实行总量控制。

2016年4月，广东省人力资源和社会保障厅、广东省教育厅《关于印发〈广东省深化中小学教师职称制度改革实施方案〉的通知》为最新文件。该文件提出，"按照深化事业单位人事制度改革以及中小学人事制度改革的要求，全面实行中小学教师岗位管理制度和聘用制度，发挥学校的用人主体作用，实现中小学教师职务聘任和岗位聘用的统一""在农村学校任教（含城镇学校教师交流、支教）3年以上、经考核表现突出并符合具体评价标准条件的教师，同等条件下优先评聘""要建立健全考核制度，加强聘后管理，在岗位聘用中实现人员能上能下。中小学教师岗位出现空缺，教师可以跨校评聘""进一步完善中小学教师高级、中级、初级岗位之间的结构比例，并研究解决高职低聘的具体问题""教师职称评审通过后，学校根据岗位聘用制度的有关规定及程序，办理聘用手续，并兑现相应工资福利待遇"这些规定为中小学教师"县管校聘"管理改革政策的制定和落实打下了可靠基础。

四、中小学教师"县管校聘"岗位管理政策及行动偏差

2017年12月，广东省教育厅、广东省机构编制委员会办公室、广东省财政厅、广东省人力资源和社会保障厅联合印发《广东省中小学教师"县管校聘"管理改革指导意见》要求完善中小学教职员岗位设置管理，提出健全中小学岗位设置动态调整机制，县级人力资源社会保障部门会同教育行政部门核定县域内中小学专业技术高、中、初级岗位总量实行总量控制，教育行政部门将岗位具体分配到各学校报同级人力资源社会保障部门备案等要求。尽管中小学教师"县管校聘"岗位管理政策已执行多年，但实践中仍存在若干行动偏差。

（一）教育部门对中小学教师岗位设置统筹不够

有的县（市、区）教育部门对区域内不同学校岗位统筹不够，出现一些学校长期中级职称不够，但是高级职称有剩，而另一些学校高级职称紧缺、中级职称过剩的情况。由于教师缺口较多，一些县（市、区）中小学教师岗位管理总体还在学校层面进行，没有实施跨校竞聘。

（二）中小学教师岗位设置动态调整机制有待健全

出现的偏差有：一是没有每年核岗。有的县（市、区）中小学岗位设置数量没有做到每年一核，有的地方三年都没有进行过岗位设置核定；二是没有做到"动"态调整。有的县（市、区）虽然每年都有进行岗位核定，但是所核数据几年没有变化；三是核岗不合"时"宜。有的县（市、区）岗位核定时间选择不合适，五六月就做完了核岗，导致教师岗位实际数量无法满足9月新生入学后的实际需要；四是岗位终身制。有的县（市、区）中小学没有实行岗位内不同层级竞聘，在岗位聘用中缺乏考核机制，无法实现人员能上能下。

（三）中小学教师岗位结构有待调整优化

中小学教师"县管校聘"管理改革政策要求根据国家、省制定的中小学专业技术岗位结构比例控制标准和县域内中小学校编制总量，由县级人力资源社会保障部门会同教育行政部门，核定县域内中小学专业技术高、中、初级岗位总量，实行总量控制。但是，一些县（市、区）人社部门机械执行文件，死守《〈事业单位岗位设置管理试行办法〉实施意见》"专业技术高级、中级、初级岗位之间的结构比例全国总体控制目标为1∶3∶6"的要求，中学小学不同学段、城区农村不同区域、不同学科等没有区别对待。

（四）中小学教师岗位调整没有能遵照政策要求

中小学教师"县管校聘"管理改革政策要求教育行政部门在核定的岗位总量内，按照学校规模、班额、师资结构、承担教育教学改革和任务需要等情况，将岗位具体分配到各学校，结合校长、教师交流轮岗情况及时动态调整。有的县（市、区）人社部门没有根据最新的国家、省制定的中小学专业技术岗位结构比例控制标准核岗和调岗；有的县（市、区）教育部门则在人社部门核定的岗位总量内，简单地根据教职员编制将岗位具体分配到各学校，不能做到动态调整岗位。

（五）教育部门到人社备案落实不力

中小学教师"县管校聘"管理改革政策要求岗位总量范围内由教育部门调整而到人社部门报备，但是一些县（市、区）人社部门不仅进行总量核定，而且将岗位核定权力紧紧握在手中，直接把岗位核定到学校到人头，使得教育部门报同级人力资源社会保障部门备案制度落空。

（六）简单理解岗位向农村倾斜政策

中小学教师"县管校聘"管理改革政策强调，在分配专业技术中、高岗位时向农村学校、薄弱倾斜，一些县（市、区）简单理解岗位向农村倾斜政策，导致出现如下问题：一方面，农村学校教师评职称条件要求较城区低，农村学校中、高级职称数量较多，农村教师评中、高级职称相对容易，评上中、高级职称的教师也较多；另一方面，城区学校中、高级职称要求相对较高，职数普遍紧缺，一些学校高级职称紧缺，一些学校中级职称十分紧缺，导致城区学校教师评上中、高级职称的难度很大，挫伤了城区教师工作的积极性。

总之，行动者只有系统把握中小学教师"县管校聘"管理改革政策，科学准确地理解中小学教师"县管校聘"管理改革政策的目标和内容，尤其编制管理、岗位管理、招聘聘用、退出与权益保障等政策，并结合本县（市、区）实际采取适宜行动，基础教育系统变革方有实现的可能。

第三章

韶关市中小学教师"县管校聘"管理改革行动

中小学教师"县管校聘"管理改革作为一项改革行动，行动效果取决于具体行动系统。克罗齐耶与费埃德伯格指出："具体行动系统实际上代表着社会整体中一些十分具有决定性意义的行动方式。它们构成了最适合组织的背景，也体现了相当一部分在社会系统内部行动的'社会控制'。"[1]韶关市作为一个具体行动系统，不仅圈定了行动者范围，而且必然会对行动者产生影响，让部分行动者按照既定规则行动，并促使所有行动者在集体中发生变化。本章对韶关市具体行动系统中的中小学教师"县管校聘"管理改革行动及其结果进行描述和分析。

第一节　韶关市中小学教师"县管校聘"管理改革行动系统特征分析

行动系统影响和制约行动者的行动。克罗齐耶与费埃德伯格指出："一个变革计划的制定和执行不能独立于行动系统之外，它也不可能自行出现，更无法进行自我验证。变革的对象是行动系统，行动系统的特征和调节方式总是深深地制约着变革的进程。"[2]下面笔者对韶关市基础教育这一行动系统的特征略作分析。

---

[1] 克罗齐耶，费埃德伯格.行动者与系统——集体行动的政治学[M].张月，等译.上海：上海人民出版社，2007：283.

[2] 克罗齐耶，费埃德伯格.行动者与系统——集体行动的政治学[M].张月，等译.上海：上海人民出版社，2007：378.

一、经济社会支撑力较强

韶关市为广东省地级市，全市总面积1.84万平方千米，居广东省第二位，因地处广东省北部，被称为广东的北大门。韶关市下辖3个区、4个县、1个自治县，代管2个县级市，2019年9月韶关市入选国家第二批产业转型升级示范区。2022年，韶关实现地区生产总值1 563.93亿元，比上年增长0.2%。其中，第一产业增加值224.56亿元、增长4.9%，第二产业增加值556.69亿元、下降2.5%，第三产业增加值782.67亿元、增长0.7%。全年人均地区生产总值54 664元，增长0.1%。2022年，全年地方一般公共预算收入94.52亿元，其中税收收入43.64亿元。全年一般公共预算支出355.19亿元，其中教育支出61.93亿元，增长0.1%[1]。

二、教育体系健全，结构较合理

2022年，韶关市共有各级各类学校1 000所，其中普通中学151所，中等职业学校13所，小学217所，幼儿园606所，特殊教育学校11所，专门学校1所。各级各类教育在校学生594 339人，其中幼儿园118 616人，小学265 341人，初中120 511人，高中54 644人，中职34 386人，特殊教育841人。全市各级各类学校专任教师共38 381人，其中幼儿园教师7 880人，小学教师13 607人，初级中学教师5 561人，完全中学教师3 211人，高级中学教师2 366人，九年一贯制学校教师3 461人，中职学校教师2 060人，特殊教育学校教师225人，专门学校教师10人[2]。初步建立起包含幼儿教育、义务教育、高中教育、中等职业教育、特殊教育等构成的教育体系，且各级各类教育呈现出均衡协调发展的良好态势。

---

[1] 韶关市人民政府.2022年韶关市国民经济和社会发展统计公报[EB/OL].（2023-03-31）[2023-07-28].

[2] 韶关市教育局.2022年全市教育概况[EB/OL].（2023-03-31）[2023-07-22].

三、政府高度重视

韶关市委、市政府高度重视教育工作，大力实施"科教兴市""教育强市"战略。2022年，经广东省政府常务会议审定，韶关市政府履行教育职责工作得分90.72，取得北部生态发展区排名第一、粤东西北第一，全省排名第三的成绩，获得优秀等次，成为全省获优秀等次三个地市之一。与此同时，该市南雄市、仁化县、曲江区、浈江区、翁源县、乳源瑶族自治县、始兴县、新丰县8个县（市、区）在北部生态发展区37个县（市、区）中排名均进入前15名，其中，南雄市第4名并获得优秀等次、仁化县第6名并获得优秀等次、曲江区第7名并获得良好等次❶。

四、教育发展态势好

近年来，韶关市基础教育取得了长足发展。2008年率先在全省东西北地区提前三年实现普及高中阶段教育。2010年，在全省经济欠发达地区率先实现基本普及学前三年教育的目标，成为全省欠发达地区首个实现普及15年基础教育的山区市。2014年8月成功创建为省教育强市，成为粤东西北地区首个省教育强县（市、区）100%覆盖的省教育强市。2018年在粤东西北12个地市中率先创建为省推进教育现代化先进市。2020年11月成功创建"广东省现代职业教育综合改革示范市"。2021年该市中职学校办学条件达标指标位居全省第三。2022年4月教育部公布义务教育优质均衡先行创建县（市、区、旗）名单，其中仁化县成为全省7个上榜的县（市、区）之一，义务教育优质均衡发展取得新突破。教师业务能力和专业发展水平不断提升，人民群众的教育获得感明显增强，教育质量和办学水平走在粤东西北地区前列。

---

❶ 韶关市教育局.韶关市政府2020年教育履职评价荣获第一[EB/OL].（2021-07-29），[2023-07-22].

第二节 中小学教师"县管校聘"管理改革行动概况与策略

中小学教师"县管校聘"作为一项人事管理制度的重要改革,是一个庞大的综合性、系统性工程。在具体实践过程中,要把中小学教师"县管校聘"工作嵌入县域教育整体改革中,注重与校长职级制改革、绩效工资制度改革等的衔接与协同推进❶。韶关市本着敢于"吃螃蟹"的勇气,主动求变,积极作为,以更大的决心和力度打破体制机制壁垒,以中小学教师"县管校聘"管理改革为突破口,实现了教师队伍集体"蝶变"。

一、行动概况

2016年4月,韶关市委市政府决定韶关市开始积极探索推进中小学教师"县管校聘"管理改革。2016年8月,韶关市无党派知识分子联谊会一行到韶关市教育局调研中小学教师"县管校聘"管理改革。时任教育局局长就韶关市中小学教师"县管校聘"管理改革的背景,优化现行中小学教师管理制度,促进教育发展的思路以及推行中小学教师"县管校聘"管理改革存在的一些有待解决的问题进行了说明。人事科科长向与会代表对《关于推进韶关市中小学教师"县管校聘"管理改革的工作意见(征求意见稿)》拟定的思路和改革重点的设想做了介绍,并把全国及省内部分试验区的实施现状进行了说明。2017年4月,韶关市政府印发《关于推进全市基础教育学校公办教师中小学教师"县管校聘"管理改革的工作意见(试行)》后,韶关市10个县(市、区)相继出台实施方案。2017年7月,韶关市被教育部确定为第二批义务教育学校教师"县管校聘"管理改革国家级示范区。2018年,韶关市中小学教师"县管校聘"管理改革进入全面实施阶段。同时,广东省委省政府将韶关市中小学教师"县管校聘"管理改革工作列入2018年省委深化改革重点项目。广东省教育厅多次到现场

---

❶ 施润华.推行"县管校聘"政策中的政府履职问题[J].教育家,2022(18):9-10.

指导，并给予改革奖补资金500万元支持韶关市中小学教师"县管校聘"管理改革。2018年4月，韶关市举办全省中小学教师"县管校聘"管理改革现场活动。时任广东省教育厅副厅长在讲话中指出，充分肯定了韶关市中小学教师"县管校聘"管理改革，强调各地各部门要深入领会、准确把握"县管校聘"改革的内涵和要求，进一步完善中小学教职员编制管理制度、岗位管理制度、公开招聘制度、聘用考核制度和合理退出机制、均衡配置机制，加快推进改革，确保改革落实见效。2018年5月，韶关市中小学教师"县管校聘"管理改革案例获得广东省人民政府治理创新优秀案例。随后，新华社和《中国教育报》先后对韶关市中小学教师"县管校聘"管理改革作了报道，省内外众多地市率队到韶关市交流学习。目前，韶关市中小学教师"县管校聘"管理改革进入常态实施和深入发展新阶段。

二、行动策略

（一）做好顶层设计

针对中小学教师管理职能的多部门划分，教师业务管理碎片化，教师需求与发展、保障与激励等教师人事管理脱节的情况，韶关市委市政府将中小学教师"县管校聘"管理改革工作列入韶关市深化改革工作项目，举全市之力统筹推进中小学教师"县管校聘"管理改革。

1. 成立改革工作领导小组

根据工作需要，韶关市成立了中小学教师"县管校聘"管理改革的改革工作领导小组，由市政府分管领导挂帅，编办、人社、教育、财政等部门通力合作，建立教师工作联席会议制度，准确、及时把握改革中的新情况、新问题，减少推诿扯皮现象。

2. 出台政策文件

在精准调研、倾听意见、各方论证的基础上，对中小学教师"县管校聘"管理改革进行了顶层设计，先后出台了6份配套文件，《关于推进全市基础教育学校公办教师"县管校聘"管理改革工作的意见（试行）》《关于韶关市基础教育学校公办教师"县管校聘"改革编制管理的实施意见》《关于"县管校聘"管理改革中岗位设置管理和人员流动的实施意见》《韶关市中小学校教师退出教学岗位的实施办法(试行)》《韶关市县域内义务教育学校校长教师交流轮岗工作的实施方案》《关于推进韶关市教育局直属学校教师"局管校聘"管理改革的工作方案》,为改革提供政策和制度保障。

3.建立七大机制

韶关市以问题为导向探索建立中小学教师"县管校聘"管理改革七大机制,来破解工作实施中的难题:建立教师编制核定机制,实行"县管编制总量,学校按岗配备";建立教师岗位管理机制,实行"县管岗位结构,学校按岗定员";建立教师岗位聘用机制,实行"县管人员身份,学校合理聘用";建立教师交流轮岗机制,实行"县管全局统筹,学校择优选派";建立教师补充机制,实行"县管统一招聘,学校按岗聘用";建立教师退出机制,实行"县管体系标准,学校考评执行";建立教职工合法权益保障机制,实行"县管权益保障,学校公开竞聘"。这七大机制为广东省中小学教师"县管校聘"管理改革政策吸收,成为韶关市中小学教师"县管校聘"管理改革的精髓。

4.分析轻重缓急

韶关市中小学教师"县管校聘"管理改革强调稳步推进,用力过猛的改革容易翻车。韶关市中小学教师"县管校聘"管理改革尊重改革的阶段性,把握好改革的时、度、效,不求毕其功于一役。中小学教师"县管校聘"管理改革的最终目标是促进教师合理流动、优化教师资源配置。韶关市中小学教师"县管校聘"管理改革涉及编制配置比例、岗位聘用比例、教师退出等问题,如果在改革初始阶段就要把所有问题都得以解决,势必引起教师队伍的严重不稳定。为此,韶关市中小学教师"县管校聘"管理改革强调,要按照循序渐进的原则,分析问题的轻重缓急,设定不同阶段的工作目标,暂时不把岗位聘用比例、教师退出纳入改革初始阶段的工作目标,重点解决教师数量、学科均衡、职业倦怠等方面的问题,待完成首次聘用后,通过绩效考核、职称评聘、岗位竞聘等手段逐步优化岗位配置比例,以最小的阻力取得改革成功的最大化。

（二）抓实具体工作

1.完善中小学教职员编制管理机制

"教师编制管理是教师队伍建设的基本要素，也是'县管校聘'的重要组成部分。"❶根据《广东省教育厅 广东省机构编制委员会办公室 广东省财政厅 广东省人力资源和社会保障厅关于推进中小学教师"县管校聘"管理改革的指导意见》，结合本地实际，以现有教职员编制数作为实施"县管校聘"改革的教职员编制总量。总量确定后，由教育行政部门在核定的编制总量内，于每年6月底前可按照教育教学规模和教师队伍结构要求，统筹提出各学校教职员编制的分配方案和动态调整意见，报同级机构编制部门备案。按照"定期核定、统筹城乡、按需调整、有增有减"的原则，根据学校的班额及学生数的变化，原则上每年在编制总量内核定一次学校编制总额。为填补女教师因产假或因教师重病空缺而临时聘用教师，临聘教师的招聘由学校根据实际需求报县级教育行政部门审批后自主招聘并报教育局备案或由县级教育行政部门统一招聘。因为临聘教师的聘用是短暂的，各校临聘的时间不统一、不定期，所以暂未按照国家和省有关规定统一标准、统一招聘、统筹调配临聘教师，由各县（市、区）根据实际组织实施。对教师队伍中长期存在的因疾病、生育等无法正常承担教学任务的问题，全市是通过加大招聘教师力度和临时聘用教师解决。

2.完善中小学教职员岗位设置管理

（1）人力资源和社保局会同教育局，根据国家、省制定的中小学校专业技术岗位结构比例控制标准和全市中小学校编制总量，对县域内中等职业学校、高中、初中、小学打包岗位，分别核定岗位设置总量，实行总量控制。教育局在核定的岗位设置总量内，按照学校教师人员结构、承担教育教学改革和任务需要等情况，编制各学校岗位设置方案，报人力资源和社保局备案后实施。

（2）"双肩挑"岗位人员采取不占专业技术岗位、在分配中高级岗位职称评聘与层级晋升时同等条件下向从农村及薄弱学校倾斜措施调整分配岗位。

---

❶ 庄岳彤，欧阳修俊.我国"县管校聘"教师流动政策研究现状述评［J］.福建技术师范学院学报，2023（3）：380-387.

3. 完善中小学教师公开招聘制度

（1）在招聘教师工作上，教育部门根据招聘政策规定，按照所设岗位资格条件、空岗数及用人需求量，制定符合教育教学规律、教职员职业特征和岗位适应性的公开招聘方案，并组织实施。人社部门负责对公开招聘工作进行指导、监督和管理。

（2）在创新多渠道教师招聘方式和建立优秀人才到校任教"绿色通道"上，除向社会公开招聘外，还采取"丹霞英才"人才引进、公开选聘教师等简化考试程序办法方式吸纳更多优秀人才到学校任教。

4. 完善中小学岗位聘用管理制度

（1）"县管校聘"管理改革实施后，在落实学校用人自主权方面，各地根据实际出台相关工作方案，全面核定中小学教职员总编制，实现了由"学校人"到"系统人"的转变。

（2）在建立学校、教师、学生、家长和社会多方参与的教师考核评价机制方面，做到公开透明，主动接受各方监督。

（3）在建立完善能上能下、能进能出的竞争性用人机制，激发中小学教师队伍的活力方面，各地根据实际出台相关工作实施细则、工作方案等一系列配套文件，对学校的教师竞聘工作提供了细致全面的指导意见。各校均成立领导小组、工作推进小组和争议协调小组，通过召开动员大会，宣传解释"县管校聘"的有关政策。通过召开教代会，审议公布了该校的岗位竞聘方案。经过"校内竞聘—跨校竞聘—组织调剂—签订聘用协议"等程序，均能平稳完成了"校聘"工作。

5. 完善中小学教师均衡配置机制

全面落实中小学教师聘用合同管理。学校在核定的编制和岗位内科学制定该校岗位设置方案，确定管理人员、专业技术人员和工勤人员岗位结构，依法依规做好聘用合同的签订、履行。全面推行竞聘上岗制度，建立竞争择优、能上能下的用人机制。教师可以在学校内、跨校竞聘上岗，跨校竞聘岗位由县级教育行政部门统一公布。对于校内竞聘、跨校竞聘后仍未上岗的教师，教育行政部门根据实际进行统筹调剂安排工作岗位。对没有竞聘上岗且不服从组织统筹调剂安排工作的教师，在原工作学校待岗培训，待岗培训期不超过12个月，待岗培训内，只发放基本工资和基础性绩效工资，不享受奖励性绩效工资。距法定退休年龄不足5

年的教师，经组织选派参加支教的教师，处于孕期、产期、哺乳期以及患有重大疾病的教师，原则上在原学校直聘，教育局追加临时编制岗位。

6.完善教师退出机制

（1）教师资格定期注册工作：根据广东省教育厅关于印发《广东省中小学教师资格考试试点实施办法》《广东省中小学教师资格定期注册试点实施办法》，各地按要求开展教师资格定期注册工作，目前，除新入职教师之外，其余在职在编符合教师资格注册的教师已全部完成教师资格定期注册工作。

（2）师德考核"一票否决制"方面情况：经验、做法及取得成效。严格实行师德师风建设工作"一票否决制"，实行问责制和校长一把手负责制，将师德考核结果作为教师职称聘用、年度考核、干部任免和评先评优的重要依据；并将师德师风建设工作融入学校年度工作各项考核评估中，作为学校年度工作和评优评先的一项重要指标和依据。

（3）年度考核不合格教师处理方法：按照《广东省事业单位工作人员考核办法（试行）》及相关规定，教师年度考核或聘期考核不合格的，学校可以调整其岗位，或者安排其离岗接受必要的培训后调整岗位，教师不同意学校调整其工作岗位，或者虽同意调整到新工作岗位，但到新岗位后考核仍不合格的，学校可按规定程序解除聘用合同。

7.完善教职员合法权益保障机制

在实施"县管校聘"过程中，为保障教职员合法权益，各地分别制订相应措施，如南雄市出台了《南雄市中小学校公办教师聘任工作实施方案》及配套的《南雄市教师竞聘考核办法》，为确保此次改革平稳推进，该市本着"以人为本、人文关怀"原则，各地根据实际作出相应规定，如在全员竞聘中，落实"优先原则"，对年满55周岁以上的男教师、50周岁以上的女教师、计划内怀孕期及哺乳期的女教师以及重病教师学校优先聘任；同时，要求各校积极做好宣传、沟通，耐心解答，消除疑虑，尤其是细心引导校内竞聘落聘教师积极参加跨校竞聘。

8.政策宣传、检查督导和风险防控情况

自《关于推进中小学教师"县管校聘"管理改革的指导意见》文件发布以来，韶关市就要求学校向老师大力宣传"县管校聘"政策，"县管校聘"

的改革政策是对传统教师管理体制的一项重大变革，涉及学校和教师的根本利益。教师和学校既是政策的执行者，更是政策实施的受益者。因此，推进"县管校聘"工作，首先要解决的是共识问题，让广大教师和学校形成政策认同。应该看到，一方面，部分教师对"县管校聘"政策所能给自身利益和自身发展带来的影响缺乏准确判断，在思想上难以接受，产生了政策认同障碍；另一方面，学校对于政策实施给学校发展带来的影响存在疑虑。对于学校而言，优秀教师是非常重要的资源，出于对学校教学质量的保护，许多学校不希望骨干教师流出，而对于教育发展水平相对落后的学校而言，他们虽然迫切需要优秀教师，但又顾虑到优秀教师的流入可能会带来管理上的困难。针对认识上的误区，该市通过深入基层调查研究，召开各种类型（校长、教师、管理者、学生家长层面）的座谈会，广泛听取意见。一方面，宣讲好、解读好上级的政策，更重要的是向下找准政策实施点、平衡点、对接点；另一方面，经过努力，全市上下迅速凝聚了共识：中小学"县管校聘"有助于统筹县域内义务教育教师资源和促进县域内义务教育均衡发展，是提升教育质量的根本路径，更是教师专业成长、提升教师教书育人幸福感和获得感的根本路径所在。这场改革不是"末位淘汰"，不是让教师下岗，而是惠及教育、惠及学生、惠及人民、更惠及教师。共识的形成，推进"县管校聘"营造一个良好的思想和舆论环境。

第三节 中小学教师"县管校聘"管理改革行动效果与问题

行则有果。韶关市中小学教师"县管校聘"管理改革在探索中行动，在行动中探索，尽管困难巨大，但历经辛苦，终于取得良好效果，对教育系统发挥了正面促进作用。

一、中小学教师"县管校聘"管理改革行动效果

（一）城乡教师配置进一步均衡

集中体现在如下八个方面。

1. 中小学教师"县管校聘"管理改革前后学科背景对口率城乡学校对比变化情况

通过"丹霞英才"的招聘，"县管校聘"管理改革前后学科背景对口率相比2017年有所提高，该市城区和乡镇的学科背景对口率也有了明显的提高，让专业的教师教授相对应的学科，提高教学质量。

2. 中小学教师"县管校聘"管理改革前后师生比城乡学校对比变化情况

2017年城区小学学校师生比为1∶20，乡镇小学学校师生比为1∶16；2019年城区小学学校师生比为1∶20，乡镇小学学校师生比为1∶17；2017年城区初中学校师生比为1∶14，乡镇初中学校师生比为1∶12；2019年城区初中学校师生比为1∶15，乡镇初中学校师生比为1∶12。随着"县管校聘"管理改革的推进，该市城区和乡镇的教师资源流动性增强，师资力量逐步增强，教师分配逐渐合理。

3. 中小学教师"县管校聘"管理改革前后县级以上骨干教师占比城乡学校对比变化情况

2017年城区小学骨干教师总数为1 733人，2019年城区小学骨干教师总数为1 509人。2017年乡镇小学骨干教师总数为1 432人，2019年乡镇小学骨干教师总数为1 618人。这就说明"县管校聘"管理改革的实施加大了骨干教师的流动性，从2017年到2019年城区骨干教师大量向乡镇学校流动。改革的推进，使该市各地城区乡镇、校际间、专业间的师资配置更加均衡，盘活了现有师资资源，实现了教师的有序流动和精准配置。

4. 中小学教师"县管校聘"管理改革前后学科带头人占比城乡学校对比变化情况

"县管校聘"管理改革的实施调动了教师的积极性，越来越多的城乡学校学科带头人流向乡镇学校，使农村和薄弱地区的学生享受到了更好的教师资

源。2017年乡镇小学、初中学科带头人分别是125人、152人，2019年分别增加到141人、174人。

5. 中小学教师"县管校聘"管理改革前后专任教师高一层次学历比例城乡学校对比变化情况

通过"县管校聘"管理改革的推进和"丹霞英才"计划的实施，该市高层次学历的专任教师越来越多，师资力量不断增强。如2017年城区高中教师研究生学历总数为103人，2019年城区高中教师研究生学历总数为206人。

6. 中小学教师"县管校聘"管理改革前后中高级教师职称比例城乡学校对比变化情况

相比农村学校相对好一些，一是国家政策向农村地区倾斜，二是新招聘的教师都往农村里送，使得农村学校评定职称时的教师数相对大。而县城学校面临相对大部分教师占了中高级职称的指标，符合评审条件的教师人数也很多，可评审指标却寥寥无几。

7. 中小学教师"县管校聘"管理改革前后城乡教师平均工资收入对比变化、与公务员平均工资收入对比变化情况

随着"县管校聘"管理改革的不断推进，城乡教师平均工资收入有了大幅的增加，但各县（市、区）情况不一。据初步统计，全市义务教育教师平均工资收入水平不低于公务员水平。

8. 中小学教师"县管校聘"管理改革前后教师流动率城乡学校对比情况近几年积极引导优秀校长和教师向农村学校、薄弱学校流动，激发教师队伍活力，促进城乡学校教师资源均衡配置和义务教育均衡优质发展。

（二）体制机制管理改革进一步创新

韶关市中小学教师"县管校聘"管理改革坚持以"县管"为基础，按照"总量控制、统筹城乡、结构调整、有增有减"的原则，使"县管"与"校聘"相互补充促进，实现对教师队伍的政策性"重新洗牌"，教师身份由"学校人"变为"系统人"，打破了用人上的"终身制"，逐步建立了符合教育特征的用人新机制，促进教师合理流动，盘活现有师资资源，使教师队伍结构、年龄结构得到优化，师资配置日趋均衡，有效解决学校教师"缺超编"历史难

题。"校聘"就是解决学校需求的问题，实现学校自主聘用管理教师。韶关市中小学教师"县管校聘"管理改革中各地相继出台了相关政策，根据工作量标准在核定的编制数内遵循"按需设岗、竞聘上岗、按岗聘用、合同管理"的原则，制定了相应工作方案，科学设定"校内直聘、校内竞聘、跨校竞聘、组织调剂"等流动程序，有效保障了"县管校聘"改革工作的顺利推进。

（三）教师队伍活力进一步激发

韶关市中小学教师"县管校聘"管理改革在实施之前，学校对教师的管理缺乏有力抓手，教师职业倦怠感较明显，从教动力不足，滋长了"安于现状、不思进取"的惰性，个别教师甚至存在"干好干坏一个样、干多干少一个样"的思想，特别是一些教师评上了高级职称，就认为自己的人生目标已经到达顶峰，工作热情减退，不愿承担班主任工作，不愿承担满工作量，教学水平难有大的突破，有些甚至停滞不前。在中小学教师"县管校聘"管理改革中，韶关市各地根据实际，制定出台相关文件，健全了教师队伍管理机制，通过完善一系列制度，全面激发了教师队伍活力，教师队伍中倦怠、松弛的神经立即绷紧了，人人争岗位，争当班主任，教师队伍的精神面貌有了极大的转变，教师在工作热情中有了更多的获得感和价值体现。在实施中小学教师"县管校聘"管理改革之前，教师普遍不愿意承担班主任工作，经常造成班主任工作难以安排的窘境。实施中小学教师"县管校聘"管理改革后，在班主任工作安排过程中，出现了从以前教师不愿担任班主任到"抢着"做班主任的喜人局面，其中有多位新聘任的教师多次找到学校领导强烈要求安排他们担任班主任工作，因为是主动申请，工作热情也高，责任感更强，工作效果也更好。主要原因是在这次中小学教师"县管校聘"管理改革过程中，教师经历了以绩效考核结果作为主要依据的择优聘用过程，既有压力，也有动力，从而大大激发了教师的工作热情。特别是有几位在原来学校由于超编和工作态度等各方面原因被"边缘化"做"替补队员"的教师，这次中小学教师"县管校聘"管理改革被"组织调剂"后，在工作岗位上重新"唱主角"，又重新焕发了工作激情，都主动要求学校给担子，并在工作中表现出了久违的激情状态，教学上也取得了较明显的成绩。

（四）教育新生态进一步形成

韶关市中小学教师"县管校聘"管理改革带来城区名校长好教师"逆流进山"成为常态。诚如有报道指称：乡村教师特别是优秀教师紧缺一直是农村教育难题，在"县管校聘"管理改革政策下，县城教师编制属于县教育局，可以通过教育局的统筹调配支持乡村教育。试点一年，南雄市2017年教师交流258人，教师交流比例达6.4%，骨干教师交流83名，占交流人数的32.2%；全市义务教育学校参与交流轮岗校长121人、教师1 929人，教师交流比例达7.2%，均超过广东省规定比例标准。越来越多城里名校长和优秀教师主动申请到山区小学任教，为山区教育发展注入了源源不断的活力[1]。韶关市中小学教师"县管校聘"管理改革让党员教师发挥先锋示范作用成为常态。学校基层党组织成为推动韶关市中小学教师"县管校聘"管理改革的发动机，党员教师成为韶关市中小学教师"县管校聘"管理改革宣传的先锋队。目前，韶关市中小学校党员教师占教师总数的52.3%，名班主任、名校长、名教师、学科带头人中党员教师占75%。正因为有一支强有力的党员教师队伍，韶关市在人事制度改革进程中步伐稳健。韶关市中小学教师"县管校聘"管理改革让相关部门协调行动成为常态。明晰部门职责是中小学教师"县管校聘"管理改革是深化改革的保证。韶关市中小学教师"县管校聘"管理改革明确了编办、人社、教育、财政等行政部门的管理权责，在中小学教师"县管校聘"管理改革实施中各司其职，各谋其事，最大程度地发挥了各部门的行动合力。随着韶关市中小学教师"县管校聘"管理改革积极稳妥推进，教育均衡优质发展进一步实现，教育新生态进一步形成。中小学教师"县管校聘"管理改革成为韶关市深化教育领域综合改革、纵深推进教育发展的一个缩影，成为加快实现教育事业的"弯道超车"的撒手锏。

---

[1] 王倩."共享教师"来袭！广东试点推"县管校聘"管理改革[EB/OL].（2018-04-13）［2018-04-13］.

二、中小学教师"县管校聘"管理改革待解问题

尽管韶关市中小学教师"县管校聘"管理改革成效显著，毋庸讳言，但在中小学教师"县管校聘"管理改革中，也存在一些待解决的问题。例如，有研究指出的，更多的"校聘"负责人反映，实施了几年的"县管校聘"管理改革，在加强乡村教师队伍建设的成效上与该政策的初衷还存在差距❶。存在的问题主要有：一是市区因城镇化发展、二孩政策实施、学校新建扩建等，带来教师编制不足的问题还有待更好地解决；二是农村小学教师老龄化情况严重，还有待妥善处理；三是教师轮岗交流人数逐年增加，教师工作周转房不足越来越凸显；四是编制调配、岗位配置、评价考核、绩效分配等具体操作层面还待细化。对于这些问题，有待韶关市中小学教师"县管校聘"管理改革行动者认真分析存在的问题，把好中小学教师"县管校聘"管理改革的方向盘，建立中小学教师"县管校聘"管理改革长效机制，制订科学有效的中小学教师"县管校聘"管理改革操作办法，推进中小学教师"县管校聘"管理改革行动持续、深入发展。

综上所述，韶关市作为一个具体行动系统，由韶关市委市政府、教育局、人社局、编办、财政局，韶关市不同县（市、区）党委政府、有关部门，不同县（市、区）有关学校领导班子和教师等行动者，在遵守行动规则的基础上，采取了适宜的行动策略，取得了良好的行动结果，一定程度上实现了韶关市具体行动系统及其行动者的双重发展。

---

❶ 柳镁琴，廖益，钟景迅."县管校聘"背景下乡村教师队伍建设的困境与对策——来自韶关市"校聘"负责人的质性研究［J］.韶关学院学报，2022（11）：68-72.

第四章

南雄市中小学教师"县管校聘"管理改革行动

南雄市是韶关市中小学教师"县管校聘"管理改革的急先锋。克罗齐耶与费埃德伯格指出:"成功的变革并不是某几个智者事先就设计好的用新模式代替旧模式的结果;它是一个集体过程的结果,通过这个集体过程,那些必要参与者的资源和能力得到动用甚至被创造出来。"[1]作为广东省和韶关市"中小学教师县管校聘管理改革试点",南雄市主动求变,积极作为,以中小学教师"县管校聘"管理改革为突破口撬动基础教育高质量发展。本章在介绍南雄市这一行动系统的特征基础上,结合中小学教师"县管校聘"管理改革实践,分析南雄市中小学教师"县管校聘"管理改革行动及其结果。

第一节 南雄市中小学教师"县管校聘"管理改革行动系统特征分析

一、经济社会支撑力较强

南雄市为广东省辖县级市,由韶关市代管,是广东省财政直管县,地处广东省东北部,毗邻江西省,总面积2 326.18平方千米。2021年,南雄市户籍人口49.03万人。南雄市下辖1个街道、17个镇。根据韶关市地区生产总值统一核算结果,2022年南雄市地区生产总值为132.25亿元,同比增长0.7%。其中,第一产业增加值为37.49亿元,同比增长2.3%;第二产业增加值为29.23亿元,同

---

[1] 克罗齐耶,费埃德伯格.行动者与系统——集体行动的政治学[M].张月,等译.上海:上海人民出版社,2007:379.

比下降2.7%；第三产业增加值为65.53亿元，同比增长1.1%。三次产业结构为28.3∶22.1∶49.6。全年人均地区生产总值37 437元，比上年增长1.0%❶。

二、基础教育体系健全

2022年，全市有中小学校56所，其中，全国示范性高中2所，完全中学1所，中等职业技术学校1所，初级中学9所，九年一贯制学校7所，特殊教育学校1所，完全小学35所，分教学点25个。在校学生5.444 6万人，其中普通高中0.672 6万人，中职0.252 9万人，初中1.455万人，小学3.064 1万人。全市有幼儿园62所，其中公办园20所，民办42所，在园幼儿1.315 4万人。幼儿教育入园率101.28%，小学毛入学率102.88%，初中毛入学率105.71%，高中毛入学率99.23%。基础教育专任教师4 491人，其中城区2 041人，镇区1 952人，乡村498人。中等职业学校专任教师137人❷。

三、基础教育得到高度重视

南雄市委市政府高度重视教育工作。过去十年来，全市教育实现了"三个全覆盖"，即义务教育标准化学校全覆盖、镇公办中心幼儿园全覆盖、教育强镇全覆盖；实现了"四个创建"，即创建为全国义务教育发展基本均衡县、广东省教育强市、广东省社区教育实验区与广东省推进教育现代化先进市。在广东省对市、县人民政府履行教育职责评价考核中连续获得优秀等次❸。

---

❶ 南雄市人民政府.2022年南雄市国民经济和社会发展统计公报[EB/OL].（2023-06-01）［2023-07-28］.

❷ 同❶。

❸ 南雄市发布.南雄市教育：过去十年实现大步跨越 构建起优质均衡发展大格局[EB/OL].（2022-10-05）［2023-07-28］.

四、基础教育发展态势好

近年来，南雄市积极推进集团化办学、特色办学、校园公交和幼儿校车等适合南雄市教育路子的相关政策，基础教育工作呈现出了蓬勃发展的良好态势。2022年，南雄市被评为"广东省学前教育改革发展实验区"。2022年，完成市一中运动场改造、雄中体育馆提升、南雄市第三小学扩建等项目建设，积极落实"双减"政策，学科类校外培训机构压减率达100%，校内课后服务实现"双覆盖"，13所学校分别获评省国防教育特色学校和省绿色学校，5所学校获评韶关市劳动教育特色学校❶。

第二节 南雄市中小学教师"县管校聘"管理改革行动概况

自《关于推进中小学教师"县管校聘"管理改革的指导意见》发布以来，南雄市勇于创新，积极探索，开创中小学教师"县管校聘"管理改革新局面。

南雄市教育局在市委市政府的正确领导和支持下，积极推进教师交流工作，及时调整教师交流政策，完善《南雄市中小学教师交流工作实施办法》，当年教师交流比例达6.4%，超过省规定不少于5%的比例标准。通过教师交流作为"县管校聘"的试验，及时发现问题，总结经验，为全面推行"县管校聘"改革工作提供实践支撑，由此形成了《关于推进中小学教师"县管校聘"管理改革的实施意见》（初稿）。2018年3月23日，南雄市市府常务会议同意南雄市教育局《关于推进中小学教师"县管校聘"管理改革的实施意见》，要求南雄市教育局根据会议讨论意见进一步修改完善后报市委常委会审议；2018年4月23日，南雄市委常委会通过《关于推进中小学教师"县管校聘"管理改

---

❶ 南雄市人民政府.2022年南雄市国民经济和社会发展统计公报[EB/OL].（2023-06-01）［2023-07-28］.

革的实施意见》（送审稿），要求人社、编制、财政等部门积极配合教育部门制订具体的配套实施细则，提交市委深化改革领导小组会议研究讨论。为确保"县管校聘"改革工作在2018年秋季开学前完成，南雄市教育局在暑假期间通过多轮校长研讨会议，形成了《南雄市中小学校公办教师聘任工作实施方案》等8项相关配套文件，为"县管校聘"改革工作制定总体方案，有效保障了"县管校聘"改革工作在秋季开学前顺利完成。2018年11月2日，南雄市委全面深化改革领导小组办公室听取"县管校聘"改革进展情况汇报，并审议了相关文件，同意南雄市教育局制订的"县管校聘"改革文件，并解决了一些历史遗留下来的教师管理问题。

第三节　南雄市中小学教师"县管校聘"管理改革行动效果与问题

南雄市中小学教师"县管校聘"管理改革行动取得了明显效果，同时也存在待解问题，但是同样对教育系统具有正向促进作用。

一、中小学教师"县管校聘"管理改革行动效果

开展中小学教师"县管校聘"管理改革以来，南雄市在促进校长、教师合理流动，优化教师资源配置，促进教育公平，促进教育均衡优质发展等方面取得的实际效果，主要体现在以下两个方面。

（一）教资均衡配置进展明显

随着教育事业的发展，教师管理体制固有的弊端也越发凸显，致使教师资源分布不均衡。一是学段分布不均衡。普通高中师生比为11∶34，基本满足正常的教育教学工作；初中师生比为10∶65，教师总数富余；小学教职工1 713人，应配教职工数1 852人（师生比与班师比相结合），师资紧缺。二是城乡分

布不均衡。城区小学学生人数占小学生总数的48%，教职工人数占教职工总数的26.68%；农村小学学生人数占小学生总数的52%，教职工人数占教职工总数的73.32%。城区初中学生人数占初中学生总数的41.73%，教职工人数仅占教职工总数的35.16%；农村初中学生人数占初中学生总数的58.27%，教职工人数占教职工总数的64.84%，城乡教师分布不均衡。三是学科分布不均衡。主要体现在体育艺术教师的配置上，数量不足，且分布不均衡，导致没有体育艺术学科教师的学校只能由其他教师代替，开课质量差。究其原因，主要是因为编制、岗位等体制的制约，产生"管人不用，用人不管"的用人机制，编制无法得到及时调整，且教师身份被固定为"学校人"，在调整配置师资过程中需要经过烦琐、漫长的调动审批手续，无法满足教育事业迅速发展的需要，因此南雄市中小学教师"县管校聘"管理改革将突破制约教师均衡调配"死胡同"，打破教师身份固化，视为中小学教师"县管校聘"管理改革的出发点。

随着中小学教师"县管校聘"管理改革，初步实现教师资源均衡配置目标。一是"县管校聘"管理改革前后学科背景对口率城乡学校对比变化情况。通过"丹霞英才"的招聘，"县管校聘"管理改革前后学科背景对口率相比2017年有所提高，该城区和乡镇的学科背景对口率也有了明显的提高，让专业的教师教授相对应的学科，提高教学质量。二是"县管校聘"管理改革前后师生比城乡学校对比变化情况。2017年城区初中学校师生比为1∶17，乡镇初中学校师生比为1∶16；2019年城区初中学校师生比为1∶11，乡镇初中学校师生比为1∶10。随着"县管校聘"管理改革的推进，该城区和乡镇的教师资源流动性增强，师资力量逐步增强，实现了教师的合理分配。三是"县管校聘"管理改革前后县级以上骨干教师占比城乡学校对比变化情况。2017年乡镇小学骨干教师总数为96，2019年乡镇小学骨干教师总数为247。这就说明"县管校聘"管理改革的实施加大了骨干教师的流动性，从2017年到2019年城区骨干教师大量向乡镇学校流动。改革的推进，使该区乡镇、校际间、专业间的师资配置更加均衡，盘活了现有师资资源，实现了教师的有序流动和精准配置。四是"县管校聘"管理改革前后学科带头人占比城乡学校对比变化情况。"县管校聘"管理改革的实施调动了教师的积极性，越来越多的城乡学校学科带头人流向乡镇学校，使农村和薄弱地区的学生享受到了更好的教师资源。五是"县管校聘"管理改革前后专任教师高一层次学历比例城乡学校对比变化情况。2017年城区高中教师研究生学历总数为19，2019年城区高中教师研究生学历总数为30。通过"县管校聘"管理改革的推进和"丹霞英才"计划的实施，该市高层次学历的专任教师越来越多，师资力量不断增强。六是"县管校聘"管理改革前后中高级教师职称比例城乡学校对比变化情况。该市健全了教师队伍管理机制，出台了《南雄市教师工作量标准指导意见（试行）》，明确教师工作量，由"一岗一责"转为"双岗双责"，实现人人有事做，个个有责任，事事有人管，真正实现教师"教书育人"；同时，为营造一个"敢为、勤为、善为、有为"的发展环境，完善激励机制，制定了《南雄市中小学（幼儿园）教师"教书育人"双岗双责绩效考核办法》，把教师"教书育人"岗位绩效考核结果作为发放奖励性绩效工资的主要依据，同时也作为岗位聘用、职务晋升、续聘解聘、年度考核、评优评先等的重要依据。通过完善系列制度，全面激发了教师队伍活力，教师队伍中倦怠、松弛的神经立即绷紧了，人人争岗位，争当班主任。教师队伍精神面貌有了极大的转变，教师在工作热情中有了更多的获得感和价值体现。

（二）教师队伍管理增添动力

为切实提高教师地位待遇，增强教师职业吸引力，南雄市认真贯彻落实党中央决策部署和有关法律文件的要求，强化政府责任，切实保障教师工资待遇以及落实山区教师生活补助等各项红利政策。南雄市印发了《南雄市2018年山区和农村地区学校教师生活补助实施方案》，依照实际距离分为5个档次，按月发放农村边远地区教师生活补助，其中最低的每月生活补助有700元，最高的每月生活补助达1 600元。2018年8月，韶关市调整和规范了机关事业单位工资津补贴和绩效工资管理，教师队伍人均增资约1 250元，住房改革补贴、住房公积金也有相应的增加，全市教师平均工资水平与当地公务员平均工资水平实现"两相当"，并略高于当地公务员的平均工资，教师职业逐步成为让人羡慕的职业。南雄市中小学教师"县管校聘"管理改革，从源头上破解了体制障碍，有效促进了教师队伍的资源均衡配置，改变教师职业倦怠现象，激发教师工作的活力；从根本上推动优秀教师向农村学校、薄弱学校流动，从超编、超岗学校向缺编、空岗学校流动，有效缓解了学段之间、学校之间存在的结构性矛盾，优秀的教学经验和教学方式通过"输血"方式辐射到乡村学校，激发了城乡教育发展同频共振，为实现教育优质均衡发展助力；通过在评职晋级、评优评先、选拔任用上大力向农村倾斜，实行竞聘考核，双岗双责管理，切实保障乡村教师待遇，进一步提高南雄市山区和农村边远地区教师工资福利待遇，教师合法权益得到保障，教师获得感持续增强。

二、中小学教师"县管校聘"管理改革待解问题

尽管南雄市中小学教师"县管校聘"管理改革效果明显，但是还存在若干待解问题：其一，中小学教师"县管校聘"管理改革要求编制实行动态管理，教师理应由"学校人"变为"系统人"，区域内学校之间的教职员调整，应简化调动手续，采取备案制，但南雄市还按原有做法实行人员列编审批及减员报告制，增加了系统内因调整教职工增减员而办理手续的工作量。其二，由于南雄市财政困难，目前尚未安排专项资金解决临聘教师的工资待遇，临聘教师待遇与在编教师待遇差距明显，未能实现同工同酬。这些问题还需要有关行动者大力研究解决之策，以深入推进中小学教师"县管校聘"管理改革。

综上所述，南雄市作为一个具体行动系统，由南雄市委市政府、教育局、人社局、编办、财政局有关部门，本市有关学校领导班子和教师等行动者，在遵守行动规则的基础上，采取了有效行动策略，取得了显著行动结果，同时对教育系统起到了促进作用。

第五章

浈江区中小学教师"县管校聘"管理改革行动

行动者需要对环境充分认知。克罗齐耶与费埃德伯格指出："如果我们的行动建立在对环境的充分认知上，我们就能够与系统同步行动，而非与它背道而驰，这样就能够省下本来就微薄的资源，并达到事半功倍的效果。"❶浈江区立足实际统筹推进中小学教师"县管校聘"管理改革，取得了良好效果。本章在介绍浈江区这一行动系统的特征基础上，结合中小学教师"县管校聘"管理改革实践，分析浈江区中小学教师"县管校聘"管理改革行动及其结果。

第一节 浈江区中小学教师"县管校聘"管理改革行动系统特征分析

浈江区中小学教师"县管校聘"管理改革作为一个行动系统，有其自身的特征，这些特征对浈江区中小学教师"县管校聘"管理改革行动及其结果会产生一定影响。

一、经济社会支撑力较强

浈江区是广东省韶关市市辖区，为韶关市的政治、经济、文化和信息中心。全区总面积572.1平方千米。2022年，全区户籍户数115 421户，户籍人口309 721人，其中，城镇人口248 179人，乡村人口61 542人，户籍的城镇化率

---

❶ 克罗齐耶，费埃德伯格.行动者与系统——集体行动的政治学[M].张月，等译.上海：上海人民出版社，2007：398.

为80.13%。根据韶关市地区生产总值统一核算结果，2022年全年该区地区生产总值为226.81亿元，同比下降0.8%。其中，第一产业增加值为8.17亿元，同比增长0.1%；第二产业增加值为61.38亿元，同比下降7.4%；第三产业增加值为157.25亿元，同比增长1.7%。三次产业结构为3.6∶27.1∶69.3。按常住人口计算，人均地区生产总值62 579元，同比下降0.6%。全年区地方一般公共预算收入3.93亿元，同比下降19.7%，其中，税收收入3.14亿元，区一般公共财政预算支出17.24亿元❶。

二、教育体系较完善

浈江区教育体系较完善。2022年年末，全区义务教育规范化学校覆盖率为100%。2022年年末，全区有6个镇（街）通过广东省教育强镇（街）验收。适龄儿童小学毛入学率100%，初中学龄人口毛入学率100%，小学毕业升学率100%，初中毕业升学率98.8%。年末共有幼儿园75所，在园幼儿14 984人；年末共有中小学学校38所，当年新招生人数7 865人，在校学生37 828人（含特殊学校44人）。特殊学校1所，新招学生12人。全区各类教育发展情况如下：全区初中11所，新招生人数3 475人，在校学生9 385人，比上年8 817人增长6.4%；小学27所，新招生人数4 390人，在校学生28 399人，比上年28 522人下降0.43%。普通中学11所，普通中学专任教师683人，普通中学在校学生9 385人；小学专任教师1 485人。农村义务教育专任教师本科及以上学历比例98.2%❷。

三、教育发展基础较好

浈江区坚定不移地实施教育优先发展战略，先后出台了新时代教师队伍建

---

❶ 浈江区人民政府.浈江区2022年国民经济和社会发展统计公报[EB/OL].（2023-08-15）［2023-07-28］.

❷ 浈江区人民政府.仁化县2022年国民经济和社会发展统计公报[EB/OL].（2022-09-24）［2023-07-28］.

设、教师"县管校聘"、校长职级制改革、基础教育集团化办学、规范民办义务教育、学前教育高质量发展等一系列重要政策措施，全区教育系统实现了平安和谐发展，教育特色得到进一步彰显，教育教学质量实现稳步提高。2021年以来，浈江区成功创建成为省级县区教研基地、校本教研基地和学前教育高质量发展实验区，成功申报省级名师工作室2个、省级校本研修示范校1个，名列全市第一。浈江区先后创建成为广东省社区教育实验区、全国规范化家长学校实验区、广东省推进教育现代化先进区、韶关市教育改革试点区。目前，浈江区正立足教育的新发展阶段，贯彻新发展理念，构建新发展格局，全力抓投入、促建设，推动教育保障能力高质量发展[1]。

第二节　浈江区中小学教师"县管校聘"管理改革行动主要举措

浈江区自《关于推进中小学教师"县管校聘"管理改革的指导意见》（粤教师〔2017〕13号）发布以来，在市委、市政府的高度重视下，在市教育局的精心指导下，区委书记多次组织、发改、编制、人社、财政等部门到教育系统调研教育改革工作，并将校长去行政化改革、"县管校聘"工作列入了常委会会议重要议题。在改革推进过程中，浈江区组织、编制、人社、教育、财政等部门通力合作、齐抓共管，形成了"党委指导、政府总揽、部门配合、学校参与"的工作格局。2019年7月，浈江区全面完成了教师"县管校聘"改革工作。主要行动举措包括以下两点。

---

[1] 侯海霞.厚植教育沃土 书写育人新篇——浈江区全力推进教育事业高质量发展综述[N].韶关日报，2022-09-09.

一、制定配套制度

自《关于推进中小学教师"县管校聘"管理改革的指导意见》发布以来，该区政府及相关部门在协调推进"县管校聘"管理改革工作整个过程中先后制定多个文件，主要有《浈江区中小学公办教师县管校聘工作2019年度实施方案》《关于调整浈江区中小学教职员编制的通知》《关于开展浈江区义务教育学校校长教师交流轮岗工作的通知》《浈江区中小学教职工工作量标准实施方案》等。

二、落实政策措施

（一）完善中小学教职员编制管理机制

（1）区委编委会制定了相关文件，编制部门实行总量控制，教育部门动态调整，并于2019年7月全面实施，印发了《关于调整浈江区中小学教职员编制的通知》，全面核定中心小学教职员总编制，实现了由"学校人"到"系统人"转变。实行编制动态管理后，区域内学校之间的教职员调整，不再实行人员列编审批及减员报告制，而由教育行政部门在学校核定编制内自行办理手续。

（2）区域内中小学教职员编制总额根据教职员工增减变化情况每年核定一次，确保教师编制能及时查漏补缺，为下一年招聘选聘教师提供依据，尽量把编用好用到位。但由于教师结构性缺编的情况和办学规模不断扩大，现有编制不能满足现实需求，建议有条件增编确保教师队伍的稳定性和需求量。

（3）浈江区现有临聘教师169人，统一购买服务，由珠峰人力资源公司负责，每年签订一次劳动合同协议，临聘教师待遇每年36 000元，另外加5 000元班主任补贴，统一购买五险一金。由第三方负责临聘教师的管理，减轻了学校的人员管理压力，同时也相对增加了学校的经费支出。

（4）对教师队伍中长期存在的因疾病、生育等无法正常承担教学任务的问题，主要采取的措施就是聘请临聘教师顶岗，返聘退休教师，同科教师调课互助，下发一定的课时补助等，确保学校教学秩序平稳有序。建议出台相关的政策规定，统一按规处理解决此类问题。

（二）完善中小学教职员岗位设置管理

（1）人社部门核定县域内中小学专业技术高、中、初级岗位总量，实行总量控制，由教育行政部门负责岗位具体分配及动态调整、实行备案制，主要是针对各学校学科教师配置情况，采取跨校竞聘的方式动态调整岗位，教师与学校双方签订协议，明确责任和义务。

（2）在调整分配学校专业技术岗位时向农村、偏远地区学校和薄弱学校倾斜，每年新招聘的教师均优先分配到偏远地区学校和薄弱学校，原则上5年不调动工作岗位，在政策上倾斜，主要在评优评先、职称申报、乡村补贴等方式向此类地区学校倾斜。建议加大投入，不断改善偏远地区学校和薄弱学校办学条件及生活设施，让教师能够安教乐教。

（3）作为教育管理部门，经常与人社部门协同做好岗位设置工作，人社部门负责岗位设置，教育部门统筹安排，各负其责，既能紧密配合，工作上又互不干预。

（三）完善中小学教师公开招聘制度

（1）在教师招聘工作中，主要由教育部门牵头组织实施，人社部门负责协助和监督。

（2）在创新多渠道教师招聘方式和建立优秀人才到校任教"绿色通道"上，该区主要招聘教师做到有编及时补充，不留空编空岗，招聘的方式有向全社会公开招聘、从在职在编教师中选聘、启动"丹霞英才"招聘计划，从重点高校招聘高学历人才充实到教师队伍，不断提高教师高学历率。

（3）在进一步与人社部门协同做好教师招聘工作方面，暂时没有意见建议。

（四）完善中小学岗位聘用管理制度

（1）"县管校聘"管理改革实施后，在落实学校用人自主权方面，该区率先出台了《教师"县管校聘"管理改革工作的实施方案》，印发了《关于调整浈江区中小学教职员编制的通知》，全面核定中心小学教职员总编制，实现了由"学校人"到"系统人"转变。

（2）在建立学校、教师、学生、家长和社会多方参与的教师考核评价机制方面，做到公开透明，主动接受各方监督。

（3）在建立完善能上能下、能进能出的竞争性用人机制，激发中小学教师队伍的活力方面，该区先后出台了县管校聘工作实施细则、县管校聘2019年度实施方案、学校竞聘教师考核方案等一系列文件，对学校的教师竞聘工作提供了细致全面的指导意见。

（五）完善中小学教师均衡配置机制

（1）引导优秀校长、教师向农村学校、薄弱学校有序流动方面，该区采取竞聘上岗，构建校长队伍良性竞争机制，现任校长凡民主测评优秀合格率达到80%的，教育行政部门可以直接聘任；不合格率超过20%的，一律"下岗"。空出来的校长职位，按照"自愿报名、资格审查、竞聘演讲、差额选举、民主测评"的程序竞聘产生，做到公开透明。校长和教师通过交流、支教等方式向农村学校、薄弱学校倾斜，新招聘教师5年内原则上不调动岗位。

（2）在加强轮岗校长、教师的管理和服务方面，该区加强校长动态管理，要求校长在同一所学校任职满两个任期的，必须交流任职；鼓励城区校长到农村学校和薄弱学校干事创业，并在职级待遇上给予倾斜照顾。

（3）已落实县域内中小学教师平均工资水平不低于当地公务员平均工资水平，农村教师平均工资水平不低于城镇教师平均工资水平。

（4）统筹调配临聘教师，由第三方人力资源服务公司负责，所需人员经费本级财政没有核拨，由学校义务教育经费支出，存在的问题是增加了学校的经费支出，建议由本级财政统一拨付。

（六）完善教师退出机制

（1）教师资格定期注册工作按照上级教育主管部门要求，定为五年一轮，定期开展注册认定工作。

（2）该区为提高教师师德师风教育，制定考核评定要求，实施了师德考核"一票否决制"。

（3）对年度考核不合格教师，取消其当年其他评优评先资格，有针对性地开展诫勉谈话，同时定时定点组织开展培训再学习工作。

近年来，该区不断加强教师师德师风教育工作，教师师德师风水平稳步提高，没有发生相关师德败坏、违规违纪等问题，教师形象得到了家长和社会的高度认可。

（七）完善教职员合法权益保障机制

（1）"县管校聘"政策实施配套的人事争议仲裁制度方面，该区将2018年确定为教育改革年，并率先出台了《全区基础教育学校公办教师"县管校聘"管理改革工作的实施方案》，从部门职责、实施步骤、保障措施等关键要素入手，统筹兼顾、分阶段实施，有序推进"校长去行政化"和"县管校聘"改革工作。

（2）教育部门、人社部门、中小学校根据《全区基础教育学校公办教师"县管校聘"管理改革工作的实施方案》实施细则，不断建立健全人事争议预防和协调解决机制。"县管校聘"政策实施以来，评聘工作进展顺利，没有发生人事争议仲裁相关事宜。

（八）政策宣传、检查督导和风险防控

浈江区在改革过程中，扎实认真做好政策宣传、检查督导和风险防控工作。全区各校均成立领导小组、工作推进小组和争议协调小组，通过召开动员大会，宣传解释"县管校聘"的有关政策。在教师层面，该区在2017年11月召开了并区以来的首届全区教师大会，全区2 000多名教师共同参加会议，以"弘扬师道，立德树人"为主题，组织广大教师深入学习了全市教育综合改革会议精神，动员部署了浈江区的"县管校聘"改革工作，收到了良好的效果。在校长层面，区教育局多次召开校长座谈会，与科级学校校长探讨交流去行政化和职级制改革工作。

第三节　浈江区中小学教师"县管校聘"管理改革行动效果与问题

"县管校聘"作为强制性教育改革安排，其政策目标在于盘活县域教师存量，有计划地推进城乡教师轮岗交流，实现义务教育均衡发展[1]。有因必有果，有行动必然会有效果。浈江区中小学教师"县管校聘"管理改革行动取得了实效，对教育系统发挥了提升作用。

一、中小学教师"县管校聘"管理改革行动效果

（一）推进教师资源均衡配置

分析2017年和2019年的数据，城区学校和乡镇学校对比变化情况如下：

（1）"县管校聘"管理改革前后学科背景对口率城乡学校对比变化情况是，城市小学96.6%增加到98%，乡镇93.7%增加到95.7%。

（2）"县管校聘"管理改革前后师生比城乡学校对比变化情况是，城市小学从1∶19.3变为1∶19.4，城市初中从1∶10.9变为1∶12.4；乡镇小学从1∶18.7变为1∶18.9，乡镇初中从1∶9.7变为1∶9.4。

（3）"县管校聘"管理改革前后县级以上骨干教师占比城乡学校对比变化情况是，城市小学从4人增加到10人，城市初中从4人增加到4人；乡镇小学从2人增加到5人，乡镇初中从2人增加到2人。

（4）"县管校聘"管理改革前后，学科带头人占比城乡学校对比变化情况是，城市小学从55人提高到59人，城市初中从15人增加到20人；乡镇小学15人增加到20人，乡镇初中从2人增加到4人。

（5）"县管校聘"管理改革前后专任教师高一层次学历比例城乡学校对比变化情况是，城市小学从435人增加到598人，城市初中从492人增加到468

---

[1] 王务均，杨苗苗，王晓琳."县管校聘"背景下扩大中小学办学自主权研究[J].教学与管理，2023（10）：15-19.

人；乡镇小学从228人增加到244人，乡镇初中从56人增加到61人。

（6）"县管校聘"管理改革前后中高级教师职称比例城乡学校对比变化情况是，城市小学从536人下降到519人，城市初中从298人确认增加到326人；乡镇小学从344人增加到349人，乡镇初中从86人增加到93人。

（7）"县管校聘"管理改革前后城乡教师平均工资收入对比变化、与公务员平均工资收入对比变化情况是，达到两相当，2017年平均工资8.7216万元，2019年平均工资10.284万元。

（8）"县管校聘"管理改革前后教师流动率城乡学校对比情况城市小学从5%提高到12%。

（二）体制机制改革创新有成效

（1）编制管理改革方面实行编制动态管理后，区域内学校之间的教职员调整，不再实行人员列编审批及减员报告制，由教育行政部门在学校核定编制内自行办理手续，促使中小学教师由"学校人"变成"系统人"。

（2）岗位管理改革方面中小学专业技术高、中、初级岗位实行总量控制，针对各学校学科教师配置情况采取跨校竞聘，有效盘活了教师岗位资源。

（3）学校治理结构改革方面，建立完善能上能下、能进能出的竞争性用人机制，激发中小学教师队伍的活力。

经过"校内竞聘—跨校竞聘—组织调剂—签订聘用协议"等程序，平稳完成了"校聘"工作。2019年7月，全区39所中小学、幼儿园全部顺利完成"县管校聘"教师竞聘工作，合计参加竞聘上岗教师数为2 118人，全部获聘，其中跨校聘任61人（校级领导15人，教师46人），交流3人。

（三）激发教师队伍活力成效

"县管校聘"管理改革中的教师退出机制，要求未能竞聘上岗的、考核不合格的或因其他原因不能胜任教学岗位工作的教师，暂时退出教学工作岗位，纳入待岗培训，如同在教职工头顶悬上了达摩克利斯之剑，鞭策大家认真工作，破解消极怠工现象。"县管校聘"管理改革突出了校长的主体地位，充分调动了校长办学的主观能动性。"县管校聘"有效激发了教职工的活力，特别是教师的工作热情，积极性有明显提高。

1. 教师主动申请做班主任

有多位中老年教师主动申请做班主任，出现了前所未有的现象，也带动起中青年教师的主动性。

2. 教师开始跨转学科任教

有个别教师考虑到本学科超编，担心落聘，在个人能力范围内，主动选择跨转学科任教，解决学校个别学科教师紧缺困境。

3. 教师开始跨转学段任教

部分学校中学部教师之前都不太愿意到小学部任教，通过"县管校聘"，也改变了这种现状，中学部教师愿意到小学部任教，缓解小学部教师严重缺编情况。

4. 青年骨干教师开始流动

通过跨校竞聘流动，有效改变学科教师结构，进一步优化学校教师年龄结构，增强班主任队伍活力。

二、中小学教师"县管校聘"管理改革待解问题

浈江区作为韶关市核心区，中小学教师"县管校聘"管理改革尽管取得了明显成效，但是仍存在待解问题：其一，临聘教师数量较多，工资待遇还有待提高。其二，中小学教师"县管校聘"管理改革过程中，教师退出机制发挥了"达摩克利斯之剑"的作用，但是并没有实质性运用和落实。

综上所述，浈江区作为一个具体行动系统，由区委区政府、教育局、人社局、编办、财政局有关部门，本区有关学校领导班子和教师等行动者，在遵守行动规则的基础上，采取了有效的行动策略，取得了显著效果，对教育系统发挥了正向促进作用。

第六章

武江区中小学教师"县管校聘"管理改革行动

行动者的行动与系统紧密关联。克罗齐耶与费埃德伯格指出："没有任何一项决策可以认为就自身而言是合理的，只有在其与造就这一决策的行动系统相关联的情况下，人们才能够理解它的意义。"[1]本章在介绍武江区这一行动系统的特征基础上，结合中小学教师"县管校聘"管理改革实践，分析武江区中小学教师"县管校聘"管理改革行动及其结果。

第一节　武江区中小学教师"县管校聘"管理改革行动系统特征分析

同一辖区内的地方政府在政治、经济以及自然条件上具有相似性，政策的制定和执行具有可借鉴性。与此同时，为了获得上级政府的认可，地方政府之间存在竞争关系[2]。武江区作为中小学教师"县管校聘"管理改革行动系统，有其自身的特征，这些特征对武江区中小学教师"县管校聘"管理改革行动及其结果会产生一定影响。

一、经济社会支撑力较强

武江区隶属广东省韶关市，辖区总面积677.85平方千米，辖2个街道、5个镇。

---

[1] 克罗齐耶，费埃德伯格.行动者与系统——集体行动的政治学[M].张月，等译.上海：上海人民出版社，2007：292.

[2] 逄世龙，张婉莹，李云龙等."县管校聘"政策扩散的影响因素及扩散机制研究——基于中国286个地级市数据的实证分析［J］.教师教育研究，2022，34（6）：36-43.

2022年年末全区户籍总人口30.69万人，比上年增长2.6%。其中城镇人口24.56万人，比上年年末增加1.10万人，户籍人口城镇化率80.0%；乡村人口6.13万人，比上年年末减少0.31万人。根据韶关市地区生产总值统一核算结果，2022年实现地区生产总值（初步核算数）3 068 660万元，同比（下同）下降0.3%。其中，第一产业增加值86 843万元，增长1.3%；第二产业增加值1 227 561万元，下降1.6%；第三产业增加值1 754 256万元，增长0.4%。全年人均地区生产总值80 403元，下降1.6%。三次产业结构由2021年的2.9∶40.0∶57.1调整为2.8∶40.0∶57.2❶。

二、基础教育体系较健全

2022年，武江区普通中学学校14所，其中初级中学6所，九年一制2所，完全中学5所，高级中学1所。中学专任教师1 933人，其中初中1 166人，高中767人。中学招生数9 707人，其中初中6 098人，高中3 609人。中学在校学生27 632人，其中初中17 393人，高中10 239人。中学毕业学生8 101人，其中初中5 014人，高中3 087人，初中升学率96.0%。中等职业教育学校2所，专任教师352人，在校学生3 944人，招生数136人，毕业学生1 994人。小学学校26所，其中城区22所，镇区2所，乡村2所，教育部门办25所，民办1所。小学专任教师1 941人。小学招生数6 012人。小学在校学生36 106人，毕业学生5 485人，小学升学率100%。幼儿园94所，其中城区80所，镇区5所，乡村9所，其中教育部门办11所，民办82所，企业办1所。幼儿园专任教师1 158人，幼儿园入园人数4 322人，幼儿园在园人数16 158人❷。

三、教育发展优势较明显

武江区坚持把基础教育放在优先发展的战略位置，坚持立德树人，深入推

---

❶ 武江区人民政府.2022年武江区国民经济和社会发展统计公报[EB/OL].（2023-07-26）［2023-07-28］.

❷ 同❶。

进教育综合改革，公共财政加大对基础教育的投入，一般公共预算教育实际支出从2012年的2.04亿元增至2021年的3.44亿元，增幅68.63%。义务教育标准化学校实现全覆盖，校舍环境、校园网、校园监控系统、实验室及实验设备、教育信息化设备不断完善，基础教育办学条件不断得到改善。2012年3月，在全市率先创建为"广东省教育强区"，9月率先在全市实现教育强镇（街）全覆盖。2016年2月，创建为"全国义务教育发展基本均衡区"。2017年7月，在全市率先创建为"广东省推进教育现代化先进区"。目前，正在加快教育现代化发展步伐，努力争创"全国义务教育优质均衡发展区"。学校办学条件明显改善。目前，全区有全国校园足球特色学校4所、省校园足球推广学校5所、省文明校园1所、省劳动教育特色学校2所、市级文明校园20所、区级文明校园29所、省艺术特色学校1所、市中小学传统文化教育试点学校4所、区级艺术特色学校10所，多次荣获"国家义务教育质量监测实施县级优秀组织单位"称号，教育质量监测成绩名列全市各县（市、区）前茅[1]。

第二节 武江区中小学教师"县管校聘"管理改革行动策略

"县管校聘"勾画出制度设计的轮廓，是打破教师交流轮岗管理体制障碍的重大人事管理变革，为县级教育行政部门统筹配置师资提供了制度保障，标志着我国新时代教师交流制度正在向科学化和可持续化发展[2]。武江区根据《韶关市武江区人民政府办公室关于印发〈武江区推进全区基础教育学校公办教师"县管校聘"管理改革工作的实施方案（试行）〉的通知》精神开展"县管校聘"管理改革行动，主要策略如下。

---

[1] 武江区人民政府.武江区基础教育这十年[EB/OL].（2022-10-19）[2023-07-28].

[2] 刘卓雯.教师交流轮岗研究十年：从流动性配置到结构性优化[J].继续教育研究，2023（4）：21-25.

第六章 武江区中小学教师"县管校聘"管理改革行动

一、积极统筹部署

（一）加强组织领导

武江区政府成立了由区政府区长任组长、主管人事的副区长和主管教育的副区长任副组长、其他相关职能部门主要负责人为成员的武江区基础教育学校公办教师"县管校聘"管理改革工作领导小组。领导小组下设办公室，办公室设在区教育局，负责领导小组交办的各项工作任务。主任由区教育局主管人事的副局长兼任，成员由区编办事业机构编制股股长、区人社局专业技术人员管理股股长、区教育局人事监察股股长、区财政局教科文卫股股长等组成。各学校成立相应的工作小组，切实加强工作的组织领导，保障改革工作顺利开展。

（二）强化统筹规划

在主管教育副区长的统筹部署下，2018年召开了3次区教育局、编办、人社局、财政局等相关职能部门有关人员的联席会议，组织区教育局、编办、人社局、财政局等相关职能部门有关人员和部分学校校长、教师代表召开了两次座谈会，广征民意，广泛听取各方意见，共同研讨推进基础教育学校公办教师"县管校聘"管理改革等相关事宜。区教育局高度重视，根据相关会议精神统筹规划、稳步推进相关工作，2018年召开了2次全区校长、副校长"县管校聘"工作推进会，1次校长、教师代表座谈会，广泛听取一线教职员代表的心声以及"县管校聘"管理改革工作中存在的困难、意见和建议。多次对《关于推进武江区基础教育学校公办教师"县管校聘"管理改革工作的实施方案（试行）》征求意见，几易其稿，形成送审稿提交区政府常务会议审议，审议通过后由区政府发文实施。

（三）制定配套政策

根据《韶关市武江区人民政府办公室关于印发〈武江区推进全区基础教育学校公办教师"县管校聘"管理改革工作的实施方案（试行）〉的通知》精神，区编办、区人社局、区教育局等相关职能部门联合出台《关于下放单位人员内部调动审批权限的通知》《韶关市武江区"县管校聘"改革编制管理实施意见》《关于"县管校聘"管理改革中岗位设置管理和人员流动的实施意见》《关于印发〈武江区基础教育学校公办教师竞聘上岗工作意见（试行）〉的通知》《关于印发〈武江区义务教育学校校长教师交流轮岗工作实施办法〉的通知》《关于印发〈武江区中小学教师职称评审推评方案（试行）〉的通知》等相关配套文件，为稳步推进"县管校聘"管理改革工作提供了政策依据。

二、稳步落实政策要求

1.完善中小学教职员编制管理机制

（1）区委编办核定总编、教育局统筹调编。根据《韶关市武江区"县管校聘"改革编制管理实施意见》文件精神，区委编办对全区中小学和幼儿园教职员编制分别实行总量管理。区教育局在核定的教职员编制总量内，每年可根据工作需要统筹提出本学年各学校和幼儿园教职员编制调整意见，报区委编办进行相应编制调整，原则上每年调整一次，具体时间由区教育局按工作需要确定，编制调整后同时报区财政、人社部门备案。

（2）根据教育发展实际，每年核定、调配编制一次。区委编办对全区中小学和幼儿园教职员编制分别实行总量管理，在省出台新的教职员编制标准及相关政策前，以中小学校和幼儿园现有的教职员编制数为全区实施"县管校聘"改革的教职员编制总量。2019年，在全区编制非常紧缺的情况下，区委、区政府通过统筹的方式，调配了12个其他事业单位编制到教育系统。

（3）加强临聘教师管理、逐步实现同工同酬。由于教师队伍缺口大，全区大部分学校不得不聘请临聘教师，以保障教育教学的正常开展。武江区严格控制临聘教师数量，全区现有临聘教师438人，临聘教师数量占在编在岗教职员总数的25.45%。全区对临聘教师统一管理，聘请有资质的教师，全部签订劳动合同，购买"五险"，统筹调配临聘教师，所需经费部分由财政核拨、部分由学校的公用经费支付，临聘教师的待遇与全区新入职的在编在岗教师接近，基本达到同工同酬。2020年2月起，武江区提高每位临聘教师工资待遇200元/月，今后将根据区级财力实际情况，逐步提高临聘教师待遇，逐步实现临聘教师与公办教师同工同酬，在教师培训、评优评先、职称评审、班主任绩效、工会会员方面享受同等的待遇，使临聘教师能在岗位上发挥最大的作用。由于临聘教师待遇偏低，招聘的难度偏大，尤其是乡镇小学，应聘的人员达不到学校招聘的需求数，导致一些班级无法按时开课。同时，由于临聘教师的素质参差不齐，且流动性大，造成一些学校班级教师更换频繁，不仅不利于学校教育教学工作的正常开展，也不利于学生的学习和身心健康发展。

（4）通过短期聘请临聘教师，解决教师病假、产假缺岗问题。由于教师严重紧缺，因此对于教师队伍中长期存在的因患疾病、休产假等无法正常承担教学任务的问题，只能通过短期聘请临聘教师的方式来解决。

2.完善中小学教职员岗位设置管理

（1）岗位调配、全区统筹、实行"岗随人走"，教师由"学校人"向"系统人"过渡。区直各学校（幼儿园）按照有关文件要求以及学校教育教学实际，制定岗位设置方案，报区教育局审核后，由区教育局汇总学校的各类各等级岗位数量制定本系统总的岗位设置方案连同相关学校的岗位设置方案一并报区人社局核准，区人社局核准同意后以整体打包的形式书面批复给区教育局，区教育局在核定的岗位总量、结构比例、最高等级限额内集中调控和集中管理。

由于全区教师缺编和缺员比较严重，在很多年前就开始了相当于"县管校聘"的教师队伍管理模式，统筹调配中小学教师编制、教师配备、岗位设置、岗位等级聘用等。例如，因为全区初中编制总体超编，小学编制严重紧缺，区编办允许教育局在不突破教师编制总量的前提下，根据中小学教学发展情况以及各校的实际统筹调配初中和小学的编制，报区编办备案即可；全区的教师职务聘用、岗位等级聘用、职称评审推评等均是全区进行打包聘用和推评，这样在进行"县管校聘"跨校聘用时实行"岗随人走"，不会出现由于没有高级岗位或中级岗位而出现"降工资"的现象，也不会出现在不同学校获得评审职称的机会不均等的现象，极大地降低了跨校聘用的难度，化解了由于跨校聘用引发的矛盾及潜在的维稳风险。

（2）职称推评农村优先，有效促进城乡教育均衡发展。武江区制定了《武江区中小学教师职称评审推评方案（试行）》，在推评方案中，明确规定：在农村学校任教（含城镇学校教师交流、支教）3年以上（不含3年），经考核突出并符合具体评价标准条件的教师，同等条件下优先推评。同时，在"推荐评审量化评分表"中，对农村从教经历也给予一定加分。2016年至2019年，全区高级职称评审中，农村教师通过高级职称评审为17人，占全区通过评审教师人员的35.4%，其中初中学段农村教师通过高级职称评审的占比高达77.8%。

（3）加强沟通、机制联动，畅通职称评审送评机制。第一，畅通职称评审的送评机制，提高每年的送评比例。第二，及时落实提高中小学（幼儿园）高级教师的岗位比例。

3.完善中小学教师公开招聘制度

（1）教师招聘分工合作、各司其职。在教师招聘工作中，全区教育部门和人社部门全程配合，分工合作，区教育局主要负责制定招聘工作方案，确定具体的招聘岗位，具体组织和实施开展招聘工作；区人社局负责审核招聘工作方案和核定可招聘的岗位数，指导和监督招聘工作的组织和实施。

（2）创新人才引进渠道，招纳各方英才。第一，积极开展"丹霞英才"招聘计划。2020年，全区在编制已使用完的情况下，利用在职教师退休后腾挪出的空编进行"丹霞英才"招聘，共计划招聘30人。对招聘的"丹霞英才"人员，除执行国家及省政策规定的薪酬待遇外，还将享受"丹霞英才"计划规定的各项优惠待遇。同时，对招聘的"丹霞英才"人员，拟安排到城区优质学校进行任教，并安排优秀的名教师进行师徒结对，对其进行持续的培训和指导。第二，结合"乡村振兴计划"，在教师公开招聘中，拿出一定数量的岗位面向全区户籍或生源招聘，岗位放在全区精准扶贫帮扶地区，并且适当放宽年龄和专业要求，同时严格按照10%的比例拿出相应的岗位面向符合条件的在全区镇村基层工作的人员（主要为镇村学校的临聘教师）进行招聘。2019年招聘的88名教师中，其中5个岗位共计10人是面向本市户籍（生源）或在武江区镇村基层工作满一周年的人员，面向符合条件的镇村基层专业服务人员达到招聘人数的11.36%，这5个岗位共计有109人报名。第三，充分利用退休教师的优势资源，实施银龄讲学计划，招募有教育情怀、身体健康的退休教师继续任教，发挥优秀退休教师的余热。

（3）加大"三支一扶"帮扶力度。充分考虑全区教师编制严重紧缺、教师队伍不足的现状，在每年的"三支一扶"计划中，安排更多的"三支一扶"人员到全区农村学校进行支教。

4.完善中小学岗位聘用管理制度

（1）多措并举、落实学校用人自主权。第一，在联盟体内的教师交流轮岗中，充分尊重各联盟体的意愿，由各联盟体的学校根据各校自身教师的配置和师资等情况，自主确定教师进行交流轮岗。第二，在教师招聘过程中，充分尊重各学校的意愿，由学校提出申请所需招聘的教师数，教育局在此基础上结合相关政策综合确定招聘的岗位。第三，让各学校高度参与临聘教师的招聘。在聘请临聘教师的过程中，各校如委托远恒劳务派遣有限公司承接临聘教师派遣工作，须全程参与临聘教师的聘请过程，根据学校的需要，招聘合适的临聘教师。第四，将中层干部提拔任用权下放到学校，由学校根据干部任用条例及相关政策对中层干部进行提拔任用。第五，将教师的业绩考核和绩效奖励的自主权充分下放到学校，由学校对教师进行考核和奖励。

（2）师德为先，多方参与教师考核评价。在教师考核评价机制方面，突出"以德为先、以德为首"的原则。制定了《武江区师德师风建设提升工程三年行动方案（2019—2022学年）》，每年对教师师德师风进行专项考核，将考核结果纳入教师个人档案，考核结果，作为教师年度考核、职称评聘、职务晋升、推优评先、表彰奖励、资格注册的重要依据。同时注重多方参与教师考核评价。

5.完善中小学教师均衡配置机制

（1）建章立制，有序交流，促进城乡师资均衡配置。第一，实施"两个调整"。对全区的七大"校际联盟体"体内的学校由原来每两年调整一次修改为每四年调整一次；对进行交流轮岗的周期由原来的1年调整为2年。通过这两个调整，保证资源利用效益最大化，为教师交流轮岗提供了高效、快捷和稳定的平台，促进"教师资源共享"与"学校共享发展"共同提升。第二，在校长提拔任用时，优先任（聘）用具有农村学校或薄弱学校管理岗位任职经历的人员担任校长。第三，将到农村学校交流任教经历纳入教师职称评聘的条件，规定申报高级职称评审时必须具有一年及以上的农村学校任教经历。同时，在每年的职称评审推荐评审工作中，对在农村学校任教（含城镇学校教师交流、支教）3年以上（不含3年），经考核突出并符合具体评价标准条件的教师，同等条件下优先推评。同时，在"推荐评审量化评分"中，对农村的从教经历也给予一定的加分。第四，在评优评先方面优先考虑具有交流轮岗工作经历的校长教师。对交流轮岗时间长、做出突出贡献的校长教师，在各级评优表彰工作中予以倾斜。第五，在各类培养培训中，优先向城区学校交流到农村学校、优质学校交流到薄弱学校的教师和校长倾斜。第六，落实乡村教师享受乡镇工作补贴政策，根据《韶关市武江区建立健全乡镇机关事业单位工作人员乡镇补贴制度的实施办法》，对在乡镇学校任教的教师分别发放300~500元的乡镇工作补贴。在今后，还将创造条件适当逐步提高标准，同时在绩效工资分配时向艰苦地区、乡村小规模学校和乡镇寄宿制学校教师倾斜，着力构建"越往基层、越是艰苦、待遇越高"的激励机制。

（2）部门联动、政策支撑，加强轮岗校长教师的管理和服务。在管理方面：区委组织部、区教育局、区委编办、区财政局、区人社局等部门各司其职、各负其责，密切配合，共同做好校长教师交流轮岗工作的统筹规划、政策指导和督导检查。区教育局负责科学制定教师校长交流轮岗实施办法，建立交流轮岗工作长效机制；区委组织部按照干部管理权限，会同区教育局安排好四所科级学校的校长、副校长的交流轮岗工作；区委编办按照编制管理有关要求，在校长教师交流轮岗工作中做好人员编制相关协调工作；区财政局负责为义务教育校长教师交流轮岗给予必要的经费支持；区人社局负责对学校教职工人事管理工作进行宏观指导，协助区教育局做好交流轮岗校长（含副校长）、教师交流轮岗周期内的工资、绩效、年度考核等相关工作。在服务方面：一是优先考虑在联盟体内"就近区域"进行交流轮岗，降低交流轮岗给校长教师家庭、工作、生活等方面的影响；二是要求农村学校要为交流轮岗的校长和教师提供住房保障和解决就餐问题，使交流的校长教师能安心进行教育教学工作。三是要求原任教学校对交流轮岗到农村学校的教师子女予以人文关怀。

（3）政府重视、确保落实"两个不低于"。全区严格执行"县域内中小学教师平均工资水平不低于当地公务员平均工资水平，农村教师平均工资水平不低于城镇教师平均工资水平"这一要求。根据核算，目前全区公办中小学、幼儿园在岗专任教师1 713人，专任教师月人均工资为8 282元，当地公务员月人均工资为8 096元。农村专任教师月人均工资为8 522元，城镇教师月人均工资为8 167元，农村教师与城镇教师相比，多了乡镇工作补贴，工资标准高于城镇教师，达到"两个不低于"的要求。此外，全区严格执行公务员与中小学教师绩效工资同步联动调整机制，自发放公务员绩效考核奖以来，全区也同步统筹发放义务教育教师的核增绩效。

（4）临聘教师统筹管理，部分经费由政府核拨。在统筹调配临聘教师方面：经区政府常务九届15次会议研究，由区教育局组织学校委托韶关市武江区远恒劳务派遣有限公司承接相关临聘教师劳务派遣工作。区教育局对各校聘请的临聘教师数进行审核，要求规模较大的学校严格按生师比配备教师，规模较小的学校（含教学点）结合生师比与班师比进行配备教师，不得超编聘请临聘教师。各校可委托远恒劳务派遣有限公司承接临聘教师派遣工作，所有临聘教师必须持有相应学段的教师资格证，学历必须达标，同时将临聘教师个人信息汇总后报区教育局备案。在人员经费方面：所需人员经费部分由财政核拨、部分由学校的公用经费支付，区财政局在2020年的财政预算中设立专项财政资金389.8万元用于支付临聘教师的工资（比2019年增加20万元），今后争取逐年增加专项财政资金投入和提高专项财政资金支付临聘教师工资的比例。

6.教师退出机制

（1）从2017年起，全区按照省、市的有关中小学教师资格定期注册工作的要求，按时开展定期注册工作。通过实施中小学教师资格定期注册工作，完善教师准入后管理制度，鼓励教师更好履行教书育人职责，不断加强师德修养，促进教师持续提升教育教学能力，保障和提高教育教学质量，逐步打破教师资格终身制，科学构建和完善教师激励和退出机制，逐步达到五年一个周期的教师资格定期注册制度。

（2）全区严格实行师德师风失范"一票否决制"。每年对教师师德师风进行考核，将考核结果纳入教师个人档案，师德师风的考核结果作为教师年度考核、职称评聘、职务晋升、推优评先、表彰奖励、资格注册的重要依据。对违反职业道德行为的教师，根据情节轻重，给予警告、记过、撤职或降低岗位等级直至开除处分。

（3）对于聘期年度考核评定为不合格的教师，将暂缓教师资格定期注册、不得评优评先，给予低聘或转聘到其他岗位。低聘或转聘岗位的教师，按照"以岗定薪、岗变薪变"的原则，以新聘岗位确定工资待遇。

7.加强宣传、检查督查和防控风险

（1）在前期准备阶段，重点做好意见征求，凝聚共识。在区政府的统筹部署下，全区多次召开相关部门的联席会议、工作推进会和校长、教师代表座谈会等，广泛听取各方意见建议，对全区的"县管校聘"管理改革工作实施方案征求了3次意见，最终成稿，并在此基础上，制定相关实施细则。教育局组织全区教职工认真学习领会相关文件精神，大力宣传、解读政策，形成理解改革、支持改革、配合改革的良好氛围。

（2）在组织实施阶段，重点把好关键环节，稳步推进。要求学校立足实际，充分征求各方意见、建议，严谨制定实施方案，方案需要由全体教师大会审议通过，并成立学校聘任领导小组和监督工作小组，监督工作小组进行全程参与，杜绝学校领导"一言堂"，要严格依据方案，每一个环节都必须公开公正，聘任结果必须向全体教师公示，让广大教职工成为"县管校聘"改革的参与者、监督者和支持者，确保"县管校聘"改革稳步实施。

第三节　武江区中小学教师"县管校聘"管理改革行动效果与问题

中小学教师"县管校聘"管理改革能够发挥支点撬动的作用，即以5%的交流率激活整个教师队伍[1]。武江区中小学教师"县管校聘"管理改革行动坚决，策略有效，其行动效果超过预期。

---

[1] 阳锡叶，曹鑫宇，杨琴，等.以5%激活100%——湘阴县"县管校聘"改革纪实[J].湖南教育（A版），2023（2）：18-21.

一、中小学教师"县管校聘"管理改革行动成果

（一）教师资源配置明显均衡

通过中小学教师"县管校聘"管理改革工作的稳步实施，促进了校长、教师的合理流动，优化了教师资源配置，促进了教育公平和教育均衡优质发展，主要体现在以下五点。

1.提高了学校的教师学科背景对口率

城区小学、乡镇小学和乡镇初中的教师学科背景对口率均有提升。

2.建立健全学历提升奖励机制

鼓励教师进行高层次学历进修，不断提升自身专业技术水平和教育教学能力，特别小学本科及以下学历教师数有了较大的提升。

3.充分发挥骨干教师的示范带动作用，骨干教师的水平层次得到提升

目前全区共有名校长12人（市级5人、区级7人），名教师共27人（市级3人、区级24人），特级教师3人，市学科带头人共21人，区学科带头人共133人。建设了市名班主任工作室共1个，区名校长工作室共1个，区名园长工作室共1个，区名教师工作室共14个，区名班主任工作室共5个，此外还设立了艺术教育、书法教育和新媒体新技术教育应用研究三个特色工作室。

4.教师工资水平得到进一步的提高

农村学校教师的平均工资水平高于城镇学校教师的平均工资水平，提高了农村学校教师的工作积极性。

5.高级职称评审中农村教师占比较高

在2016—2019年的全区高级职称评审中，农村教师通过高级职称评审为17人，占全区通过评审教师人员的35.4%，其中初中学段农村教师通过高级职称评审的占比高达77.8%。由于全区编制严重紧缺，近年来随着学生人数不断增加，造成师生比也在提高。编制严重紧缺也导致全区近几年送评中高级职称的名额很少，中高级职称教师未增长，极大地制约了全区教师队伍专业素养的整体提升。

（二）体制机制改革有所创新

1. 编制管理改革方面

从2005年开始，武江区教育局根据城乡学校的发展需要和学校教师配置结构的实际情况，对全区教师采取交流的方式实施科学合理的调配。武江区在中小学教师"县管校聘"管理改革之前，区教育局对于编制的管理使用没有自主权，造成有300多名的交流调配教师的编制还保留在原学校，没有理顺。在中小学教师"县管校聘"管理改革之后，编制管理实行区级"总量控制，动态管理"机制，区教育局可以统筹使用编制，区域内学校（含幼儿园）之间的教职员调整（不含副科级以上管理岗位人员），不再实行人员列编审批及减员报告制，由区教育局在学校核定编制内自行办理手续。因此在2019年7月，教育局通过岗位竞聘的方式，对228名区公办中小学校交流且累计交流年限满3年及以上的教师进行人事关系理顺计划。2020年，根据实际需要，对交流年限在3年以下的教师也通过岗位竞聘进行理顺关系。通过理顺关系后，将推进全区县管校聘工作纵深发展。

2. 岗位管理改革方面

由于全区教师缺编和缺员现象比较严重，交流调配的教师多，因此教师的职务聘用、岗位等级聘用、职称评审推评等均是全区进行打包聘用和推评，这样在进行跨校聘用时实行"岗随人走"，不会出现由于没有高级岗位或中级岗位而出现"降工资"的现象，也不会出现在不同学校获得评审职称的机会不均等的现象，降低了跨校聘用的难度，化解了由于跨校聘用引发的矛盾及潜在的维稳风险。在理顺原交流教师关系后，结合省、市及区有关全面深化新时代教师队伍建设改革的工作方案等精神，进一步深化岗位管理改革，促进城乡融合和教育资源的均衡化。

3. 学校治理结构改革方面

（1）强化了基层党组织的政治核心作用。区教育工委通过实施基层党组织建设三年行动计划，加强党组织建设和思想建设，强化了学校基层党组织的监督和政治保障职能，为学校治理工作提供坚实的保障。

（2）构建合理的权力行使架构。充分发挥教职工代表大会、学生会、家长委员会的监督和制约作用，确保权力行使规范化，减少决策的失误。

（3）积极处理好学校与家庭、社区的关系。要求学校要创造条件为家长委员会参与学校日常事务管理提供专业帮助和制度保障，充分保证家长委员会参与学校治理的知情权和话语权。学校要定期召开相关会议，认真听取和回应家长委员会提出的意见、建议，凝聚家校力量，解决学校和学生发展中的实际问题。

（三）教师队伍活力得到激发

1. 突出校长、教师的主体地位

武江区在中小学教师"县管校聘"管理改革中，充分尊重全体教师的"知情权、参与权、选择权、监督权和竞聘权"，突出校长、教师的主体地位。

（1）知情权。在改革工作前期准备阶段，重点做好意见征集，凝聚共识。要求学校立足学校实际，充分征求各方意见、建议，严谨制定实施方案，方案需要由全体教师大会审议通过。

（2）参与权、选择权和竞聘权。在竞聘过程中，引导教师积极参与竞聘，消除个别教师的消极思想，充分尊重教师的选择，鼓励教师根据实际情况参加跨校竞聘，甚至是跨区交流和支教。

（3）监督权。学校成立聘任领导小组和监督工作小组，对竞聘过程全程监督，做到公平、公正、公开，区教育局同时加强监督指导，对违规现象必查、必究。

2. 充分调动校长和教师的主观能动性

（1）通过竞聘，建立起竞争择优、能上能下的用人机制，让优秀的教师有位子，让一般的教师有压力，让平庸的教师有危机，促进每一名教师以全身心的工作状态爱岗敬业，创先争优。

（2）建立绩效考核机制，严格聘期管理、强化绩效考核的激励导向作用，体现多劳多得，彰显优绩优酬。2017年上半年，全区教育系统进行了24所中小学校领导班子换届工作，共有35位正副校长进行了轮岗交流，占本次聘任的正副校长（68人）的51.47%。2018年9月，全区完成了首次中小学教师"县管校聘"管理改革相关聘用工作，其中进行跨校聘用的教师56人，进行交流轮岗89人。通过首次"县管校聘"全区共有180人进行了交流，交流的教师人数占全区2018年8月份教师总数1602人（截至2018年8月）的11.2%，其中从城区学校到农村学校交流的教师36人，占交流教师总数的20%，从农村到城区学校交流的教师51人，占交流教师总数的28.3%。另外，有4位教师实现了跨学段聘用，从初中聘用到小学任教。2019年7月，教育局通过岗位竞聘的方式，理顺了228名全区公办中小学校交流且累计交流年限满3年及以上的教师的人事关系，其中从初中聘用到小学14人，从小学聘用到初中2人。2020年，教育局根据实际需要，对交流年限在3年以下的教师通过岗位竞聘理顺人事关系。

二、中小学教师"县管校聘"管理改革待解问题

尽管武江区中小学教师"县管校聘"管理改革成果突出，但是作为韶关市的核心区，在中小学教师"县管校聘"管理改革行动中仍存在两大待解问题。

（一）缺编严重

武江区现有2008年核定的中小学教职员编制1 703个和2019年8月调配的12个，共1 715个，幼儿园编制61个，全区教职员编制共1 776个。根据《广东省中小学教职员编制标准实施办法》《关于进一步挖潜创新加强中小学教职工管理的实施办法》的要求，经核定，该区中小学教职员刚性缺编492名。根据《广东省幼儿园编制标准（试行）》的要求，幼儿园教职员刚性缺编21名（不含厨工等后勤人员）。随着武江区城乡的进一步发展，缺编情况将日益加剧。编制缺额过大制约武江区教育事业的进一步发展，也带来潜在的风险，成为推进"县管校聘"改革的最大障碍。

（二）临聘教师问题

由于教师队伍缺口大，武江区大部分学校不得不聘请临聘教师，以保障教育教学的正常开展。尽管武江区严格控制临聘教师数量，全区现有临聘教师600余人，临聘教师数量占在编在岗教职员总数的35%以上。武江区对临聘教师统一管理，聘请有资质的教师，全部签订劳动合同，购买"五险一金"，统

筹调配临聘教师，所需经费部分由财政核拨、部分由学校的公用经费支付，临聘教师的待遇与该区新入职的在编在岗教师接近，基本达到同工同酬。2020年和2021年，武江区两次提高每位临聘教师工资待遇200元/月，今后将根据区级财力实际情况，逐步提高临聘教师待遇，逐步实现临聘教师与公办教师同工同酬，在教师培训、评优评先、职称评审、班主任绩效、工会会员方面享受同等待遇，使临聘教师能在岗位上发挥最大的作用。

综上所述，武江区作为一个具体行动系统，由区政府、教育局、人社局、编办、财政局有关部门，本区有关学校领导班子和教师等行动者，在遵守行动规则的基础上，采取了较适宜的行动策略，取得较显著的行动结果，正在促使其教育系统不断优化发展。

第七章

曲江区中小学教师"县管校聘"管理改革行动

行动者的策略有赖于其他行动者，但唯有行动能赋予组织生命力。克罗齐耶与费埃德伯格指出："通过将组织纳入其策略，并且使其适应他们的行动，个体和群体将对组织承担责任，并赋予组织以生命力。"[1]本章在介绍曲江区行动系统的特征基础上，结合中小学教师"县管校聘"管理改革实践，分析曲江区中小学教师"县管校聘"管理改革行动及其结果。

第一节　曲江区中小学教师"县管校聘"管理改革行动系统特征分析

曲江区尽管属于韶关市辖区之一，但是位于韶关市区以南14公里，承担了韶关市很多工业项目，GDP多年在10个区县经济排名第一。曲江区中小学教师"县管校聘"管理改革行动系统具有自身的特征，主体体现在以下几个方面。

一、经济社会支撑力强

曲江区隶属广东省韶关市，总面积1 620.77平方千米，下辖1个街道、9个镇。2022年全区户籍人口31.09万人，其中城镇人口14.99万人，户籍人口城镇化率48.22%。全区年末常住人口29.05万人，其中城镇人口17.97万人，城镇化率61.84%。根据韶关市地区生产总值统一核算结果，2022年曲江区实现地区生

---

[1] 克罗齐耶，费埃德伯格.行动者与系统——集体行动的政治学[M].张月，等译.上海：上海人民出版社，2007：80.

产总值（初步核算数）209.27亿元，比上年下降4.3%。其中，第一产业增加值21.58亿元，增长2.3%；第二产业增加值115.46亿元，下降8.5%；第三产业增加值72.23亿元，增长0.0%。全年人均地区生产总值72 021元，下降4.4%。三次产业结构比重由2021年的9.82∶57.07∶33.11调整为10.31∶55.17∶34.52❶。

二、基础教育体系健全

2022年，全区完全小学共19所，其中城区9所、乡村1所、镇区9所。初中阶段学校12所，其中城区5所、镇区7所；普通初级中学9所、九年一贯制学校3所。高中阶段学校3所，其中2所为高级中学。中等技术职业学校1所。全区幼儿园49所，其中公办幼儿园14所；城镇45所、乡村4所。特殊教育学校1所。幼儿园在园儿童10 992人，小学在校学生22 864人，初级中学在校学生10 624人，九年一贯制学校在校学生2 028人，普通高中在校学生5 390人，中等职业技术学校在校学生3 148人，特殊教育学校在校学生78人。各类学校专任教师共3 525人，其中学前教育703人，小学教育1 387人，初中教育855人，高中教育399人，特殊教育16人，中等职业技术教育165人。高级职称以上389人，其中小学高级职称82人，初中高级职称135人，高中高级职称150人，中等职业技术学校高级职称22人❷。

三、教育发展基础较好

曲江区民众素有崇文重教的优良传统。曲江区委、区政府坚持教育优先发展战略不动摇，着力推进教育创强到创新教育现代化、从优质均衡到高质量发展。2022年，为促进教育资源优质均衡，增加城区优质学位供给能力，曲江区把在城区学校增加1 000个义务教育公办优质学位纳入区政府为民办实事项

---

❶ 曲江区人民政府.曲江区2022年国民经济和社会发展统计公报[EB/OL].（2023-07-27）[2023-07-28].

❷ 同❶。

目中，全力推进学校基础设施建设❶。2022年，全区中小学教职工编制总量为3 256名，较2012年增加编制641名，原来的基础教育师资结构性短缺问题得到有效缓解。2013年2月被广东省教育厅授予"广东省教育强区"称号。目前，全区有广东省国家级示范性高中1所，省一级普通高中2所；广东省义务教育标准化学校29所，覆盖率为100%；市一级幼儿园15所。该区连续多年高考综合评分名列韶关市各县（市、区）前列，连续多年被评为"韶关市教学工作先进单位""韶关市高考优胜单位"，先后被评为"广东省教育收费规范县（区）""韶关市党政干部基础教育责任工作考核优秀单位"等荣誉称号。近年来，曲江区以"教育协调发展、强师兴教工程、补齐教育发展"为抓手，采取有效措施，促进教育高质量发展。

四、教师队伍面临问题

由于各方面原因，中小学教师"县管校聘"管理改革前，曲江区中小学教师队伍存在如下问题亟待解决。

（一）中小学教师编制不匹配

因农村进城务工子女转学及广东省机构编制委员会办公室《关于印发〈广东省中小学教职员编制标准实施办法〉的通知》核定，全区教师队伍存在中学超编和小学缺编的问题。

（二）学科专业结构不科学

中小学教师学科专业结构性矛盾主要体现在短缺与超编并存，学段、学科不配套。特别是农村中小学信息技术、音乐、体育、美术类学科专业教师短缺，部分学校的音、体、美学科不能开足课时或由其他专业教师转岗改科任教，或招聘临时教师任课，跨学科教学、跨非专业任教的现象严重，致使有些

---

❶ 陆瑶，周坤.新增优质公办学位1000个 曲江区按时按质高效推进为民办实事项目[N].韶关日报，2022-11-19.

课程形同虚设,直接影响教学质量。其中有部分农村小学(教学点)这种状况尤其严重,教学设备均很新、很好,但就是没人会使用,导致设备闲置、相关学科无法正常进行教学。

(三)教师工作积极性不高

部分教师的工作积极性不是很高,尤其是从事农村基础教育的教师,因多方面因素的综合影响,导致部分教师的工作积极性不高。此外,教师群体中不少人在经过了一段时间的教育教学工作之后,陷入了职业倦怠之中,本着得过且过的思想应对教育教学工作。另外,教师与学校的人身依附关系随着社会经济的发展、职业选择空间的扩大和教师职业优势的降低而逐渐减弱,教师除做好基本本职工作之外,对于承担职责之外的学校工作、正常工作时间之外的工作任务有抵触情绪。

近年来,曲江区以"教育协调发展、强师兴教工程、补齐教育发展"为抓手,采取有效措施,促进教育高质量发展,中小学教师"县管校聘"管理改革成为重要抓手。

第二节 曲江区中小学教师"县管校聘"管理改革行动策略

曲江区中小学教师"县管校聘"管理改革前存在的问题,成为中小学教师"县管校聘"管理改革的重要靶心,让曲江区中小学教师"县管校聘"管理改革行动方向更加明确。其中小学教师"县管校聘"管理改革行动策略如下。

一、强化宣传,正面引导

为了保证中小学教师"县管校聘"管理改革工作稳步推进,在推进过程中,教育局和各学校坚持正确的舆论导向,加大宣传力度,通过各种会议积极做好政策措施的解读工作，让全体教职工清楚明白中小学教师"县管校聘"管理改革的目的、意义，工作程序及要求，争取教职工支持配合，使他们积极投身到中小学教师"县管校聘"管理改革工作中。中小学教师"县管校聘"管理改革推进过程中，区委编办、区人社、区财政及区教育局有关领导经常深入到学校和教职工中，广泛听取一线教职工的意见、建议，区教育局领导和相关职能部门与学校多次召开研讨会、协调会、座谈会，反复研究出现的问题和可能出现的风险因素，制定出台切实可行的实施办法和操作指导意见，先后印发《曲江区教育局推进中小学教师"县管校聘"管理改革实施办法》《曲江区教育局推进中小学教师"县管校聘"管理改革指导意见》《关于韶关市曲江区基础教育学校公办教师中小学教师"县管校聘"管理改革编制管理的实施意见》《韶关市曲江区人民政府办公室关于印发〈韶关市曲江区推进中小学教师"县管校聘"管理改革实施方案〉的通知》《曲江区人民政府办公室关于印发〈韶关市曲江区中小学教师第二期（2021—2025年）中小学教师"县管校聘"管理改革工作实施方案〉的通知》，使学校有序开展工作，维护教师、学校、社会的和谐与稳定。

二、严格审核，规范有序

在中小学教师"县管校聘"管理改革实施过程中，我们要求学校依法、依规、公开、透明开展工作。

（一）科学核编

区教育局协商区委编办、区人社部门，依据各校学生数及预计增班情况，按广东省机构编制委员会办公室《关于印发〈广东省中小学教职员编制标准实施办法〉的通知》初步核定各校教职员编制，对规模较小和学生较少的农村小学、教学点，适当给予倾斜，按教职员与班级比2∶1的方式核定教职员编制，学校无出现超编设岗现象。

（二）科学设岗

各校根据班级课程总量、每学科课时总量和学校其他工作总量科学合理确定学科和其他工作岗位数。确保学校依法、依规、开足、开齐课程，保证教育教学质量，做到每学科教师周工作课时大致相同（人均周课时：高中10~12节，初中12~14节，小学16~18节）。严禁出现有课无专任教师担任的情况。

（三）严格把关

区教育局对学校制定的岗位设置、竞聘方案、考核办法等，逐一审核把关，确保学校方案科学、合理。通过区教育局审核的方案在学校内公示，在充分征求学校教职工意见、建议的基础上，再次修改，如此反复多次后，再经教职工大会或教职工代表大会审议通过，最后经区教育局批准后方可组织实施。例如，在审核学校的中小学教师"县管校聘"管理改革实施办法时，教育局发现个别学校操作不够规范，只是召开教代会对方案进行表决（按规定，80名以下教职工的学校，须召开全校教职工大会对方案进行表决），教育局马上要求学校立刻暂停方案的实施，召开全校教职工大会对方案进行审议和表决，经全校教职工大会表决通过后才能实施。

（四）有序竞聘

学校从"德、能、勤、绩"四个维度对教师进行全面考核，制定出包含基本条件（学历、资格证、职称、教龄、农村工作经历等）、思想表现（遵纪守法、师德师风）、工作态度、工作能力、教学水平、教研教改、业绩成果等20多个子项目的考核评价方案，每个项目赋予一定分值。教职员按学校的考核评价打分表，根据本人实际情况打分。个人得分情况经学校中小学教师"县管校聘"管理改革领导小组审核，公示无异议后，学校依据教师个人申报岗位和个人得分情况，按学科从高分到低分依次聘用。按综合评价打分形式竞聘，减少了人为因素的干扰，避免了暗箱操作，体现了公平、公正，得到了教师的支持与配合，确保了中小学教师"县管校聘"管理改革的顺利推进。

三、以人为本，人文关切

对有疑问、有情绪和个人实际困难的教师，教育局和学校多次与教师进行沟通，反复做思想工作，耐心解答教师的问题，以减轻教师的心理负担，消除他们的疑虑，尽可能让他们放下思想顾虑，积极主动参与改革工作，尽快融入新的单位。如对因生活方面确有困难的教师，在不影响正常聘用的前提下，尽可能以人为本，安排到离家较近且有空岗的学校，以减轻他们的生活负担。对年龄偏大、有重大疾病、处于孕期或产假的教师给予优先聘用，体现人文关怀。同时，做好教师交流后续跟踪工作，及时了解、掌握他们在新工作单位的工作、生活情况，力所能及地解决他们遇到的问题和困难。

四、分批聘用，专业归位

全区教师岗位竞聘分三批进行。

（一）校内竞聘

按学校竞聘方案，全体教职员参加该校举行的校内竞聘。为确保教师队伍的稳定，我们要求学校在该校聘用的教师数不少于核定岗位总量的90%。

（二）跨校竞聘

在全区范围内进行跨校竞聘。区教育局在第一批竞聘结束后，及时统计并公布各学校缺岗情况，供在第一轮中未被学校聘用的教职员选择。我们规定英语、计算机、美术、音乐、体育五个学科，必须本人所学专业与申报竞聘岗位一致才能申请参加竞聘；其他学科在同等条件下，本人所学专业与申报科目一致的情况下优先聘用。此规定保证了教师专业归位，减少和避免了教师学非所教现象。此外，规定各学校尽量在本镇、本片区优先聘用教职员，从而达到了中小学教师"县管校聘"管理改革和教师有序交流的目的，较好地实现了区域内教师资源的均衡配置。

（三）统一调配

在第一、第二批竞聘中未被学校聘用的教职员，由区教育局依据教师专业、学历、家庭情况，同时结合个人意愿，统一调配到有空岗的学校上岗或安排其参加支教等工作。如不服从区教育局调配，按韶关市教育局、韶关市机构编制委员会办公室、韶关市财政局、韶关市人力资源和社会保障局《韶关市中小学校教师退出教学岗位的实施办法（试行）通知》处理，确保竞聘工作稳步有序推进。

五、持续强化，巩固成效

2018年，曲江区首次中小学教师"县管校聘"管理改革重点解决了"区管"和"校聘"基本问题，因当时是探索改革阶段，没成熟经验可借鉴，是"摸着石头过河"进行探索，着力解决面上存在的问题，导致"区管"制度落实不够彻底，"校聘"模式过于单一，没有完全破解中小学教师"县管校聘"管理改革的难题。在总结首次中小学教师"县管校聘"管理改革工作基础上，针对存在的问题，曲江区进一步完善了"区管"职能，突出解决"校聘"存在的问题，更好地解决了"过河后如何选对路、走好路"的问题。

（一）进一步强化"区管"职能

进一步完善了中小学教职员定编定岗机制，按照"总量控制、统筹城乡、结构调整、有增有减"的原则，由区委编办、区人社局等部门会同区教育局核定教师编制、岗位，区教育局在核定岗位的总量内对教师队伍进行动态调整，建立起了"适时调整、能进能出"的动态管理机制，充分发挥了"区管"职能，严格落实"双减"政策要求，破除教师交流轮岗的管理体制障碍，持续执行城镇学校和优质学校教师每学年到乡村学校交流轮岗的比例不低于符合交流条件教师总数10%的要求。这一做法破解了教师结构性短缺难题，加快缩小城乡、区域、学校间教育水平差距，促进义务教育优质、均衡发展。

（二）进一步强化"校聘"功能

曲江区教育局坚持改革创新，简政放权。抓住关键环节，优化顶层设计，把教师管理制度改革和机制创新作为加快推进"放管服"改革的突破口。对每所学校的基本情况、学生人数、师资结构以及教辅人员情况进行全面摸排，核定学校教师岗位数，确保学校在现有编制基础上，能够有一定数量的机动岗位保障，保证学校教学工作正常开展。学校依据区政府、区教育局的文件精神和核定的岗位数量，按照该校实际和教职工队伍实际，研究制定学校岗位设置方案工作。学校成立竞聘领导小组，确定全校岗位及不同岗位职责、岗位说明，明确竞聘条件和竞聘基本原则，拟定中小学教师"县管校聘"管理改革实施办法。实施办法经学校教代会（或教职工大会）表决通过后实施。为发挥个人优势和强项竞聘自己心仪的岗位，各学校通过建立完善能上能下、能进能出的竞争性用人机制，扩大学校办学和用人自主权，改变以往由教育局、学校安排转变为教师和学校自主双向选择，给学校和教师都压实的工作责任，进一步优化了"校聘"功能。

第三节　曲江区中小学教师"县管校聘"管理改革行动效果与问题

尽管曲江区中小学教师"县管校聘"管理改革行动困难重重，但在区委、区政府的坚强领导下，在市教育局的具体指导下，在区委编办、区人社局、区财政局等部门的大力支持下，中小学教师"县管校聘"管理改革达到了预期目标，取得了预期效果，也确实提升了教育系统的整体水平。

一、中小学教师"县管校聘"管理改革行动效果

（一）完善了编制岗位管理

进一步健全了中小学岗位设置动态调整机制，中小学教师"县管校聘"管

理改革过程中，区教育局与区人社局一并核定区域内中小学专业技术高、中、初级岗位总量，实行总量控制。教育局在核定的岗位总量内，按照学校规模、班额、师资结构、承担教育教学改革和任务需要等情况，将岗位具体分配到各学校，结合校长教师交流轮岗情况及时做动态调整。本次中小学教师"县管校聘"管理改革，从中学阶段教师编制调整增加了小学阶段教师编制106个，使学校教师编制与学校实际进一步匹配，有力促进了教育公平。

（二）健全了岗位设置动态调整机制

教师岗位是按师生比兼顾班师比进行设岗，中小学教师"县管校聘"管理改革的聘期为三至四年，由于聘用周期内教师数和学生数是动态的，如聘期内有教师退休、产假、重病死亡、每学年学生数的变化等情况，这势必会造成师资不足或富余的情况。区教育局统一部署，学校严格按照竞聘方案适时组织教师"跨校竞聘"及向社会临聘教师，通过校际交流、"跨校竞聘"和向社会购买服务的办法，有效科学解决了教师不足或富余的问题。教师的按规进出，既达到交流的目的又盘活了师资队伍，创新用人机制，教师队伍县域内统管统用、合理配置，激发教师队伍活力，真正实现教师由"学校人"向"系统人"转变。

（三）实现了教师专业归位

根据全区中小学教师队伍实际，通过推进中小学教师"县管校聘"管理改革，原来所学与所教不对口的问题得到进一步改善，初步实现了调整优化教师所学专业与学校学科需求、中小学岗位结构比例符合规定的目标，使教师所学与所教进一步对口。通过实施中小学教师"县管校聘"管理改革，该区既解决了学校的富余老师，又解决了专业归位，促进了教师专业化发展和教师向农村学校、薄弱学校有序流动，缩小了城乡、校际间教师队伍水平差距，促进了全区中小学教师均衡、优化配置，进一步夯实了全区教育均衡化发展的基础。2019年，全区将不能胜任教学岗位的8名教师调整到了教辅岗位，对部分不担任原学科教学的高级教师重新恢复其原学科教学，启动并安排了多名高级教师到农村学校进行不少于3年的交流工作；2021年，为全区学校新招聘了15名专职心理健康教师、10名思政教师。

（四）调动了教师工作积极性

改革之前，教师没有危机感。有些教师认为以后也不换学校了，基本在同一所学校干到退休。不少教师在同样的工作环境中工作时间长了，工作热情慢慢减退，教学水平也难有大的提升，有些甚至停滞不前。学校有时安排教师工作，特别是安排教师担任班主任、晚自习值班、临时代课等工作时，部分教师讲价钱、谈条件，学校的正常工作开展也十分吃力。中小学教师"县管校聘"管理改革后，由于要求教师竞争上岗，教师如果想留在该校或去外校竞聘，均要对自己有客观的认识和准确的定位，要思考自身有什么优势，要向大家亮成绩单，要给自己打分，要与别人竞争。在这种大环境下，教师的积极主动性就被激发出来了，以往安排教师担任班主任、晚自习值班、临时代课等老大难的工作，现在安排起来容易多了，很多学校出现争做班主任、嫌周课时少争课上的局面。

（五）调优配强了学校领导班子

中小学教师"县管校聘"管理改革落实学校用人自主权，县管校聘过程中校长是由教育局直接聘任三年，在这三年中需要制订该校的三年办学计划，聘期结束后教育局会逐一核实是否落实了当初制订的办学计划，如果没有完成可能就会交流到别的学校任职或不再聘任为校长，在此种情况下，校长会充分发挥主观能动性，尽力完成办学计划。中小学教师"县管校聘"管理改革要求学校按照有关规定做好教师考核评价、职称评聘、薪酬分配等管理工作，全面落实中小学教师聘用合同管理，依法依规与聘用人员签订聘用合同，突出了学校领导班子的地位和作用，调动了学校领导班子的工作热情。通过实施中小学教师"县管校聘"管理改革，优化了全区中小学校领导班子配置，2018年以来提拔或调整学校中层及以上领导近200人，进一步夯实了义务教育均衡化发展的基础。

二、中小学教师"县管校聘"管理改革待解问题

（一）跨系列、跨学段交流的教师职称聘、评衔接不够顺畅

中小学教师"县管校聘"管理改革要求统筹富余教师、优秀教师交流到别的学校任教，这就会产生跨系列、跨学段的教师之间的交流，如高中、中职、初中、小学教师交叉任教，他们之前的工作业绩难与新聘任的岗位衔接，而中职则是中专系列是不能聘用到普教系列的职称岗位。为保障中小学教师"县管校聘"管理改革顺利推进，本次改革提出保证原待遇不变的维稳措施，故本次改革对涉及教师的原职称均暂时予以聘用，保障其原待遇不变。

（二）教师退出机制难以操作

现行的教师退出机制执行起来困难重重，一些身患重大疾病（精神病）的教师，没达到相应的退休年龄，又部分丧失劳动能力，无法胜任基本工作，无法退出工作岗位，事实上又占用编制。

（三）部分中小学教师对"县管校聘"管理改革工作不支持

考虑到家庭、生活等多方面因素，部分教师对交流到其他学校工作的意愿不强，甚至有抵触情绪。由于中小学教师"县管校聘"管理改革是新鲜事物，部分教师刚开始对改革工作理解不到位，担心自己受到不公平对待、无岗可聘、下岗等，产生焦虑，导致改革工作不支持、不配合，甚至抵制此项工作。中小学教师"县管校聘"管理改革后，虽然教师进行了交流，部分教师是迫于政策的压力勉强接受交流，但内心仍有抵触，工作不努力，马虎应付。对于这部分教师如何在日后的工作中，调动他们工作的积极性、主动性，仍需探索。

（四）交流教师对新聘任单位缺少归属感

中小学教师"县管校聘"管理改革前，曲江区教师队伍情况是中学超编、小学缺编。由于本次中小学教师"县管校聘"管理改革要保稳定，除校级领导由区教育局聘用外，对特殊群体，如年龄偏大（男55周岁以上、女50周岁以

上）、3年以下教龄的新教师及处于孕期或哺乳期的女教师，或患有严重疾病的教师，学校制定特殊政策，同等条件下，优先聘用。此方案体现了以人为本、人文关怀，但导致被交流出来的教师以中学学段的中年教师为主，该群体由于较长时间在同一所学校，已适应了原学校的工作方式，进而产生文化认同，尤其是高（职）中教师，多年担任高（职）中教学，面子放不下，担心个人职称评聘有改变等，面对新单位，难以对新学校产生归属感，以致心理上难以真正融入新的学校。

（五）教师学科结构仍不平衡

通过推进中小学教师"县管校聘"管理改革，虽然实现了教师交流，但由于历史原因，仍难以满足教师所学专业与学校对学科需求完全统一，仍有部分教师所学专业与任教科目不一致，教师专业归位还没有完全实现。同时在聘用教师时，难以做到教师学科专业与职称同时符合要求。

综上所述，曲江区中小学教师"县管校聘"管理改革行动采取了策略适宜，效果较明显，尤其是对行动待解问题有清晰认识，因而在改革中行动系统及其行动者均获得了发展，其对教育系统的影响是正向的、明显的。

第八章

始兴县中小学教师"县管校聘"管理改革行动

2018年以来,始兴县全面深入推进的中小学教师"县管校聘"管理改革管理体制改革,通过改革,实现了始兴县师资队伍的均衡配置。本章在介绍始兴县这一行动系统的特征基础上,结合中小学教师"县管校聘"管理改革实践,分析始兴县中小学教师"县管校聘"管理改革行动及其结果。

第一节 始兴县中小学教师"县管校聘"管理改革行动系统特征分析

始兴县作为中小学教师"县管校聘"管理改革的行动系统,它具有行动系统的特征,从行动系统内外两方面看,可以概括为以下三点。

一、经济社会支撑力较强

始兴县隶属广东省韶关市,总面积2 131平方千米,辖9个镇、1个乡。2022年全县年末户籍总人口为26.28万人,乡村人口18.96万人,户籍人口城镇化率27.86%,0至17岁人口5.68万人。据韶关市地区生产总值统一核算结果,2022年始兴县地区生产总值101.89亿元,同比增长2.1%。其中,第一产业增加值28.37亿元,增长6.9%,经济增长贡献率为91.0%;第二产业增加值31.01亿元,下降1.7%,经济增长贡献率为-24.0%;第三产业增加值42.50亿元,增长1.6%,经济增长贡献率为33.0%;三次产业结构为27.9∶30.4∶41.7。全年全县地方一般公共预算收入4.16亿元,地方一般公共预算支出25.37亿元,其中一般公共服务支出3.10亿元,增长7.7%;教育支出4.12亿元,同比增长0.6%。全年全县城乡居民可支配收入26 077.1元,增长4.0%,城镇居民可支配收入32 709.6元,增长2.6%;农村居民可支配收入21 238.9元,增长4.7%❶。

二、教育发展基础较好

截至2022年,始兴县共有学校105所,在校学生共41 003名,在职在编教师共2 214名。全县接受幼儿教育的人数9 612人,小学在校学生数18 180人,普通中学在校生7 887人,中等职业教育学校在校学生1 764人。2022年考入高等院校1 195人❷。该县教育经费投入持续保持逐年增长态势,从2014年的2.16亿元增加到2019年的3.92亿元,增幅达81%。2014年到2019年,基建工程投入达3.79亿元,新增校舍建筑面积8万平方米,新增校园面积23万平方米。实现教学点数字教育资源全覆盖,"校校通""班班通"100%全覆盖,"人人通"覆盖率不断提升,学校100%拥有多媒体教室和电脑室,100%建成校园网,100%教师参加信息技术培训,100%学校开设信息技术课程❸。

三、改革创新劲头足

始兴县基础教育坚持改革创新,不断实现新的跨越。全县九镇一乡的21所中小学都提出了独具特色的办学思想和教育理念。2015年,始兴县被认定为"全国义务教育发展基本均衡县"。2017年,始兴县被授予"广东省促进义务教育均衡发展先进集体"荣誉称号。2018年广东省教育厅授予始兴县"广东省推进教育现代化先进县"称号。2021年,广东省对县级人民政府履职教育职责

---

❶ 始兴县人民政府.2022年始兴县国民经济和社会发展统计公报[EB/OL].(2023-05-25)[2023-07-28].

❷ 曲江区人民政府.曲江区2022年国民经济和社会发展统计公报[EB/OL].(2023-07-27)[2023-07-28].

❸ 赖金艳,官见全.创新改革推动教育人才全面发展[EB/OL].(2023-07-27)[2023-07-28].

评价考核中，始兴县荣获优秀等次，在北部生态发展区37个县（市、区）中排名第二，全市排名第一。2022年，始兴县顺利通过广东省中小学教师信息技术应用能力提升工程2.0试点县验收，全面完成"广东省教育强镇"第二轮复评[1]。始兴县义务教育教学质量连年攀升，2021年和2022年高考成绩再创历史新高，高中教学质量位居全市前列。

第二节　始兴县中小学教师"县管校聘"管理改革行动策略

作为山区县，尽管始兴县中小学教师"县管校聘"管理改革条件不是很理想，但是党委政府高度重视，对中小学教师"县管校聘"管理改革行动快速做出反应，积极探索，主动研究，主要行动策略如下。

一、党委政府高位推动

自《关于推进中小学教师"县管校聘"管理改革的指导意见》发布以来，始兴县采取了"局部率先突破，整体协同发力"的"两步走"的战略来推动"县管校聘"管理改革工作。

（一）成立"县管校聘"改革工作领导小组

明确各有关职能部门的工作职责，由县政府主要领导任组长，县政府分管领导为副组长，县委编办、教育局、财政局、人社局主要负责人为成员。统筹全县教师"县管校聘"人事管理制度改革工作。

---

[1] 始兴县人民政府.广东省教育厅到我县开展县域基础教育发展情况调研[EB/OL].（2022-10-01）［2023-07-28］.

（二）建立教师管理联席会议制度

采取定期和不定期两种模式召开，不定期模式主要探索解决常规问题，定期模式主要探讨教室管理中的焦点问题、新问题、棘手问题。2018年，县政府多次召开政府常务会议，专题研究改革中碰到的新问题，出台了《关于推进中小学教师"县管校聘"管理改革的实施意见》。通过充分发挥政府的主体作用，各部门联动，学校全力参与，教师积极配合，大家心往一处想，劲往一处使，营造氛围，形成合力，统一发力，极大地推动了"县管校聘"工作。

（三）规范改革实施

2018年，始兴县出台了《关于推进始兴县中小学教师"县管校聘"管理改革工作的指导意见》，细化、明晰了改革的原则和程序以及时间节点，严格程序，统一实施。同时，坚持公平公正、公开透明原则，及时发布公开相关信息，坚决排除外界各种因素干扰，领导率先垂范，"不讲人情"，严格按制度执行。改革中遇到问题，县教育局班子成员共同商定，由人事部门统一对外回复口径，避免出现杂音，确保改革平稳推进。

（四）彰显人文关怀

对于参加流动的教师而言，一旦要"向下流出"到相比原来学校办学力量更薄弱的学校，在同事眼里，意味着技不如人、业务能力差，甚至还会带来社会地位的降低，原有教育生态资本优势随着"向下而流"销声匿迹。"停留多久、能否回流"也远非教师自身所能掌控，难免会彷徨无助、缺乏安全感[1]。为确保改革平稳推进，该县本着"以人为本、人文关怀"原则，在全员竞聘中，落实"优先原则"，对年满55周岁以上的男教师、50周岁以上的女教师、计划内怀孕期及哺乳期的女教师，学校优先聘任；对因健康原因暂时无法上岗的教师，由县教育局根据其特殊情况另行处置。同时，各校积极做好宣传、沟

---

[1] 潘玉婷，田莉."县管校聘"在乡村教育发展中的价值及实现[J].现代教育，2022（8）：26-30.

通，耐心解答，消除疑虑，尤其是细心引导校内竞聘落聘教师积极参加跨校竞聘。

二、狠抓政策措施落实

（一）完善中小学教职员编制管理机制

始兴县为落实国家、省加强教师队伍建设、统筹教师资源管理的有关要求，根据《广东省教育厅　广东省机构编制委员会办公室　广东省财政厅　广东省人力资源和社会保障厅关于推进中小学教师"县管校聘"管理改革的指导意见》，结合本县教育事业发展实际，由县教育局与县编制部门联合下发了《关于始兴县基础教育学校公办教师"县管校聘"改革编制管理的实施意见》，文件规定对中小学教职员编制管理采取"编制部门实行总量控制，县教育部门进行动态调整"机制，具体是教职员编制在区域现有事业编制总量内实行总量控制，同时按照中央、省的相关规定和中小学教职员编制标准，根据区域内学校布局结构调整、班额、学生数量等情况进行动态调整。实行编制动态管理后，教师由"学校人"变为"系统人"，区域内学校之间的教职员调整，不再实行人员列编审批及减员报告制，大大简化了系统内教职工增、减员办理手续。中小学教师"县管校聘"管理改革实施后，县教育局在核定的教职员编制总量内，每年3月前，根据工作需要，向县编制部门提出下一学年度学校教职员编制动态调整意见，报机构编制部门进行相应调整、并同时报财政、人社部门备案。县教育行政部门每年根据工作需要统筹调配学校编制及教职员的措施，方便和确保了学校各项机构编制工作有序开展。

（二）完善中小学教职员岗位设置管理

1. 岗位管理确保系统性

实行中小学教师"县管校聘"管理改革后，县人力资源社会保障部门负责核定全县中小学专业技术高、中、初级岗位总量，实行总量控制；县教育局在核定的岗位总量内，按照学校规模、班额、师资结构、承担教育教学改革和任务需要等情况，设置内设机构、领导职数、专任教师数量及岗位，明确每个岗位的职责任务、工作标准、任职条件、岗位工作量等事项，并报同级人力资源社会保障部门备案。在岗位设置工作方面，尽可能加强与人社部门的沟通协同，不断调整完善事业单位岗位管理制度，做好岗位设置调整、人员聘用调整审批等工作，坚持按需设岗、按岗聘用，并及时摸准更新各中小学校岗位设置及人员聘用底数，保证各中小学校、各级别岗位设置及人员聘用管理工作的真实性、准确性和连续性。同时要求各学校在人员岗位变动、调配时，必须在单位有相应岗位空缺的前提下进行，坚持岗变薪变，形成"岗位有核准、聘用有审批、兑现待遇有依据"工作机制，确保岗位管理的系统性。

2. 专业技术岗位向薄弱地区倾斜

一方面，针对农村、偏远地区学校和薄弱学校，始兴县教育局协调编制部门在按师生比例算出的教师编制人数的基础上，各乡镇教学点编制数上调1个，完全小学编制数上调4个，按上调之后的总编制数再进行岗位设置，提高乡镇学校各级岗位人数；另一方面，对于教师评职称，始兴县要求所有参加高级职称评审的教师必须具备一年农村学校、偏远地区学校或薄弱学校支教经验。该举措让更多优秀教师走进农村学校、薄弱学校，促进教师合理流动，缩小城乡教育差距，保障教育均衡发展。

（三）完善中小学教师公开招聘制度

一是加强与人社部门合作，在招聘岗位、人数、招聘条件设定上充分吸纳人社部门意见，共同出台教师招聘实施方案。在招聘的报名、笔试、面试、体检、政审等环节，县人社局监督县教育局开展各项工作。二是县教育局创新开展多种招聘形式，除公开招聘之外，采取"丹霞英才"人才引进、乡村教师选聘等方式吸纳更多优秀人才到学校任教。

（四）完善中小学岗位聘用管理制度

1. 落实学校用人自主权

始兴县中小学教师"县管校聘"管理改革注重落实学校用人自主权，建立中小学教职工岗位"总量控制，动态调整"机制，贯彻落实"县管人员身份，学校合理聘用",由学校按照有关规定做好教师考核评价、职称评聘、薪酬分配等管理工作。全面落实中小学教师聘用合同管理。加强对教师工作的考核，坚持公开、公平、公正原则，以岗位职责为依据，以师德、能力、业绩等为核心，建立完善学校、教师、学生和社会多方参与的教师考核评价机制。突出考核教师师德表现、工作绩效能力水平与岗位要求的匹配度，并将考核结果作为评优评先、职称评聘等的重要依据。

2. 建立多方参与的教师考核评价机制

始兴县中小学教师"县管校聘"管理改革坚持民主集中制，强调学校制定的竞聘方案和岗位设置方案要经校务委员会、教职工代表大会（或教职工大会）、家长委员会审议通过后，报教育局备案及人社局核定后实施。各校严格依据方案，每一个环节都公开公正，聘任结果必须向全体教师公示，让广大教职工成为县管校聘改革的参与者、监督者和支持者。

3. 建立竞争性用人机制

（1）做好校内竞聘。各校在充分体现民主、广泛征求意见的基础上，制定出符合改革精神而又体现人文关怀、切合实际且易于操作的竞聘方案，并经县教育局审议通过后正式实施。学校根据实际和核定的岗位总量，对学校教师近3年的工作业绩进行量化考核，科学考评，公平公正，并按不超过90%的比例进行双向自主聘用。2018年，全县共聘任专业对口教师1 841名，占教师总数的88.4%；2021年，全县共聘任专业对口教师1 908名，占教师总数的91.9%。

（2）做好跨校竞聘。县教育局及时统计公布各校缺岗情况，由参加跨校竞聘的教师自主选择参加竞聘，各缺岗学校优先聘任专业缺口教师，力保专业归位。2018年，全县共有242名教师参加了跨校竞聘，占教师总数的11%；完成跨校竞聘的教师共204名，占跨校竞聘教师总数的84.3%。2021年，通过跨校竞聘方式调动了168名教师的岗位，安排了98名教师进行交流轮岗。

（3）做好引导推荐。经过校内及跨校竞聘，全县尚有暂时落聘教师，由县教育局、学校共同引导到缺编学校参加自主应聘，双向选择，县教育局不再统一进行调配；不主动应聘的，按相关规定处理直至解聘。

（五）完善中小学教师均衡配置机制

1. 推进交流轮岗

2014年，随着教育部出台《关于推进县（区）域内义务教育学校教师校长交流轮岗意见》，该县根据省、市要求积极探索稳步推进校长教师交流轮岗机制，取得了一定的效果。但是，这种"人走关系不走"的轮岗机制，还是在原有较为僵化的编制与岗位政策的边缘上进行，虽然有政令统一、见效快的优点，但也存在教师对流动制度不满、参与力度低等诸多突出问题。2017年，随着"县管校聘"改革推进，始兴县及时调整教师交流政策，完善《始兴县中小学教师交流工作实施办法》，一方面，将职称评定、职务晋升与教师交流有机结合，用教师专业发展引领教师交流；另一方面，将学校和教师的意愿与教师交流有机统一，以人文追求政策的实效。每年6月份，征求全县学校和教师意愿，按照"地域靠近、人岗相适、学校相邻、专业相近"的原则，采取教师自愿申请、学校选派、教育局统筹的程序进行，形成了教师乐于交流的良好局面。

2. 落实教师工资待遇

经统计，始兴县2019年专任教师月人均工资7 936元（含岗位工资、薪级工资、绩效工资、农村教师生活补助、奖励补贴等收入之和）；当地公务员月人均工资6 801元（含职务工资、级别工资、规范津贴补贴、年终一次性奖金、乡镇工作补贴等收入之和），2019年度机关和乡镇工作绩效考评奖励性补贴暂未发放，未做统计，具体参见《韶关市始兴县公办中小学校教师工资收入水平年报表（2019年）》。两相对比教师工资收入水平高于公务员，达到了省文件规定的"县域内中小学教师平均工资收入水平不低于或高于当地公务员平均工资收入水平"。

3. 落实学校绩效工资分配

2018年8月，根据上级有关文件要求，始兴县进一步规范了公务员津贴补贴归并工作和公益一类事业单位绩效工资水平的核定工作。2018年9月，根据《关于开展工资津贴补贴发放专项清理整改工作有关问题的通知》的有关规定和《关于做好公益一类事业单位绩效工资发放工作的通知》中关于"事业单位绩效考核方案需按规定程序报主管部门核准并报人社、财政等相关部门备案后实施"要求，为进一步规范和完善绩效工资分配管理，教育局根据绩效工资有关政策，结合教育行业实际出台了《始兴县中小学（园）教职工奖励性绩效工资考核分配实施意见（试行）》的通知，要求奖励性绩效工资分配坚持"多劳多得、优绩优酬""公开、公平、公正""科学合理"三大原则，重点向一线教师、骨干教师和作出突出成绩的人员倾斜。同时，要求各校制定出切合该校实际的奖励性绩效工资考核分配方案，通过完善激励机制，充分发挥绩效工资的激励导向作用。目前，教师奖励性绩效工资经考核发放已执行了多个学期，该项工作已有完善的方案、到位的资金，确保了考核分配工作的顺利开展，激发了广大教职工更加扎实进取、积极主动地完成各项工作目标任务的激情和动力，所取效果明显。

4. 落实山区和农村边远地区教师生活补助

自2013年广东省出台山区农村教师补助政策以来，始兴县政府印发了《关于印发始兴县农村义务教育学校、幼儿园教师生活补助实施办法的通知》，采取了按月上报、公示、发放措施，及时将生活补助按照省定标准要求发放到位。2019年，始兴县实际在编在岗教职工（专任教师）人数2 195人，实际发放生活补助月均912人，发放金额11 282 908.5元，人均月发放1 030元，符合省定标准要求。以上城乡教师平均工资收入水平对比达到了省文件规定的"农村教师平均工资水平不低于城镇教师平均工资水平"。

5. 做好临聘教师管理工作

（1）从严控制临聘教师数量。每年进行编制核定，按学生实际数的动态情况核定教师需求，并根据需求及时调整核增编制名额，并通过"县管校聘"改革、核定教师工作量、加大人才引进及公开招聘力度等措施，保证临聘教师数量不超过公办中小学教师在编在岗教职员总数5%。

（2）着力解决临聘教师与公办教师"同工同酬"。对于落实"统筹调配临聘教师，所需人员经费由本级财政核拨"政策，县教育局积极与财政局、人社局等部门协调沟通，由各校从公用经费中解决。目前，该县临聘教师与公办专任教师基本实现同工同酬。

（六）完善教师退出机制

1. 做好教师资格定期注册工作

根据广东省教育厅关于印发《中小学教师资格考试试点实施办法》和《中小学教师资格定期注册试点实施办法》，始兴县于2016年开始了教师资格定期注册工作，对全县在职在编教师进行了摸底排查，解决了部分教师不规范的问题，为各中小学校配备了定期注册管理员，并进行了相关业务培训，为后续定期注册工作的开展打好基础。截至2022年，该县除新入职教师之外，其余在职在编教师已全部完成教师资格定期注册工作。

2. 落实师德考核"一票否决制"

始兴县严格实行师德师风建设工作"一票否决制"，实行问责制和校长一把手负责制，各校（园）根据《始兴县中小学教师职业道德考核方案》和《始兴县中小学教师职业道德考核评价标准》，每学年对每位教师的师德师风情况进行一次量化考核，予以公示、备案、存档考核结果，并把考核结果作为教师职称聘用、年度考核、干部任免和评先评优的重要依据；同时，把师德师风建设工作融入学校年度工作考核评估中，作为学校年度工作和评优评先的一项重要指标和依据。进一步完善以《中小学教师职业道德规范》为依据的师德管理制度，建立健全科学有效的评价、考核、激励长效机制。严格师德考核，建立多方评价的师德考评机制，注重平时考核与年度考核相结合，把考核的结果作为教师评先选模、提干晋级、岗位聘任等方面的重要依据。同时，进一步完善激励机制和教师轮岗交流机制，盘活教师队伍，最大限度地激发教师工作热情，实现学校发展与教师自身发展的统一。另外，继续完善师德建设监督机制，通过面向社会公开师德举报电话、设立师德举报箱，自觉接受学生、学生家长和社会有关方面的监督，认真听取各方意见和建议，不断改进师德工作，自觉维护教育的社会信誉，维护教师的社会形象，把师德建设制度化、系统化、长效化。

3. 处理好年度考核不合格教师

按照《广东省事业单位工作人员考核办法（试行）》，对年度考核被确定为不合格等次的，要求学校调整其岗位。如不服从组织调整其工作岗位或虽同意调整工作岗位，但到新岗位后年度考核仍不合格的，由教育局按照有关规定解除聘用合同。

（七）完善教职员合法权益保障机制

在实施"县管校聘"过程中，为保障教职员合法权益，始兴县教育局联合相关部门陆续出台了《关于推进始兴县中小学教师"县管校聘"管理改革的工作方案》《始兴县中小学教师县管校聘管理改革实施意见》《始兴县"县管校聘"管理改革中岗位设置管理和人员流动的实施意见》《始兴县教育局"县管校聘"改革编制管理使用实施意见》等文件。各校根据单位实际，制定了教职工竞聘方案，并经教职工代表大会（或教职工大会）审议通过后实施。

（八）政策宣传、检查督导和风险防控

"县管校聘"的改革政策是对传统教师管理体制的一项重大变革，涉及学校和教师的根本利益。教师和学校既是政策的执行者，更是政策实施的受益者。因此，推进中小学教师"县管校聘"管理改革，首先要解决的是共识问题，让广大教师和学校形成政策认同。客观而言，部分教师对"县管校聘"政策所能给自身利益和发展带来的影响缺乏准确判断，在思想上难以接受，产生了政策认同障碍；部分学校对于政策实施给学校发展带来的影响存在疑虑。对于学校而言，优秀教师是非常重要的资源，出于对学校教学质量的保护，许多学校不希望骨干教师流出，而对于教育发展水平相对落后的学校而言，他们虽然迫切需要优秀老师，但又顾虑到优秀教师的流入会带来管理上的困难。针对认识上的误区，始兴县通过深入基层调查研究，召开各种类型（包括校长，教师，管理者，学生家长层面）的座谈会广泛听取意见，借助宣讲好、解读好上级的政策，更要向下找准政策实施点、平衡点、对接点。经过努力，始兴县上下迅速凝聚了共识。

第三节　中小学教师"县管校聘"管理改革行动效果与问题

始兴县作为中小学教师"县管校聘"管理改革行动系统在一系列行动之下，取得了较突出的效果，对教育系统起到了提升作用。

一、中小学教师"县管校聘"管理改革行动效果

（一）教育均衡有所提升

中小学教师"县管校聘"管理改革的顺利推进，使始兴县城乡间、校际间、专业间的师资配置更加均衡。另外，该县部分学校因教师实际使用不足而只能采取聘用临聘教师的现象得到改善，临聘教师队伍整体素质得到了提升，待遇有了一定增长。2018年，该县全面深入推进中小学教师"县管校聘"管理体制改革，此次改革，该县中小学校共计2 083名教师全员参加了聘任，通过跨校竞聘方式调动242名教师的岗位，安排了25名教师进行支教交流，调剂教师达267名，调剂率12.8%。2021年，该县顺利完成了新一轮县管校聘改革工作。全县中小学共2 083名教师参与竞聘，有242名教师进行跨校竞聘，未出现教师投诉上访及中小学教师不稳定情况。2021年始兴县开展第二轮县管校聘，全县各中小学校共计2 076名教师全员参加了聘任，通过跨校竞聘方式调动了168名教师的岗位，安排了98名教师进行交流轮岗。第二轮改革，始兴县还将高中纳入"县管校聘"范围，进一步推动师资队伍的均衡配置。

（二）体制机制得到改革

1.编制管理改革方面

此次改革，始兴县按照"总量控制、统筹城乡、结构调整、有增有减"原则，建立了编制"总量控制、动态管理"机制，真正实现了"县管编制总量，教育动态调整"。始兴县教育部门会同编制部门精准核定总量，对师资队伍实行动态调整，调整后报编制部门核准即可，化解了"无编进人"现象，真正体

现了学校教师由"学校人"到"系统人"的转变，盘活了用人机制。另外，进一步简化了教师人事关系调动手续和程序，力保教师调整后能及时到位、到编、到岗，便于学校管理。

2.岗位管理改革方面

改革的顺利推进，使城乡间、校际间、专业间的师资配置更加均衡，盘活了现有师资资源，实现了教师的有序流动和精准配置。另外，始兴县部分学校因教师实际使用不足而只能采取聘用临聘教师的现象得到改善，临聘教师队伍整体素质得到了提升，待遇也有了一定提高。

（三）教师热情得到激发

中小学教师"县管校聘"管理改革，让老师们懂得了"爱岗、惜岗"，竞岗后主动、积极工作，教师的精神面貌有了明显的改善。例如，太平镇中心小学一名教师，由于纪律观念松懈，屡受学校领导的批评，校内竞聘、跨校竞聘"顺理成章"都落聘了，该教师主动到县教育局人事部门请缨，自愿到最边远的山区学校任教，现在，该老师一改原貌，工作积极用心，甚至当上了学校团支部书记。又如，某中学，学校设岗后多出一名政治学科教师，根据综合量化考核成绩，该校一名50岁左右的教师校内竞聘上岗的难度较大，但其并不愿离开已工作20多年的学校，刚好科组有一名政治教师是他的学生，学生获悉后，主动请缨到校外参加跨校竞聘，该教师满心感动，也向学校主动请缨担任班主任，工作热情高涨。这样的事例不胜枚举，可见改革之功效。

二、中小学教师"县管校聘"管理改革待解问题

虽然始兴县中小学教师"县管校聘"管理改革迈出了坚实的一步，师资队伍存在的"痛点"得到了有效的诊治、化解，但并未全面消除，仍存在若干待解问题。

（一）退出教师保障机制亟须完善

推行中小学教师"县管校聘"管理改革，势必导致部分教师落聘、待岗培

训、转岗，甚至解聘、辞聘等情况发生。虽然韶关市出台了《韶关市中小学校教师退出教学岗位的实施办法（试行）》，有了明确的政策依据，但执行落实的难度较大，尤其是对待岗培训、转岗教师工资福利待遇的落实。而且，目前对解聘、辞聘教师的后续社会保障机制尚未建立，亟须人社、财政等部门出台相关政策，切实保障退出教师的合法权益。另外，对退出教师的再上岗制度尚未建立，如果退出教师群体过大，处理不好，极易引发群体事件，势必严重影响教师队伍的稳定。

（二）专任教师编制与实际需求有差距

虽然通过中小学教师"县管校聘"管理改革，始兴县师资资源得到了优化整合。但由于该县教职工年龄结构老化现象严重，且因生病请假、正常产假出现临时性缺员现象突出，导致学校实际用人仍有缺口，部分学校只能通过临聘教师解决。因此，亟须人社、编制、财政等部门增加中小学校编制，扩大新教师招聘力度，并确保临聘教师与公办教师实现同工同酬，逐步减少临聘教师以及提高临聘教师教学质量。

（三）学校教师工作用房亟须新建

随着中小学教育"县管校聘"管理改革工作的深入推进，教师轮岗、交流的人数将不断增加，势必导致学校教师工作用房的紧张，学校现有的工作用房已不能满足教师的实际需求。例如，某中心小学，近几年新招聘24名外地教师，县管校聘期间外聘镇外教师11名，加上原本镇路途遥远需住校的教师6名，需安排工作用房的教师共计41名，该校现有教师工作用房仅有16套，缺口25套。目前该校只能把部分学生宿舍作为过渡性教师周转房，且大都是两人同住一间房，给教师的工作和生活带来诸多不便。

综上所述，始兴县作为一个行动系统，中小学教师"县管校聘"管理改革行动策略适宜，行动效果较明显，能够朝着实现行动系统及其行动者发展目标前进。

第九章

新丰县中小学教师"县管校聘"管理改革行动

新丰县根据韶关市人民政府《关于推进全市基础教育学校公办教师"县管校聘"管理改革的意见（试行）》的文件精神，积极探索，努力破解教师流动的体制机制障碍，于2019年上半年开始稳妥有效地推进中小学"县管校聘"管理改革工作。本章在介绍新丰县这一行动系统的特征基础上，结合中小学教师"县管校聘"管理改革实践，分析新丰县中小学教师"县管校聘"管理改革行动及其结果。

第一节　新丰县中小学教师"县管校聘"管理改革行动系统特征分析

新丰县地处韶关市南端，因其距离"珠三角"地区较近，区位优势明显。作为中小学教师"县管校聘"管理改革行动系统，具有如下特征。

一、经济社会有较强支撑力

新丰县隶属广东省韶关市，总面积2 015.2平方千米，辖1个街道、6个镇。2022年年末户籍人口26.66万人，其中城镇人口9.19万人。根据韶关市地区生产总值统一核算结果，2022年全县实现地区生产总值82.97亿元，比2021年降低0.7%。其中，第一产业增加值18.16亿元，比2021年增长6.7%；第二产业增加值23.04亿元，比2021年下降9.1%；第三产业增加值41.77亿元，比2021年增长0.9%。三次产业结构比重由2021年的19.8∶31.2∶49.0调整为21.9∶27.8∶50.3。全年地方一般公共预算收入5.20亿元、增长8.0%，其中税收收入2.32亿元、下降16.7%。地方一般公共预算支出25.47亿元，民生支出20.92亿元，占一般公共预算支出的比重为82.1%❶。

二、教育体系较完善

新丰县构建了较完善的教育体系。2022年新丰县全县普通中学11所，在校学生数11744人。其中，初中学校10所，在校学生数8147人，高中1所，在校学生数3597人。小学21所，在校学生数18831人。中等职业学校1所，在校学生数1899人。幼儿园42所，7513人。❷

三、教育发展基础较好

在县委县政府坚强领导下，新丰县以改革创新为动力，以建设高质量教育体系为主线，奋力谱写教育高质量发展新篇章，为奋力打造融湾先行区、优先发展桥头堡提供强有力的人才支撑和智力支持。目前有省名校长工作室1个、省名教师工作室1个、市名园长工作室1个、市名师（班主任）工作室3个、名团干工作室1个、市级优秀教研组10个。其中，县第一中学获评"广东省中小学教师校本研修示范校""韶关市教师专业发展示范校"。多年来，各学校在省创客、机器人等比赛中屡获殊荣；义务教育体艺特色凸显，每位学生学会1至2项体艺技能，体艺特色成绩显著。初步构建起"五全"理念方法和"3+X"的全方位学生发展规划，教学质量不断提升❸。

---

❶ 新丰县人民政府.新丰县2022年国民经济和社会发展统计公报[EB/OL].（2023-07-03）[2023-07-28］.

❷ 同❶。

❸ 邹方筱，等.行稳致远育桃李 立德树人硕果香——全力推动教育事业高质量发展综述[N].韶关日报，2022-06-30.

第二节　新丰县中小学教师"县管校聘"管理改革行动策略

新丰县作为行动系统，在县委县政府的推动下，积极行动，中小学教师"县管校聘"管理改革采取了有效策略。

一、县委政府高度重视

新丰县委政府高度重视，切实把开展中小学教师"县管校聘"管理改革作为全面加强新时期教师队伍建设的重要抓手，推进教育高质量发展重要举措。于2018年、2019年连续两年将中小学教师"县管校聘"管理改革工作写入政府工作报告，列为政府重点改革项目之一。召开政府常务会议专门研究讨论改革方案，并及时印发了《新丰县推进中小学教师"县管校聘"管理改革实施方案》，明确了"优化结构、合理流动、均衡配置"工作目标；制定了"试点先行、稳步推进"工作思路，明确了教师从"学校人"变成"系统人"工作细则；厘清县政府办、县编制办、县人社局、县财政局、县教育局等部门管理权限；成立以分管副县长为组长，县政府办、县委编办、县教育局、县人社局、县财政局等部门主要负责人为副组长的工作领导小组，为改革顺利推进提供了组织保障。

二、相关部门积极履职

新丰县相关职能部门认真履职、合力推动改革工作。召开各职能部门改革工作联席会议，专题研究推进管理改革的各项工作。一是核定教师编制总量。县委编办以现有的教职员编制数重新核定为改革实施的教职员编制总量。二是确定了实施改革步骤。县委编办、县人社局、县教育局确定了"2018年试点开展、2019年全面推进"改革步骤。三是明确了编制、岗位变动办法。县委编办、人社局、教育局明确了改革初期实行"编随人走""岗随人走"的政策。四是出台了相关政策文件。县政府办印发了《新丰县推进中小学教师"县管校聘"管理改革实施方案》，县人社局、县教育局印发了《关于该县中小学公办教师中小学教师"县管校聘"管理改革中岗位设置管理和人员流动工作的实施意见》《关于转发韶关市中小学教师退出教学岗位的实施办法（试行）的通知》、县委编办、教育局印发了《新丰县基础教育学校公办教师中小学教师"县管校聘"管理改革编制管理工作方案》等文件，为改革提供了必要依据。

三、教育系统扎实推进

（一）广泛宣传发动

从2017年开始，新丰县深入学校对校长、教师进行了五次专题调研，印发了县管校聘工作方案（征求意见稿），向每一位教师征求意见、建议，在进一步完善工作方案的同时，使全县教职工在改革实施前能统一思想、形成共识。

（二）扎实推进改革

为稳妥推进改革工作，2018年，该县在县城小学试点实施了改革。通过制定《新丰县县城小学教师"县管校聘"实施方案（试行）》、核定编制、设定岗位、规范流程等，实现竞聘上岗"时间统一、流程统一、场地统一、监督统一"公平公正的改革工作。2019年，在2018年试点改革的基础上，该县在全县开展教师中小学教师"县管校聘"管理改革：7月上旬，召开"县管校聘"动员部署会议，制定《2019年新丰县中小学教师"县管校聘"工作实施方案》，进一步规范"县管校聘"程序；7月中旬，全县学校完成聘前准备工作，包括制定工作方案、成立机构、做好岗位设置等；7月下旬，全县学校开展校内竞聘工作；8月上旬，全县学校开展跨校竞聘工作，县教育局、人社局、编办、纪委监委派驻纪检监察组人员进驻县城学校，做好竞聘监督工作；8月中旬完成了组织调剂工作，全面完成校聘工作任务。据统计，2019年全县共2 305名教师参与改革，其中2 101人校内竞岗、159人跨校竞聘、45人组织调剂，实施工作公平有序，参与教师积极稳定，达到教师交流"零"投诉效果，较好实现了"消超编、调结构、激活力"的年度工作目标。

（三）细化操作办法

县教育局印发了《2018年新丰县县城小学教师"县管校聘"实施方案》《2019年新丰县中小学教师"县管校聘"工作实施方案》等文件，以教师业绩成绩为竞聘主要依据、以教师工作量为岗位设置主要条件，指导各中小学校科学制定校内竞聘工作方案；各学校成立了竞聘工作小组和竞聘工作仲裁小组，根据各自职能开展竞聘上岗、问题调处工作。

四、抓好管理改革重点

（一）完善中小学教职员编制管理机制

（1）县委编办加强对中小学教职员编制的总量管理，按照中小学教职员编制标准，会同县教育局根据学校布局结构调整、班额、生源（含外来务工人员子女）等情况变化进行动态调整，对学生规模较小的村小学、教学点，按照教职员与学生比例和教职员与班级比例相结合的方式核定。县教育局在核定的编制总量内，按照教育教学规模和教师队伍结构要求统筹提出各学校教职员编制的分配方案以及动态调整意见，报县委编办和县财政局备案。县委编办会同县教育局及时确定中小学教职员编制使用年度计划，保证县域内专任教师满足中小学开齐开足国家规定的课程。

（2）县教育局根据学校空编和次年退休等减员情况，每年11月底前向县委编办提交次年新进教职员年度编制使用申请。县域内中小学教职员编制总额每年至少核编一次，由县教育局会同县编办共同研究决定核编时间，如因特殊情况需要临时增加调整次数，亦需要县教育局会同县编办共同研究决定。

（3）鉴于教师病假、产假等原因，县中小学校采取核批的办法，允许部分公办中小学校聘请了少部分具备教师资格的顶岗教师，由学校与临聘教师签订劳动合同。由于该县是重点扶贫开发县，经济相对落后，对于此类短期（均不超过一年）任教人员，用人单位确保其待遇不低于最低工资保障。

（4）对教师队伍中长期存在的因疾病等无法正常承担教学任务的教师，按实际情况采取待岗培训、调整岗位等不同措施。对于一部分不能再胜任教学岗位的教师，将由学校或教育局安排校内或校际竞聘调剂到非教学工作岗位。

（二）完善中小学教职员岗位设置管理

（1）建立教职工岗位"总量控制、动态调整"机制。根据国家、省制定的中小学专业技术岗位结构比例控制标准和全县中小学校编制总量，由县人社局会同县教育局，核定全县中小学专业技术高、中、初级岗位总量，实行总量控制。县教育局在核定的岗位总量内，按照学校规模、班额、师资结构、承担教育教学改革和任务需要等情况，将岗位具体分配到各学校，结合校长教师交流轮岗情况及时动态调整，并报县人社局备案。在调整分配学校专业技术岗位时，应向农村、偏远地区学校和薄弱学校倾斜，适当增加高、中级专业技术岗位数量。

（2）实行全县专业技术岗位统筹。在教师专业技术评定时向农村、偏远地区学校和薄弱学校倾斜。

（3）在进一步协同做好岗位设置工作方面，建议省市县人社部门及时出台落实《关于全面深化新时代教师队伍建设改革的实施方案》文件精神的工作方案，提高中小学教师高级岗位结构比例，幼儿园达到8%，小学达到15%，初中达到30%，高中达到40%。

（三）完善中小学教师公开招聘制度

（1）教育局按照公开招聘的相关政策规定，制定符合教育教学规律、教师职业特征和岗位适应性的招聘方案并组织实施，重点考察职业道德、专业素养、从教潜能等方面的内容。完善教师补充计划和方案的审核备案工作，县教育局按照各中小学教师编制、岗位及师资结构等情况，在县域内进行合理调配，调配后再由教育局根据教师编制数和总体岗位空缺情况向人社部门申请公开招聘计划，制定招聘方案报县人民政府审批。招聘方案经县政府、县委编委批准后由县人社局、教育局组织实施。

（2）创新招聘方式，采用笔试+面试、直接面试、面试+试教、考察聘用等方法，遴选出热爱教育事业、真正适合当教师的人才进入教师队伍。建立完善招聘优秀人才到学校任教的"绿色通道"，畅通高校毕业生、城镇教师到乡村学校任教的通道，建立完善"越往基层、越是艰苦，地位待遇越高"的激励机制，通过落实乡村教师支持计划，形成可持续发展的长效机制。

（3）做好教师招聘工作，确定考试科目设置和内容要突出岗位特征和职业适应性，探索面试和技能测试前置，增强招聘针对性。实施高层次人才引进工程，对具有硕士研究生学历、高级专业技术职务人员、特级教师等高层次专业人才，在核准的编制使用计划内，可采取直接考核的方式招聘。为稳定教师队伍，建议人社部门同意具有中级以上职称的本县户籍。

（四）完善中小学岗位聘用管理制度

（1）落实学校用人自主权，学校按照有关规定做好教师考核评价、职称评聘、奖励性绩效工资等管理工作，全面落实中小学教师聘用合同管理。例如，实验学校，教职工竞聘上岗工作小组根据教职工师德师风、业务能力、敬业表现、工作业绩、情绪智力确定拟聘人员；在学校干部聘任和年级主任聘任环节，明确主动申请班主任的优先聘任，对促进教师工作积极性具有导向作用。又如，新丰县实验小学，修订完善《教职工业绩考评工作方案》和《岗位竞聘工作方案》，涉及指标包括师德师风、学历、专业技术职称、教学成绩、科研课题、获奖情况、部门工作、满勤奖励等项目，竞聘工作考核小组严格按照以上"工作方案"进行考核选聘合适人员，并从教师填写的意向岗位中优先选聘胜任班主任、年级组长、科组长工作的人员。

（2）加强对教师的工作考核，坚持公开、公平、公正的原则，以岗位职责为依据，以师德、能力、业绩、贡献为核心，制定不同工作岗位的分类考核指标和考核办法，建立完善学校、教师、学生、家长和社会多方参与的教师考核评价机制。学校不断完善师德考核参与机制，充分发挥家长委员会和社会各界的作用，引导家长委员会、社区服务机构等参与学校管理，从教师新学期签订责任承诺书，到自我评价、教研组评价、家长评价、家长委员会评价、社会各界评价（一般通过校长信箱等方式进行），构建多元的评价方式，形成立体的评价网络。

（3）开展岗位竞聘，全面推行竞聘上岗制度，建立竞聘上岗和组织统筹调剂相结合的教师聘用机制。突出考核教师师德表现、工作绩效和能力水平与岗位要求的匹配度，并将考核结果作为评先评优、职称评聘、资格注册、奖励性绩效工资等工作的重要依据，逐步建立完善能上能下、能进能出的竞争性用人机制。2019年，全县共2 305名教师参与改革，其中2 101人校内竞岗，159人跨校竞聘，45人组织调剂，实施工作公平有序，参与教师积极稳定，达到教师交流"零"投诉效果，较好实现了"消超编、调结构、激活力"的年度工作目标。

（五）完善中小学教师均衡配置机制

（1）根据"稳步推进"的改革原则，新丰县在改革过程中设定不同阶段的工作目标，2019年首次实施时，暂不把职称配置比例、教师聘任比例纳入改革初始阶段的工作目标，重点解决教师人数、学科方面的均衡，待完成首次聘任后，通过职称评聘、工资级别晋升等手段逐步优化职称配置比例，以最小的阻力取得改革成功的最大化。同时，新招聘中小学教师87人，优先满足农村、偏远地区学校和薄弱学校，进一步优化了乡镇教师资源配置，促进教育均衡优质发展。

（2）县教育局根据本县实际制定校长教师交流轮岗实施方案并组织实施，通过多种交流轮岗形式，逐步实现学校之间专任教师高一层次学历比例、中高级教师职称比例和骨干教师比例大体相当，实现区域内教师资源的均衡配置。采取提供教师周转房、享受山区教师生活津贴等措施，加强对交流轮岗校长教师的管理和服务，为交流校长教师的生活和工作提供便利，积极引导优秀校长教师向农村学校、薄弱学校有序流动，缩小城乡、校际间教师队伍水平差距。

（3）县教育局与县财政局做好对接工作，依法依规落实中小学教师工资福利待遇保障政策，落实本县教职工工资待遇和山区偏远地区教师生活补助，确保县域内中小学教师平均工资水平不低于当地公务员平均工资水平，农村教师平均工资水平不低于城镇教师平均工资水平。2019年，新丰县联动实施义务教育教师核增绩效的方案，年人均核增绩效工资4 500元。据统计，义务教育教师年平均工资为102 378元，公务员年平均工资为102 262元，义务教育教师年平均工资高于公务员年平均工资。切实增加教师队伍收入，最大限度地保证教师权益，使广大教师更安心地立足岗位，做好教育教学工作。

（4）鉴于教师病假、产假等原因，县部分公办中小学校聘请少部分顶岗教师，由于新丰县是重点扶贫开发县，经济相对落后，对于此类短期任教人员，用人单位确保其待遇不低于最低工资保障。

（六）完善教师退出机制

（1）推进开展五年一周期的中小学教师资格定期注册，对注册不合格或逾期不注册的人员，依照规定调整出教师岗位，不得从事教学工作。

（2）严格师德考核，实行师德考核"一票否决制"。制定《新丰县中小学教师师德师风建设三年行动计划（2019—2021年）》，对全体教师每年进行一次师德考核。师德违规情节严重者依照《中小学教师违反职业道德行为处理办法》及有关规定予以处理。

（3）教师年度考核不合格的，学校应按照规定调整其岗位，或者安排其离岗接受必要的培训后调整岗位，教师无正当理由不同意变更工作岗位的，或者虽同意调整到新工作岗位，但到新岗位后考核仍不合格的，学校可按有关规定解除聘用合同。聘期考核不合格的，学校可以不与其续订聘用合同，或按聘用合同约定处理。

（七）完善教职员合法权益保障机制

（1）各学校结合自身实际制定了"县管校聘"的竞聘方案和实施方案，其中包括了配套的人事争议仲裁制度。教育局健全教职工维权服务机制，学校建立教职工申诉机制，建立健全人事争议预防和协调解决机制，按照规定设立人事争议调解组织，让教职工有充分、畅通的诉求渠道。

（2）学校制定教职员岗位竞聘方案、考核办法等管理制度，必须充分征求学校教职工的意见，并经教职工大会或代表大会审议通过后实施。涉及年度考核、评先评优、职称晋升、岗位竞聘等重要信息应予以公开，实行回避制度，对聘任和考核结果须公示7个工作日以上，充分保障教职工的知情权、参与权和监督权。

（八）政策宣传、检查督导和风险防控

（1）教师和学校是"县管校聘"改革政策的执行者，也是政策实施的受益者。因此，推进"县管校聘"工作，首先要解决的是共识问题，让广大教师

和学校形成政策认同。为此，县教育局先后召开研究会、座谈会等各类会议十余次，邀请县相关单位、校长、教师参加，积极宣传"县管校聘"工作的必要性和重要性，同时对政策进行充分宣传和引导，认真听取本县相关单位、校长、教师的意见和建议，增强了教师对"县管校聘"工作的了解，有效防止教师因对政策的误解误读而影响"县管校聘"工作的开展。

（2）各学校加强政策的答疑解惑工作，针对教职工关注的问题和疑惑，主动联系沟通，及时引导，使教职工充分理解"县管校聘"的深刻内涵，保证教师知晓率达100%。

（3）"县管校聘"工作完成后，举办全县中小学变动人员心理激励培训讲座，进一步做好教师思想稳定工作。

第三节　新丰县中小学教师"县管校聘"管理改革行动效果与问题

新丰县自开展"县管校聘"管理改革工作以来，在促进校长、教师合理流动、优化教师资源配置，促进教育公平，促进教育均衡优质发展等方面取得的实际效果，社会满意度高，师生家长获得感总体良好。可以说，新丰县中小学教师"县管校聘"管理改革行动取得了较显著的效果，对教育系统发展起到了促进作用。

一、中小学教师"县管校聘"管理改革行动效果

（一）教师配置向均衡发展

1. 从"县管校聘"管理改革前后学科背景对口率城乡学校对比变化情况分析

城区初中教师专业对口率从2017年的92.5%提高至2019年100%，提升了7.5个百分点；乡镇初中教师专业对口率从2017年的88.5%提高到95.5%，提升了7

个百分点。

2. 从"县管校聘"管理改革前后师生比城乡学校对比变化情况分析

城区初中、小学的师生比例均高于乡镇初中、小学师生，教师配备方面乡镇学校教师相对充足。

3. 从"县管校聘"管理改革前后县级以上骨干教师占比城乡学校对比变化情况分析

虽然骨干教师主要集中在县城学校，但乡镇初中、小学骨干教师数量均有明显提高，其中乡镇小学骨干教师从2017年的32人提高至2019年的58人。

4. 从"县管校聘"管理改革前后学科带头人占比城乡学校对比变化情况分析

2017年县城初中小学与乡镇初中小学学科带头人的比例为65：35，2019年县城初中小学与乡镇初中小学学科带头人的比例为55：45，乡镇学校学科带头人的比例逐年提升。

5. 从"县管校聘"管理改革前后专任教师高一层次学历比例城乡学校对比变化情况分析

县城初中小学教师本科以上学历人数2017年为389人，2019年为725人；乡镇初中小学教师本科以上学历2017年为223人，2019年为558人；初中小学教师高一层次学历比例两年间翻了一番。高中学校教师研究生学历提高幅度最大，从2017年5人增加至2019年30人，提高了6倍。

6. 从"县管校聘"管理改革前后中高级教师职称比例城乡学校对比变化情况分析

中级职称教师方面，高中学校教师明显增加，初中、小学教师变化不明显；高级职称教师方面，乡镇初中、小学教师从2017年的33人增加至55人。

7. 从"县管校聘"管理改革前后城乡教师平均工资收入对比变化

与公务员平均工资收入对比变化情况分析，2017—2019年，县城小学教师月平均工资从5 958元提高至7 482元，初中教师月平均工资从6 102元提高至8 126元，高中教师月平均工资从6 010元提高至7 858元；乡镇小学教师月平均工资从6 799元提高至8 640元，初中教师月平均工资从7 014元提高至8 529元。工资待遇得到了较大的提高。

8. 从"县管校聘"管理改革前后教师流动率城乡学校对比情况分析

2017—2019年，全县轮岗教师总数是268人，其中从乡镇到县城的比例为

43%。由于城镇化进程加快，县城中小学校学生人数增加比例较大，造成教师需要量同时增加。因此，县主要是采取县城教师轮岗、乡镇教师跟岗的办法进行师资均衡配置，在招聘新教师时主要向乡镇学校倾斜，大力改善乡镇学校教师学历、年龄、学科等结构。

（二）体制机制改革创新有成效

1. 编制管理改革方面

提高了中小学教师资源的使用效益。改革工作使中小学教师从"学校人"变成"系统人"，打破推进校长教师交流的管理体制障碍，提高教师资源使用效益，促进城乡教师资源均衡配置，推进了教育公平。

2. 岗位管理改革方面

补充了缺编教师和紧缺学科教师岗位。3年共招聘新教师242名，其中义务教育学校129名（含紧缺教师46名）；高中阶段学校教师69名；全县教师素质特别是高中阶段学校教师素质进一步提高。

3. 学校治理结构改革方面

通过实施中小学"县管校聘"管理改革，学校进一步完善了教师管理制度、评价制度，建立教职工申诉办法，明确了教师工作量化标准，切实提升办学水平和治理能力。

（三）教师队伍综合实力有提升

1. 解决了县城学校扩班带来的师资不足问题

由于县城小学学位不足，该县今年充分挖潜，增加了班额，因而急需补充教师。通过实施中小学教师"县管校聘"管理改革，县城学校补充了115名教师，基本解决了师资不足问题。

2. 补充了缺编教师和急缺学科教师

2021年全年共招聘新教师87名，其中义务教育学校57名（含紧缺教师23名），高中阶段学校教师14名、幼儿园教师16名；全县教师素质、特别是高中阶段学校教师素质进一步提高。

3. 调动了教师工作的积极性和主动性

通过实施中小学教师"县管校聘"管理改革工作，一方面，倒逼整个教师队伍增强了忧患意识和紧迫感，充分调动了广大教师的积极性和主动性；另一方面，唤醒了教师的内生动力，由"要我干"逐渐变成"我要干"，老师们的敬业精神和综合素质显著提高。

二、中小学教师"县管校聘"管理改革待解问题

其一，实施"县管校聘"后，部分山区学校教师住宿难以得到保障，学校周转房建设资金无法落实。

其二，教师队伍结构仍有待优化。按照义务教育优质均衡的要求，县体育、美术、音乐专任教师仍然不足。

其三，教师数量总体较少。由于县教学点和小规模学校所占比例较大，编办核定教师数量是按学生数量核定，加上产假、重病教师较多，以致在实际教学中教师不足，只能通过学校聘请教师解决教育教学实际需要。

其四，教师退出机制难以实施。部分教师因身体原因无法继续承担教学岗工作，但是由劳动能力鉴定委员会鉴定完全丧失劳动能力的难度较大，致使这部分教师无法申请提前退休。

综上所述，新丰县作为一个行动系统，中小学教师"县管校聘"管理改革过程中，行动态度积极，策略适宜得当，改革行动对教育系统发挥了明显促进作用，同时带来了教师队伍的整体变化。

第十章

乳源瑶族自治县中小学教师"县管校聘"管理改革行动

乳源瑶族自治县自《关于推进中小学教师"县管校聘"管理改革的指导意见》发布以来，县委县政府把推进中小学教师"县管校聘"管理改革工作列入重要议事，统筹推进中小学教师"县管校聘"管理改革。本章在介绍乳源瑶族自治县行动系统特征的基础上，结合中小学教师"县管校聘"管理改革实践，分析乳源瑶族自治县中小学教师"县管校聘"管理改革行动及其结果。

第一节　乳源瑶族自治县中小学教师"县管校聘"管理改革行动系统特征分析

乳源瑶族自治县是韶关市唯一的少数民族地区，经济总量多年处于韶关市各区县生产总值排行榜最末。分析其中小学教师"县管校聘"管理改革行动系统，可以发现与其他各区县有明显不同的特征。

一、经济社会支撑力较强

乳源瑶族自治县隶属广东省韶关市，是广东省3个少数民族自治县之一。全县总面积2 299平方千米，辖9个镇、115个村（居）委会、1071个自然村。2022年年末户籍人口26.66万人，其中城镇人口9.19万人。根据韶关市地区生产总值统一核算结果（初步核算数），2022年全年乳源瑶族自治县地区生产总值114.70亿元，同比增长3.2%。其中，第一产业增加值11.09亿元，同比增长15.8%，对地区生产总值增长的贡献率为49.2%；第二产业增加值58.82亿元，同比增长7.36%，对地区生产总值增长的贡献率为107.3%；第三产业增加值44.79亿元，同比下降4.0%，对地区生产总值增长的贡献率为-56.4%。全年人均地区生产总值60 916元，增长2.8%。三次产业结构由2021年的8.5∶48.9∶42.6调整为9.7∶51.3∶39.0。全年地方财政一般预算收入5.24亿元，其中税收收入3.73亿元。地方财政一般预算支出28.8亿元，其中教育支出5.34亿元，增长3.2%❶。

二、教育体系较完善

乳源瑶族自治县教育体系较完善。2022年，全年普通学校（不含中职，含教学点）在校学生38 918人，增长4.3%。拥有普通中学8所，小学12所（不含教学点），幼儿园41所。其中，普通高中招生1 000人，在校生2 976人，毕业生887人；初中招生2 862，在校生7 831人，毕业生2 422人；小学招生2 632，在校生18 354人，毕业2 926人；幼儿园招生2 524人，在校生7 994人，毕业生2 789人；特殊教育学校招生8人，在校生46人，毕业生12人❷。

三、教育发展基础较好

在县委县政府坚强领导下，乳源瑶族自治县教育局以打造新优质学校为目标，大力实施《乳源瑶族自治县提升教育教学质量三年行动计划（2020年—2022年）》，以教学视导、学科教研、教师培训为抓手，全力提升教育教学质量。2019—2021年，全县有3项"十三五"规划省级课题、102项市级课题和70项县级课题立项，133项课题顺利结题。2019年，共有12项科研成果获市教育教学成果一、二、三等奖，是全市获奖层次、数量最多的县（市、区）。2020年，乳源瑶族自治县教育局被评为国家义务教育质量监测实施优秀组织单位。2021年，该县德育"一校一案"获奖数及一等奖数在韶关市排名第一；2021

---

❶ 乳源瑶族自治县人民政府.乳源瑶族自治县2022年国民经济和社会发展统计公报[EB/OL].（2023-06-13）［2023-07-28］.

❷ 同❶。

年,在韶关市第三届中小学青年教师教学能力大赛中,多位教师荣获市一等奖,并代表韶关市参加省级比赛[1]。

第二节 乳源瑶族自治县中小学教师"县管校聘"管理改革行动策略

乳源瑶族自治县把中小学教师"县管校聘"管理改革纳入县委深化改革工作事项,在全县开展调研工作,于2018年6月15日印发了《乳源瑶族自治县推进教师"县管校聘"管理改革工作实施方案》,明确了县委编办、县人社局、县教育局、县财政局、学校的工作职责。2018年12月,县编委根据《乳源瑶族自治县推进教师"县管校聘"管理改革工作实施方案》文件精神,按照"总量控制、统筹城乡、结构调整、有增有减"的原则,对基础教育学校编制进行了调整,小学教师编制由918名调整到968名。2019年7月12日,县教育局制定《2019年乳源瑶族自治县基础教育学校公办教师"县管校聘"工作实施方案》,根据实施方案全面开展管理改革行动。具体策略如下。

一、制定配套制度

广东省《关于推进中小学教师"县管校聘"管理改革的指导意见》文件发布以来,乳源瑶族自治县2018年6月15日印发了《乳源瑶族自治县推进教师"县管校聘"管理改革工作实施方案》,2019年7月12日,县教育局制定《2019年乳源瑶族自治县基础教育学校公办教师"县管校聘"工作实施方案》。

---

[1] 邓婷.乳源瑶族自治县教育局不断深化教育教学改革全力打造瑶乡教育发展新高地[N].韶关日报,2021-12-10.

二、落实政策措施

（一）完善中小学教职员编制管理机制

县委编办会同人社、教育部门，依据区域内教育发展、教师数、学生数和结构变化情况，以及中央、省的相关规定和标准，对教职工编制总量进行核定和管理。2019年县高级中学配备编制240名，初中配备编制640名，小学配备编制968名。教育局根据学校规模，把编制分配到各中小学，并在县委编办备案。

乳源瑶族自治县实施编制动态调整。建立编制动态管理制度，县教育局在核定的教职员编制总量内，于每年9月底前，根据工作需要统筹提出下一学年各学校教职员编制调整意见，报县委编办进行相应编制调整，同时报县财政、人社部门备案。

对教师队伍中长期存在的因疾病、生育等无法正常承担教学任务的问题，县采用临聘教师，申请"三支一扶"志愿者，广东省大学生乡村希望教师，"三区"支教教师顶岗。

（二）完善中小学教职员岗位设置管理

目前该县中小学的专业技术岗位设置工作仍沿用《广东省高等学校岗位设置管理指导意见》的结构比例由各单位制定本单位的岗位设置方案，填写《广东省事业单位岗位设置审核表》，然后由县教育行政部门审核汇总后报同级人社部门，再由同级人社部门报送市级人社部门审批，后续需要人社部门转变工作方式、方法，真正落实岗位设置的备案制度。

落实调整分配学校专业技术岗位时向农村、偏远地区学校和薄弱学校倾斜政策，执行《广东省乡村教师支持计划实施办法（2015—2020年）》关于"在乡村学校任教累计满25年且仍在乡村学校任教的教师，聘任专业技术岗位时不受岗位职数的限制"和"在乡村学校任教累计满25年且仍在乡村学校任教的教师，已取得中级、高级专业技术职务任职资格，可直接聘任，不占核准岗位数"的规定，为农村教师的职务和岗位晋升提供支持。

现在各学校中级职称教师偏多，建议提高中高级岗位比例，采取措施配备更多中高级岗位，关切青年教师的职务晋升诉求。

（三）完善中小学教师公开招聘制度

在教师招聘工作中，乳源瑶族自治县采用教育局负责具体招聘事项，报人社局审核和备案，在笔试、面试工作中教育局和人社局共同参加，招聘工作经费由县财政列入部门预算。

在创新多渠道教师招聘方式和建立优秀人才到校任教"绿色通道"上，招聘教师采取笔试加面试相结合的方式进行，全日制研究生、国内重点高校（"985""211"工程及"双一流"大学）全日制本科生，直接进入面试，不列入面试比例。

（四）完善中小学岗位聘用管理制度

由县教育局会同编制部门给学校核编，由学校设定的上岗条件、岗位职责、工作量、工作目标和考核细则，实行竞聘上岗，学校与教职工签订聘用合同。负责教职工的日常管理、使用和业务考核，发放奖励性绩效工资等工作。

在教师考核评价机制建设中，学校依据教师德、能、勤、绩开展教师考评工作，大部分学校采用"学生心目中的好教师"评选活动，以学评教，以评促教，建设家长委员会，学校引导学生家长参与评价教师，向社会公开师德监督电话和邮箱，接受社会的监督。

建立以竞聘上岗为核心的教师退出机制。对能力水平与所聘岗位任职条件不匹配、不能胜任岗位职责的教师，予以辞聘或转岗。对竞聘未上岗且不服从组织统筹调剂的教职人员安排待岗培训，待岗培训期不超过12个月。待岗培训期内，按基本工资和50%的基础性绩效工资发放生活费，不享受奖励性绩效工资，考核合格的，照常发放年终一次性奖金。对于不同意调整其工作岗位、调整到新工作岗位后考核仍不合格、待岗培训时间满12个月仍未聘用的人员，予以辞聘或解聘。对有严重失德行为、社会影响恶劣或违法乱纪的教职人员按有关规定予以严肃处理直至解聘。

（五）完善中小学教师均衡配置机制

在引导优秀校长、教师向农村学校、薄弱学校有序流动方面，乳源瑶族自治县根据学校的艰苦程度，将全县中小学分为十类地区发放教师生活补贴，最低标准是555元，最高标准是1 960元，提高农村学校教师收入水平。用好职称评审和岗位聘任政策，在职称评审、岗位聘任方面向农村学校倾斜。在实施"县管校聘"中严格控制学校编制数，按编制聘任教师。

对轮岗校长，教师在评优评先、职称评审、外出培训优先照顾，鼓励校长、教师参加轮岗。

严格落实"县域内中小学教师平均工资水平不低于当地公务员平均工资水平，农村教师平均工资水平不低于城镇教师平均工资水平"这一要求。2018年乳源瑶族自治县出台了《关于调整公务员规范津贴补贴和事业单位绩效工资的通知》，在调整和规范公务员津贴补贴时同步调整了中小学教师的绩效工资。2019年1月，启动教师专业技术岗位小级别晋升调整，稳步提升教师工资收入水平。2019年10月，县教育局、财政局、人社局联合出台《乳源瑶族自治县公办中小学（幼儿园）班主任工作绩效考核实施方案（试行）》，从2019年秋季学期起，根据考核结果，按每月不低于500元/人的标准发放中小学、幼儿园班主任岗位绩效。经过多次调整，2019年农村教师生活补助人均每月达1 000元。2020年1月，乳源瑶族自治县召开县委第十二届第86次常委会会议。会议同意由县财政统筹解决县2019年以来中小学教师核增绩效工资经费，2019年县中小学教师核增绩效工资标准为高中15 000元/人，其他9 600元/人。这些政策的实施提升了教师工资收入水平，确保落实中小学教师福利待遇"两个不低于或高于"，不断提高教师的职业幸福感。

落实了"统筹调配临聘教师，所需人员经费由本级财政核拨"政策。目前，通过政府购买服务的临聘教师62人，由第三方劳务公司统一招聘、管理，学校用人的模式，所招聘的人员专业素质比较高。但是由于小学教师编制配备严重不足，临聘教师数量还无法满足教育教学需要，还要增加政府购买服务临聘教师数量。

（六）教师退出机制有待完善

1. 定期注册教师资格

在教师资格定期注册工作中，2017年开展了首次教师资格注册工作，全县公办学校有1 775名教师开展了教师资格注册。教师资格注册必须与任教学段符合，否则不予注册。

2. 落实《韶关市中小学校教师退出教师岗位的实施办法（试行）》要求

实施了师德考核"一票否决制"，县畅通和公开举报渠道，各校（园）在校（园）门口醒目位置公示市、县、校三级举报电话和邮箱，自觉接受社会监督，坚决查处顶风违纪的行为，对典型案件及时通报曝光。在评优评先、职称评审、职务晋升、干部选拔等方面实行师德考核"一票否决制"。

3. 教师考核管理

对年度考核不合格的教师停发绩效工资，农村教师生活补贴，当年不能晋升薪级工资，3年内不能参加职称评审，不能评优评先。实行"师德一票否决制"，受师德处分的一律评为年度考核不合格。

（七）完善教职员合法权益保障机制

1. "县管校聘"政策实施配套的人事争议仲裁方面

对未能竞聘上岗的、考核不合格的或因其他原因不能胜任教学岗位工作的教师，按照《韶关市中小学校教师退出教学岗位的实施办法（试行）》处理。学校制定的聘任方案、考核办法、聘任工作领导小组、仲裁小组等，须经教职工代表大会（或教职工大会）审议，且须获得2/3的代表（或教职工）同意方能通过。竞聘结果和考核结果，须公示5个工作日以上。成立聘任工作仲裁小组，保障教职工有充分、畅通的反映诉求途径，协调解决争议问题，维护教职工的合法权益，确保教职工队伍稳定，保证改革顺利进行。

2. 在建立健全人事争议预防和协调解决机制方面

当地教育局成立了以局长为组长，局班子、各职能股室负责人为组员的领导小组。各学校成立聘任工作领导小组和聘任工作仲裁小组。聘任工作领导小组由校长任组长，负责组织实施该校教师聘任工作，成员由党支部、行政班子、教师代表等组成；聘任工作仲裁小组由工会主席任组长，负责该校教职工意见的收集和反映，对聘任工作中出现的矛盾和纠纷进行调解，小组成员与领导小组成员不重叠。学校聘任过程中如有争议，先由学校调解，调解不下再上报教育局，由教育局"县管校聘"领导小组裁决，教育局裁决不了的提交人社部门劳动仲裁。县在实施"县管校聘"过程中没出现提交人社部门仲裁的事件。

（八）加强政策宣传、检查督导和风险防控

及时转发上级有关"县管校聘"的相关文件，并要求各校召开全体教师大会，领会文件的改革精神。2018年6月，县出台了《乳源瑶族自治县推进教师"县管校聘"管理改革工作实施方案》，教育局及时下发到学校，组织教师学习。2019年7月12日，县教育局制定《2019年乳源瑶族自治县基础教育学校公办教师"县管校聘"工作实施方案》，在方案制定过程中多次召开校长座谈会，教师代表座谈会征求修改意见。召开"县管校聘"工作部署校长动员会，各学校召开教师学习大会，让全县中小学教师深刻学习有关文件精神。在实施过程中，县教育局派出督导组，对"县管校聘"工作进行指导和监督。三年内退休人员、孕期哺乳期人员、重病人员、支教（交流）人员及经县教育局批准的对象，一般应在原聘用学校续聘。做好竞聘过程中人事争议教师思想工作，及时做好裁决解释工作，及时裁决教师争议，防控实施风险。

第三节 乳源瑶族自治县中小学教师"县管校聘"管理改革行动效果与问题

自2018年6月出台《乳源瑶族自治县推进教师"县管校聘"管理改革工作实施方案》，县教育局及时下发到学校，组织教师学习。2019年7月12日，县教育局制定《2019年基础教育学校公办教师"县管校聘"工作实施方案》，在方案制定过程中多次召开校长座谈会，教师代表座谈会征求修改意见。

一、中小学教师"县管校聘"管理改革行动效果

乳源瑶族自治县自2019年开展首次"县管校聘"管理改革工作以来，打破了教师交流的"瓶颈"，促进了校长、教师合理流动、优化教师资源配置，提高了教师工作积极性，促进教育均衡发展。

（一）教师资源均衡配置有成效

1. "县管校聘"管理改革前后学科背景对口率城乡学校对比变化情况

随着每年老教师退休，招聘新教师，城乡学校的学科背景对口率有所提高，如2017年年初中城区学校学科对口率为98.8%，2019年提高到99.4%。

2. "县管校聘"管理改革前后师生比城乡学校对比变化情况

随着城镇化进程加快，城镇学校的师生比有所下降，乡镇学校的有所提升。2019年"县管校聘"中乡镇学校教师竞聘到城区的多，城区竞聘到乡镇的少。

3. "县管校聘"管理改革前后县级以上骨干教师占比城乡学校对比变化情况

"县管校聘"管理改革前后县级以上骨干教师占比城乡学校对比变化情况没有变化，因为2018年和2019年乳源瑶族自治县未开展县级以上骨干教师评选活动。

4. "县管校聘"管理改革前后学科带头人占比城乡学校对比变化情况

"县管校聘"管理改革前后，学科带头人占比城乡学校对比变化情况没有变化，因为2018年和2019年县里未开展学科带头人评选活动。

5. "县管校聘"管理改革前后专任教师高一层次学历比例城乡学校对比变化情况

教师高一层次学历比例大幅提升，因为在2016年1月，乳源瑶族自治县实施《乳源瑶族自治县基础教育学校教师学历提升实施办法》，对教师学历提升实行补助，大批年轻教师参加了学历提升，2021年有466人取得本科学历证书，加上2018年、2019年招聘了188名新教师，教师高一层次学历得到大幅提升。

6. "县管校聘"管理改革前后中高级教师职称比例城乡学校对比变化情况

自2016年恢复职称评审以来，中小学高级职称下放到市一级评审，在职称评审中向偏远区政策性倾斜，乡镇学校的高级职称教师近两年增幅较大，城区

学校占比较小。

7. "县管校聘"管理改革前后城乡教师平均工资收入对比变化、与公务员平均工资收入对比变化情况

县教师工资收入水平实现了较大增长，通过实施农村教师生活补贴，省补绩效农村教师标准均高于城区教师，实现了"两相当"。

8. "县管校聘"管理改革前后教师流动率城乡学校对比情况

2018年，乳源瑶族自治县启动"县管校聘"工作，全县共有243名教师申请轮岗，占总比的13%。2019年县完成首次"县管校聘"工作，又有89名教师跨校竞聘、15名教师组织调剂。在2019年"县管校聘"实施过程中，有农村学校教师竞聘到城区学校，也有城区教师竞聘到农村学校，打破了教师交流"瓶颈"。例如，侯公渡初级中学原来超编严重，教师交流困难很大，去年实施中小学教师"县管校聘"管理改革后顺利交流到外校16人，解决了学校超编问题。

（二）体制机制改革创新成效明显

1. 编制管理改革方面成效

实行按照"总量控制、统筹城乡、结构调整、有增有减"的原则，探索更加科学的编制管理办法，逐步建立教职工编制县级"总量控制、动态管理"机制。县委编办会同县教育局根据全县教育事业发展和办学规划核定全县教职工编制总数。核定后，根据教育事业发展需要适时调整。学校编制调整实行报备制。

2. 岗位管理改革方面成效

乳源瑶族自治县教育局在县人社局核定的岗位总量内，按照教职工编制情况具体分配到各学校。县教育局从核定总岗位数中划出一定比例用于教师交流、校长轮岗等相关人员的专业技术中、高级岗位的集中调整和管理。农村、偏远地区中小学和薄弱学校中高级职称岗位设置比例，可在规定的比例上限上浮2个百分点。由县人社及县教育部门根据学校规模、教职工人数和教育教学质量等因素，合理确定管理岗位等级分布。采取有效措施逐步化解超岗问题，拓宽专业发展空间，调动教师工作积极性。

3.学校治理结构改革方面成效

进一步落实学校用人自主权。学校在核定的岗位总量内科学制定该校工作岗位设置方案，明确岗位的职责任务、工作标准、任职条件、岗位工作量等事项，经学校教代会（或全体教职工大会）通过，报县教育局审批同意后实施。学校根据学校制定的岗位设置方案进行聘任教师，实行学校与教师双向选择，进一步落实了学校用人自主权和教师选择权。

（三）激发教师队伍活力，教师工作积极性明显提高

1.突出校长、教师的主体地位

在中小学教师"县管校聘"管理改革过程中，校长要结合校情，面向学校教师制定竞聘方案，竞聘方案要通过学校教师代表表决，体现民主决策、主动决策，突出了校长和教师的主体地位，让校长手握办学自主权，依法依规办学，让教师民主参与学校办学，发挥创造精神。

2.充分调动校长和教师的主观能动性

在中小学教师"县管校聘"管理改革中，为保障教师权益，保障学校发展权益，校长既要考虑学校的发展方向，又要考虑学校、教师的权益，改革事关学校和教师的切身利益，校长和教师更加主动地参与中小学教师"县管校聘"管理改革。

二、中小学教师"县管校聘"管理改革待解问题

（一）教师编制不足

近年来，乳源瑶族自治县中小学编制需求出现了较大的变化，特别是小学教师的编制需求增大。2019年全县中小学增加了46个班级，县编委已经将小学教师编制调整至988名，实际还缺272名小学教师编制。

（二）实现学校师资均衡难度大

实施中小学教师"县管校聘"管理改革是要促进区域内城乡间教师的流动

和交流，以达到教育均衡的目的，但目前的情况是优秀教师向偏远薄弱学校流动较少，政策杠杆调节作用还没实现最大化。

（三）学校中层干部队伍建设堪忧

乳源瑶族自治县在探索校长职级制改革，校长的待遇有所提高，班主任津补贴也有所提高。但是，作为学校的中坚力量的学校中层干部却在政策上没有提及，所以各学校普遍反馈需提高学校中层干部的待遇。

综上所述，乳源瑶族自治县是韶关市唯一一个少数民族自治县，作为一个行动系统，中小学教师"县管校聘"管理改革行动策略适宜，对教育系统促进的效果也算明显，但因其面临的实际问题较多，加大中小学教师"县管校聘"管理改革行动力度，以行动改变行动才是出口。

第十一章

翁源县中小学教师"县管校聘"管理改革行动

行动系统与行动者行为紧密相连。克罗齐耶与费埃德伯格指出："一个组织在很大程度上既不是因为其成员的行为而存在，也不是无视其成员的行为而存在。"[1]翁源县委县政府充分动员行动者行为，推进中小学教师"县管校聘"管理改革，取得了显著成效。本章在介绍翁源县行动系统的特征基础上，结合中小学教师"县管校聘"管理改革实践，分析翁源县中小学教师"县管校聘"管理改革行动及其结果。

第一节 翁源县中小学教师"县管校聘"管理改革行动系统特征分析

翁源县作为中小学教师"县管校聘"管理改革行动系统，其特征从内外看主要包括以下几点。

一、经济社会支撑力较强

翁源县隶属广东省韶关市，全县总面积2 175平方千米，下辖8个镇。2022年年末户籍人口42.15万人，其中非农业人口14.00万人，农业人口28.15万人；全县年末常住人口32.34万人，常住人口城镇化率为36.77%。据初步核算，全年实现地区生产总值132.08亿元，同比增长1.1%。其中，第一产业增加值34.81亿元，增

---

[1] 克罗齐耶，费埃德伯格.行动者与系统——集体行动的政治学[M].张月，等译.上海：上海人民出版社，2007：81.

长3.2%，对地区生产总值增长的贡献率为76.1%；第二产业增加值35.02亿元，下降2.7%；第三产业增加值62.25亿元，增长2.0%，对地区生产总值增长的贡献率为84.1%。三次产业结构由2021年的 26.9∶27.5∶45.6调整为26.4∶26.5∶47.1。按常住人口计算，人均生产总值40 871元，增长0.9%。2022年实现地方一般公共预算收入6.73亿元，下降15.7%，其中税收收入 2.84亿元，下降30.9%。全年地方一般公共预算支出33.18亿元，下降4.3%。其中教育支出7.09 亿元，增长0.1%❶。

二、教育体系较完善

翁源县教育体系较完善。2022年年末，全县有幼儿园62所，共515个班，在园幼儿16 259人，教职工7 573人。小学校数（含教学点）53所，其中完整小学20所，教学点33个，共计871个班，在校小学生33 199人，小学教职工1 780人，专任教师1 821人。普通中学20所，包含10所初级中学，7所九年一贯制学校，2所完全中学以及1所高级中学；普通中学共有423个班，其中初中班级有319个，高中班级 104 个；普通中学共有19 649名在校生，包括14 562名初中在校生和5 087名高中在校生；普通中学共有1 567名教职工，其中包含1 372名专任教师，细分为982名初中专任教师和390名高中专任教师。特殊学校1所，9个班级，在校学生82人（其中送教上门学生31人），教职工22人。中等职业学校1所，66 个班，在校学生3 088人，专任教师178人。2022年高中毕业学生共1 495人，高考大专以上入线人数为1 473人，入线率为98.53%，其中本科人数630人，专科843人。小学学龄儿童入学率为112.54%，初中毛入学率为99.89%❷。

三、教育发展基础较好

翁源县委县政府提出"一手抓经济，一手抓教育"的发展理念，优先规划

---

❶ 翁源县人民政府.翁源县2022年国民经济和社会发展统计公报[EB/OL].（2023−07−07）［2023−07−28］.

❷ 同❶。

教育发展、落实教育经费、解决教育难题，推动全县教育高质量发展。广东省人民政府教育督导室对市县级人民政府2022年度履行教育职责评价结果出炉，翁源县在全市排名中位列第一，荣获"优秀"等次。2022年以来，翁源县新增正高级教师3名，实现从无到有的突破。目前省级名师工作室3个，市级名师工作室2个，享受县政府特殊人才津贴教师3名。翁源县深化教学教研改革，重拾教学常规，落实"双减"政策，完善教学评价制度，教学科研成果初显，成功立项省级教研基地1个、省级课题9项、市级课题149项、县级课题229项，获市三等奖以上教学成果奖14项。2023年升中考和全市义务教育阶段教学质量抽测排在各县（市、区）前列❶。

第二节　翁源县中小学教师"县管校聘"管理改革行动策略

为全面落实《关于推进中小学教师"县管校聘"管理改革的指导意见》《韶关市人民政府办公室关于推进全市基础教育学校公办教师"县管校聘"管理改革工作的意见（试行）》精神，翁源县委政府高度重视，发挥主体作用，把推进中小学教师"县管校聘"管理改革工作列入重要议事日程。2018年6月，经县政府十五届第31次常务会议同意，印发了《翁源县中小学教师"县管校聘"实施意见（试行）》，建立健全"县管校聘"管理改革工作协调机制，明确了各有关职能部门的工作职责。在2018年5所试点学校实施"县管校聘"管理改革的基础上，2019年全面推进中小学教师"县管校聘"管理改革，出台了全面实施"县管校聘"意见和工作方案，顺利完成了全县中小学校的"县管校聘"工作。主要行动策略如下。

---

❶ 韶关市教育局.翁源县政府2022年教育履职评价排名全市第一[EB/OL].（2023-10-13）[2023-10-28].

一、制定改革配套制度

根据《关于推进中小学教师"县管校聘"管理改革的指导意见》《韶关市人民政府办公室关于推进全市基础教育学校公办教师"县管校聘"管理改革工作的意见（试行）》精神，制定印发了《翁源县中小学教师"县管校聘"实施意见（试行）》和《翁源县中小学教师"县管校聘"实施方案（试行）》《关于做好"县管校聘"工作的通知》《关于"县管校聘"管理改革中岗位设置管理和人员流动的实施意见》《翁源县中小学教师退出教学岗位的实施办法（试行）》等相关配套文件。

二、抓好政策措施落实

（一）完善中小学教职员编制管理机制

翁源县编办会同县教育局和县财政局，在机构编制总量调控的前提下，合理核定全县学校教职员编制。县编办在2018年、2019年分别下达了《翁源县机构编制委员会办公室关于下达2018—2019学年中小学（园）教职员编制的通知》《翁源县机构编制委员会办公室关于下达2018—2019学年中小学（园）教职员编制的通知》，县域内中小学教职员编制总额每年核定一次。县人社局依据县委编办核定的全县学校教职员编制，会同县教育局根据学校实际对全县学校各类岗位进行核定。县教育局在县编办、县人社局核定的编制和岗位总量内，充分考虑各类学校对岗位层次的不同需求，统筹配置全县学校教师资源。

对退休年限少于三年的教师（副高以上职称女教师退休年龄按组通字〔2015〕14号文件规定执行），经组织选派参加支教的教师，有服务期且未满服务期的教师，处于孕期和哺乳期（一般指从婴儿出生之日起计满12个月）的教师，患重大疾病的教师（指患有现医疗条件下短时间内难以治愈的，按规定程序须连续请假6个月及以上且仍在治疗期的人员），原则上在原学校聘用或续聘。

翁源县中小学校在编在岗教职员3 088人，专任教师3 058人，临聘教师139

人，临聘教师占岗教职员总数的4.3%。翁源县的临聘教师是由于学校在编教师产假、病假等原因由各学校根据实际情况向人力资源公司临时短期聘用顶替请假人员教学岗位，临聘教师基本达到国家和省有关规定的身体条件、学历条件和教师资格，且要求要为临聘教师缴交社会养老保险。由于该县财政困难，临聘教师工资由学校公用经费发放，与在编教师的工资水平差距较大。

（二）完善中小学教职员岗位设置管理

翁源县人社局、县教育局联合出台了《关于"县管校聘"管理改革中岗位设置管理和人员流动的实施意见》，完善中小学教职员岗位设置管理，建立中小学教职工岗位"总量控制、动态调整"机制。县人社局根据全县教育系统事业发展需要、人员编制计划和人员现状等情况核定教育系统岗位总量，进行宏观管理，即各学校按照有关文件要求以及学校教育教学实际，制定岗位设置方案，报县教育局审核后，由县教育局汇总学校的各类各等级岗位数量制定本系统总的岗位设置方案连同相关学校的岗位设置方案一并报县人社局核准，县人社局核准同意后以整体打包的形式书面批复给县教育局，县教育局在核定的岗位总量、结构比例、最高等级限额内集中调控、集中管理，充分考虑校长、教师流动的需要，统筹分配相关工作。

学校各等级岗位数量，根据人员编制、班额等情况实行动态调整，调整分配学校专业技术岗位时向农村、偏远地区学校和薄弱学校倾斜，并报县人社局备案。为顺利推进"县管校聘"管理改革工作，首次竞聘实行岗随人走。县教育局在每学年结束后根据编制数和领导职数变化情况及时向县事业单位人事综合管理部门申请核准各学校及本系统总的岗位设置方案，作为岗位分配的基准配置。

（三）完善中小学教师公开招聘制度

在县委县政府的大力支持下，翁源县的教师招聘工作取得了较大的成绩，优化了该县教师队伍结构，有力地推动了该县教育事业的发展。

县委县政府对该县教师招聘工作非常重视，批准下达招聘教师编制数逐年增加，2017年以来共批准下达编制数766名。其中，2017年100名，2018年166

名，2019年200名，2020年300名。根据县委县政府下达招聘教师编制数，依据《广东省事业单位公开招聘人员办法》等相关规定，县教育局会同县人社局每年制定《翁源县"公开教师招聘方案"》，按照"公开教师招聘方案"公开、公平、公正地做好公开招聘教师的资格审核、笔试、面试、体检、政审、录用等工作。2017—2020年已招聘教师共565人。其中，2017年共招聘教师85人，2018年共招聘教师162人，2019年共招聘教师192人，2020年第一批共招聘教师126人，2020年第二批的招聘教师正在进行。

翁源县努力创新多渠道教师招聘方式和建立优秀人才到校任教"绿色通道"。第一，每年在县委编办核定的编制范围内，按每年编办核准数，通过选聘方式对有意来该县任教的本科以上学历、40周岁以下、在外地任教的在职在编教师，尤其是夫妻一方在本县工作、另一方在外地任教的在职在编教师，在通过专业技能考试的基础上，对其进行德、能、勤、绩、廉等综合素质测评和考察之后进行选聘调入。第二，中职学校根据学校实际自主招聘紧缺岗位、高学历教师。第三，根据市"丹霞英才"招聘计划，通过校园招聘、现场面试、视频面试等方式，招聘优秀人才到该县任教。第四，实施高层次人才引进工程，对具有硕士研究生学历、高级专业技术职务人员、特级教师、省市级以上名师、名校长、名班主任等高层次专业人才，在核准的编制使用计划内，可由编办、人社、教育部门联合采取直接考核的方式招聘。

（四）完善中小学岗位聘用管理制度情况

翁源县通过改革完善了编制岗位管理，健全了中小学岗位设置动态调整机制。县教育局会同县编办、县人社局核定了编制总量，实行总量控制。校外聘用教师实行岗随人走，保证教师竞聘后调离或调入能聘任原职称。解决了部分学校"进易出难"严重超编的老大难问题，目前全县中小学（园）已基本上不存在教师超编的问题。

各学校依法依规、科学合理设置岗位，制定"县管校聘"竞聘实施方案、岗位说明书、竞聘考核方案等。学校按该校实际分类公布竞聘岗位名称、岗位数、岗位条件及岗位职责等，岗位说明书细化明确该类岗位所应承担的工作项目（含教学、班主任、公开课、示范课、教育教学论文、教研教改实验课题等）、工作量、质量目标等。学校竞聘方案经教职工大会或教代会的讨论通过后报县教育局备案。全县教师岗位竞聘工作按照"三年一期，每年微调"的原则实施，即每个聘用期为3年。竞聘工作以学校为单位，采取校内竞聘、县内竞聘和组织调剂等方式逐级竞聘、分步推进，充分落实学校用人自主权。

翁源县中小学校全部完成竞聘工作，落聘教师已合理调配去其他学校，没有出现不服从组织统筹调剂安排工作的情况。2020年全县中小学校实有在职在编教师3 325人，县管校聘聘用3 325人。其中，该校聘用2 930人，占88.12%；外校流动聘用410人，占11.88%。全县在职在编教师聘用率100%，各学校均与聘用教师签订合同，保持了教师队伍的稳定。

通过改革强化了教师的责任和危机意识，激发了教师的积极性。一段时间以来，部分教师抱着教师是"铁饭碗"的思想观念，因而存在"干好干坏一个样、干多干少工资照领"的思想。不少教师在同一所学校工作时间长了，工作热情慢慢消退，出现倦怠懒散、工作讲价钱谈条件的情形，教学水平难有大的提升、停滞不前甚至跟不上时代的步伐。改革前部分学校超编教师每年交流到教师缺编的学校，较多交流教师认为只是在交流学校工作一年，责任感不强，积极性不高。"县管校聘"改革的实施，警醒了这部分教师，使他们有了危机意识，绷紧了原来倦怠、松弛的神经，也让他们懂得了"爱岗、惜岗"，竞岗后主动积极工作，大力激发了他们的积极性，也为厚植教育情怀夯实了基础。

按照"三年一聘，每年一考核"的要求，各学校制定好教师综合考核方案，认真做好教师学年度综合考核工作，为下一次的聘任做好参考依据准备。考核以岗位职责为依据，以德、能、勤、绩、廉为核心，制定或完善不同工作岗位的分类考核指标和考核办法，建立和完善学校、教师、学生、家长和社会多方参与的教师考核评价机制。突出考核教师师德表现、工作绩效和能力水平与岗位要求的匹配度。做到"一次综合考核，结果多处运用"，即将考核结果作为教师评先评优、职称评审、年度考核、薪酬分配、资格注册，以及续订聘用合同等工作的重要依据。

（五）完善中小学教师均衡配置机制情况

强化交流轮岗力度，实行"县管全局统筹，学校择优选派"。按照《韶关市县域内义务教育学校校长教师交流轮岗工作的实施方案》等相关文件，县教育局负责全局统筹、制定具体方案，采取多种交流轮岗形式，逐步达到学校之间专任教师高一层次学历比例、中高级职称教师比例及骨干教师比例大致相当，实现本县教师资源的均衡配置。学校严格执行县教育局在校长教师交流轮岗工作上的整体安排，按照相关要求择优选派。交流任教经历纳入教师职称评聘、推荐评先评优的考核范畴。2018年，从翁源县城选派了2名优秀校长到基层学校担任校长。2019年对县域内部分学校校长进行了交流轮岗，从县城中小学选派了28名优秀教师到乡镇薄弱中小学进行支援帮教。通过校长教师交流轮岗和支教，促进了城乡教育资源的交流，对乡镇薄弱中小学的教育教学工作起到了较大的促进，取得了良好的效果。

翁源县委县政府对保障中小学教师待遇高度重视，根据中央、省、市相关文件精神，尽力完善了中小学教师待遇保障机制，在县财政困难的情况下，经费投入优先支持教师队伍建设，重点用于按规定提高教师待遇，保障该县教师的工资收入水平高于公务员的工资收入水平。大力筹措资金提高乡村教师待遇，全面落实山区和农村偏远地区教师生活补助政策，使全县农村学校教师生活补助金达到省定月人均不低于1 000元的标准。严格贯彻落实中小学教师工资标准"两个不低于或高于"政策。2018年该县义务教育教师人均工资收入为82 756.87元/年，公务员人均工资收入为82 181.04元/年；2019年该县义务教育教师人均工资收入为87 103.21元/年，公务员人均工资收入为84 250.68元/年。目前全县中小学教师工资收入水平高于本县公务员工资收入水平，农村中小学教师工资收入水平高于城镇农村中小学教师工资收入水平。

（六）完善教师退出机制

根据《韶关市中小学校教师退出教学岗位的实施办法（试行）》精神，按照《翁源县人民政府办公室关于印发〈翁源县中小学教师"县管校聘"实施意见（试行）〉的通知》要求，结合该县实际，县教育局、县委编办、县财政局、县人社局制定了《翁源县中小学教师退出教学岗位的实施办法（试行）》。建立教师退出机制，实行"县管体系标准，学校考评执行"。建立以能力和业绩为导向，以社会和业内认可为核心的中小学教师评价机制。县教育局制定基本评价标准，学校结合实际细化标准，确定具体考评实施办法。通过严格考核、科学评价，逐步建立教师退出机制。对不适应教学岗位需要的教师离岗培训，培训后仍然不能适应教师岗位要求的，进行转岗。转岗后还不能胜任岗位的，其人事关系转到县人才服务市场，另行就业或退岗；不符合教师资格标准要求的人员依法调整出教师队伍。实行师德表现"一票否决制"，对有严重失德行为、影响恶劣者按照有关规定予以严肃处理直至撤销教师资格。

翁源县从2017年秋季开始，根据省市关于教师资格注册的相关通知精神，已对全县在岗中小学校（园）符合首次注册条件的教师资格进行注册，全县累计已注册教师资格合格3 454人次。

（七）完善教职员合法权益保障机制

完善教职工合法权益保障机制，实行"县管权益保障，学校公开竞聘"。学校制定的教职工竞聘方案、考核办法等，应经教职工代表大会（或教职工大会）审议通过后实施。对聘任和考核结果，须在本单位公示10个工作日，充分保障教职工的参与权和监督权。人社局完善人事争议仲裁制度和教职工维权服务机制，让教职工有充分、畅通的诉求渠道。对学校违背政策和程序的聘任行为，坚决予以纠正和查处。不断提高教师的社会地位，落实工资、保险等福利待遇，确保教师平均工资水平不低于或高于本县公务员平均工资水平，依法维护教师休假、定期进行身体健康检查等权利，营造尊师重教的良好氛围。

（八）政策宣传、检查督导和风险防控

翁源县2018年在5所试点学校实施"县管校聘"管理改革，教育局对5所试点学校实施"县管校聘"管理改革的经验进行了总结，分析了试点学校的成功做法和存在的问题。2019年，翁源县教育局领导班子多次深入中小学校调研，广泛征求了学校校长、教师代表对"县管校聘"工作推进的意见。在总结试点学校的经验和深入调研的基础上，出台了切实可行的实施办法和操作指导意见，制定和下发了《翁源县中小学教师"县管校聘"实施意见试行》《翁源县中小学教师课时标准实施意见（试行）》和《关于做好"县管校聘"工作的通知》。

2019年6月，翁源县教育局召开全县中小学校（园）长参加的"县管校

聘"工作会议。会议上对中小学教师"县管校聘"管理改革相关文件、工作程序、注意事项等进行了解读学习。通过学习使与会者进一步理解了中小学教师"县管校聘"管理改革的目的、意义、重要性与必要性，充分把握开展中小学教师"县管校聘"管理改革工作的程序、步骤。会上还印发了中小学教师"县管校聘"管理改革重点问题、翁源县中小学（园）"县管校聘"工作时间表、义务教育学校学科专任教师配备标准等资料。通过周密部署和规范学校中小学教师"县管校聘"管理改革的工作环节和步骤，确保了中小学教师"县管校聘"管理改革工作的顺利开展。

第三节 翁源县中小学教师"县管校聘"管理改革行动效果与问题

翁源县中小学教师"县管校聘"管理改革行动效果取得了明显效果，对教育系统发挥了正向促进作用。具体如下。

一、中小学教师"县管校聘"管理改革行动效果

（一）教师资源均衡配置目标达成度

"县管校聘"管理改革前，2017年城区小学教师学科背景对口率为75.3%，乡镇小学教师学科背景对口率为70.3%；城区初中教师学科背景对口率为80.2%，乡镇初中教师学科背景对口率为78.2%；城区高中学科背景对口率为98.2%。"县管校聘"管理改革后，2019年城区小学教师学科背景对口率为88.6%，乡镇小学教师学科背景对口率为85.6%；城区初中教师学科背景对口率为90.5%，乡镇初中教师学科背景对口率为92.5%；城区高中教师学科背景对口率为98.8%。"县管校聘"管理改革后的学科背景对口率显著提高，教师专业得到归位。

"县管校聘"管理改革前，2017年城区小学师生比为1∶22.03，乡镇小学师生比对口率为1∶16.26；城区初中师生比为1∶18.2，乡镇初中师生比为1∶12.45；城区高中师生比为1∶12.18。"县管校聘"管理改革后，2019年城区小学师生比为1∶22.71，乡镇小学师生比为1∶17.58；城区初中师生比为1∶15.68，乡镇初中师生比为1∶12.91；城区高中师生比为1∶12.84。"县管校聘"管理改革后的师生比得到提高。

"县管校聘"管理改革前，2017年城区小学县级以上骨干教师为50人、学科带头人19人，乡镇小学县级以上骨干教师为40人、学科带头人2人；城区初中县级以上骨干教师为42人、学科带头人10人，乡镇初中县级以上骨干教师为78人、学科带头人6人；城区高中县级以上骨干教师为100人、学科带头人25人。"县管校聘"管理改革后，2019年城区小学县级以上骨干教师为70人、学科带头人32人，乡镇小学县级以上骨干教师为60人、学科带头人6人；城区初中县级以上骨干教师为60人、学科带头人19人，乡镇初中县级以上骨干教师为89人、学科带头人13人；城区高中县级以上骨干教师为110人、学科带头人35人。"县管校聘"管理改革后的县级以上骨干教师和学科带头人人数得到提高。

"县管校聘"管理改革前，2017年城区小学教师本科以上学历教师数为389人，乡镇小学教师本科以上学历教师数为386人；城区初中教师本科以上学历教师数为389人，乡镇初中教师本科以上学历教师数为210人；城区高中教师研究生学历教师数为1人。"县管校聘"管理改革后，2019年城区小学教师本科以上学历教师数为493人，乡镇教师本科以上学历教师数为680人；城区初中教师本科以上学历教师数为267人，乡镇初中教师本科以上学历教师数为449人；城区高中教师研究生学历教师数为16人。"县管校聘"管理改革后的教师高一层次学历比例显著提高。

"县管校聘"管理改革前，2017年城区小学中级职称教师数为395人、高级职称教师数为4人，乡镇小学中级职称教师数为427人、高级职称教师数为4人；城区初中中级职称教师数为179人、高级职称教师数为23人，乡镇初中中级职称教师数为427人、高级职称教师数为33人；城区高中中级职称教师数为215人、高级职称教师数为128人。"县管校聘"管理改革后，2019年城区小学中级职称教师数为407人、高级职称教师数为18人，乡镇小学中级职称教师数为809人、高级职称教师数为13人；城区初中中级职称教师数为225人、高级职称教师数为28人，乡镇初中中级职称教师数为383人、高级职称教师数为34人；城区高中中级职称教师数为182人、高级职称教师数为126人。"县管校聘"管理改革后的教师高一层次学历比例显著提高。

"县管校聘"管理改革后，该县共有410人县域内流动，2019年从县城选派了28名优秀教师到乡镇薄弱学校支教帮扶。

2018年该县义务教育教师人均工资收入为82 756.87元/年，公务员人均工资收入为82 181.04元/年；2019年该县义务教育教师人均工资收入为87 103.21元/年，公务员人均工资收入为84 250.68元/年。目前全县中小学教师工资收入水平高于本县公务员工资收入水平，农村中小学教师工资收入水平高于城镇农村中小学教师工资收入水平。

（二）保持了教师队伍稳定，完善了编制岗位管理

全县中小学校全部完成竞聘工作，落聘教师已合理调配去其他学校，没有出现不服从组织统筹调剂安排工作的情况。全县中小学校实有在职在编教师3 325人，县管校聘聘用3 325人。其中，该校聘用2 930人，占88.12%；外校流动聘用410人，占11.88%。全县在职在编教师聘用率100%，各学校均与聘用教师签订合同，保持了教师队伍的稳定。

通过改革，完善了编制岗位管理，健全了中小学岗位设置动态调整机制。县教育局会同县编办、县人社局核定了编制总量，实行总量控制。校外聘用教师实行岗随人走，保证教师竞聘后调离或调入能聘任原职称。解决了部分学校"进易出难"严重超编的老大难问题，目前全县中小学（园）已基本上不存在教师超编的问题。

（三）加强了学校干部管理团队建设，全面提升了学校干部管理团队的战斗力

2019年3月开始，县教育局对全县各中小学校中层以上干部配备情况进行了调研，在全县各中小学校后备干部中进行了干部选拔民主推荐、民主评议和组织考察。根据校长、副校长任职的成绩、年限等情况和学校的实际，对部分学校校长、副校长进行了轮岗调整或任免。根据学校管理工作的需要和学校干部的编制，对全县学校的中层干部进行了考核、调整和补充。加强了全县中小学校校长及中层干部的培训，进一步提升了他们的学校管理理论水平和业务能力。通过在"县管校聘"改革之前的充分准备，加强了学校干部管理团队的建设，全面提升了学校干部管理团队的战斗力，为"县管校聘"改革的全面顺利实施和教育教学质量的全面提升夯实了基础。

（四）实现了教师专业归位，优化了教师结构

通过"县管校聘"改革，优化了教师学科专业结构，教师资源充分有效利用。教师学科专业与任教不对口的问题得到进一步改善，初步实现了调整优化教师学科专业与学校学科需求、中小学岗位结构比例符合规定的目标，实现了教师学科专业与任教实际的归位。全县有200名超编教师被重新聘用到新的岗位，有410位教师参加了跨校竞聘，有35位教师落聘需要进行组织调剂，部分富余人员由教育局在双向选择的基础上重新调配到其他教师紧缺的学校任教。这样既较好解决了超编问题，缓解了中学超编小学缺编和学科结构性缺编矛盾，优化了教师结构，使教师资源得以充分利用。

（五）强化了教师的责任和危机意识，激发了教师的积极性

一段时间以来，部分教师抱着教师是"铁饭碗"的思想观念，因而存在"干好干坏一个样、干多干少工资照领"的思想。不少教师在同一所学校工作时间长了，工作热情慢慢消退，出现倦怠懒散、工作讲价钱谈条件的情形，教学水平难有大的提升、停滞不前甚至跟不上时代的步伐。改革前部分学校超编教师每年交流到教师缺编的学校，较多交流教师认为只是在交流学校工作一年，责任感不强，积极性不高。"县管校聘"改革的实施，警醒了这部分教师，使他们有了危机意识，绷紧了原来倦怠、松弛的神经，也让他们懂得了"爱岗、惜岗"，竞岗后主动积极工作，大力激发了他们的积极性，也为厚植教育情怀夯实了基础。部分中学通过改革，教师积极性显著提高，班主任岗位争抢竞聘。部分小学改革后，原来由外校交流来的15名教师被该校聘用，这些老师被聘用后工作热情得到提高，呈现出积极向上的精神面貌。有4所中心小

学往年由于师资紧缺,紧缺的师资是由超编学校每年派出教师交流补充,这部分交流教师出现有情绪、工作倦怠、积极性不高的现象。通过县管校聘改革后,这些学校从超编学校的富余师资中聘用了自己所需的师资,所聘教师重新对自己的岗位角色进行了定位,工作情绪稳定了,有了明确的职责和目标,工作态度得到了端正,消除了倦怠懒散的状态,现在能够安教乐教,工作积极性有了明显的提高。几乎所有学校通过县管校聘改革后,教师从被动接受工作到主动申请工作有了质的飞跃,更多的教师主动申请担任班主任,主动申报教育教研课题,在教育教学工作上展现出充满热情、相互协作、毫不推诿、竞争激烈的新气象,特别是高三年级教师在备考工作中任务重、责任大,但未见有教师表现出畏难情绪,勇于担当,表现出废寝忘食、忘我工作的厚实的教育情怀。

二、中小学教师"县管校聘"管理改革待解问题

(1)翁源县乡镇教学点多、规模小、地处偏远,造成理论上教师满编现实上缺编的矛盾,虽然中小学教师"县管校聘"管理改革的推进,使这一矛盾得以缓解,但仍未能得以彻底解决。

(2)通过中小学教师"县管校聘"管理改革的全面实施,教师学科结构性缺编的情况虽然得到缓解,但仍然不能全面满足学校的学科结构需求,特别是美术、音乐、计算机等学科教师不能满足小学教学点的需求,初中实验教学、高中通识教育、小学科学也无法满足学科教学的需求。

(3)在中小学教师"县管校聘"管理改革实施过程中,教师职称聘任问题,特别是高职低聘、中职学校教师非中职系列职称聘任、小级别岗位竞聘等问题仍未得到解决。

(4)老、病特别是重病教师是中小学教师"县管校聘"管理改革的保护对象,但这部分人既占用编制,又无法担任正常的教学工作,或者能力有限无法胜任教学工作任务,造成学校教学师资的紧缺,影响教学质量进一步提高。

综上所述,翁源县行动系统中小学教师"县管校聘"管理改革行动策略总体适宜,效果也明显,但是面临的现实问题较多,中小学教师"县管校聘"管理改革行动有待加大力度。

第十二章

乐昌市中小学教师"县管校聘"管理改革行动

乐昌市委市政府把推进中小学教师"县管校聘"管理改革作为改革重点抓在手上，中小学教师"县管校聘"管理改革成效显著。本章在介绍乐昌市这一行动系统的特征基础上，结合中小学教师"县管校聘"管理改革实践，分析乐昌市中小学教师"县管校聘"管理改革行动及其结果。

第一节　乐昌市中小学教师"县管校聘"管理改革行动系统特征分析

乐昌市作为中小学教师"县管校聘"管理改革的行动系统，从行动系统内外看，其主要特征如下。

一、经济社会支撑力较强

乐昌市为广东省辖县级市，由韶关市代管，总面积2 419平方千米，下辖1个街道、16个镇。2022年年末全市户籍人口52.44万人，其中城镇人口24.01万人，占户籍人口比重（户籍人口城镇化率）45.8%。常住人口38.05万人，其中城镇常住人口20.15万人。根据韶关市地区生产总值统一核算结果，2022年全市地区生产总值（初步核算数）137.84亿元，按不变价计算，同比增长0.7%，其中，第一产业增加值为31.66亿元，同比增长2.2%；第二产业增加值为28.52亿元，同比下降2%；第三产业增加值为77.66亿元，同比增长0.9%。三次产业结构23∶20.7∶56.3。人均地区生产总值36 109元，同比增长1%。全年地方一般公共预算收入8.49亿元，增长3.6%。其中税收收入2.99亿元。地方一般公共预算支出39.71亿元，其中一般公共服务支出2.49亿元；教育支出8.5亿元❶。

二、教育体系较完善

乐昌市教育体系较完善。2022年年末，全年普通教育类招生数（包括职业中学）20 263人，在校学生82 056人，毕业生21 177人。其中，普通高中招生2 583人，在校生7 709人，毕业生2 344人，升学率为88.87%。初中招生6 587人，在校学生17 799人，毕业生5 479人，升学率为99.97%。普通小学招生5 587人，在校生39 222人，毕业生6 971人，升学率为100%。幼儿园招生4 296人，在校生14 635人，毕业生5 674人❷。

三、教育发展基础较好

"十三五"教育发展规划实施以来，乐昌市在市委市政府的坚强领导下，教育系统围绕规划目标、任务和"教育强市"战略，坚持教育优先发展、均衡发展，紧紧围绕强化教育保障、促进教育公平、提高教育质量的主题，不断深化教育改革。2016年创建为"国家义务教育基本均衡发展县"，2018年创建为"广东省推进教育现代化先进县"，2019年获评"第五批国家级农村职业教育和成人教育示范县"，基本实现"十三五"规划预期。2020年高中阶段教育毛入学率达到96.8%，高考成绩实现八连增，连续5年位列韶关市10县（市区）学校前列❸。

---

❶ 乐昌市人民政府.乐昌市2022年国民经济和社会发展统[EB/OL].（2023-06-09）[2023-07-28].

❷ 同❶。

❸ 乐昌市教育局.关于印发乐昌市教育发展"十四五"规划的通知[EB/OL].（2022-12-20）[2023-07-28].

第二节 乐昌市中小学教师"县管校聘"管理改革行动策略

中小学教师"县管校聘"管理改革是广东省政府为推进教育现代化，切实加强教师队伍建设的重大举措。为顺利完成韶关市教育局交给的改革任务，乐昌市积极作为，不惧阻力，锐意改革，攻坚克难，在破解教师结构性缺编，均衡配置城乡、校际、学科之间教师资源，扩大学校办学自主权，调动教师工作积极性，促进教育均衡优质发展等方面进行了"破冰式"改革，既较好地完成了上级交给的"先行先试"改革任务，又为乐昌市努力办好"公平而有质量"的教育奠定了坚实基础。主要策略如下。

一、创新思维模式，局管"总"，校聘"人"

对于一项新的教育政策，进行政策学习不仅能够推动政策的有效执行，同时对补充和完善该项政策具有极大的作用[1]。中小学教师"县管校聘"管理改革怎么"管"怎么"聘"，没有经验可循，只有"摸着石头过河"，用创新的思维找出一条路来。在乐昌市委市政府的正确领导下，全市统一思想，提高认识，深入调研，集思广益，反复讨论，先后制定了《乐昌市推进中小学教师"县管校聘"管理改革工作意见（试行）的通知》和《关于乐昌市基础教育公办教师"县管校聘"改革编制管理的实施意见》等文件，确定了该市"县管校聘"管理改革工作指导思想、基本原则和工作要求，明确了组织领导以及改革的具体内容、办法、步骤。

乐昌市委市政府对"县管校聘"管理改革工作高度重视将"县管校聘"管理改革列入政府的重点工作，积极推进工作进展。乐昌市教育局充分利用行政会、干部职工大会和校长会等会议以及"好教师"大讨论活动这一契机，大力

---

[1] 朱月华，乔岩.地方政府教育政策执行中的政策学习机制研究——基于"县管校聘"典型案例分析[J].社会治理，2022（11）：22-32.

宣传教师"县管校聘"管理改革精神；各中小学校通过教师大会、党员大会等形式及时将"县管校聘"改革精神传达给每位教职员工。

（一）局管"总"

进一步完善中小学教职员定编定岗机制，按照"总量控制、统筹城乡、结构调整、有增有减"的原则，由市委编办、市人社局等部门会同市教育局核定教师编制、岗位，市教育局在核定的总量内对教师队伍进行动态调整，建立起了"适时调整、能进能出"的管理机制。这一做法破解了教师结构性缺编难题，均衡配置城乡、校际、学科之间教师资源，促进教育公平和均衡优质发展。

（二）校聘"人"

市教育局对每所学校的基本情况、学生人数、师资结构及教辅人员情况进行全面摸排，核定学校教师岗位数，确保学校在现有编制基础上能够有一定数量的机动岗位，保证学校教学工作正常开展。学校依据市政府、教育局的文件精神和核定的岗位数量，按照该校实际研究，核定相应的工作岗位及岗位职责、工作量，制定该校"县管校聘"实施办法。学校岗位设置方案和竞聘办法经教代会或教职工大会表决通过后，在全校公示，教师根据学校岗位设置情况，自愿向学校提交竞聘申请，学校根据竞聘方案，分层聘任、双向选择，让每一名教师都发挥出个人优势和强项，竞聘自己"心仪"的岗位。通过建立完善能上能下、能进能出的竞争性用人机制，扩大学校办学和用人自主权，由以往的学校安排转变为教师和学校自主双向选择，给学校和教师都压实了工作责任。

二、完善激励机制，切实优化农村学校育人环境

城区学校尤其是名校犹如一块块"磁铁"吸引着优秀教师或骨干教师，而农村学校、薄弱学校往往"派不进"也"留不住"好教师，根据实际情况，该市通过"激励+约束"，不断完善中小学教师均衡配置机制，来解决现实存在的问题。

根据实际情况，乐昌市制定了校长教师交流轮岗实施方案并组织实施。通

过多种交流轮岗形式，逐步实现学校之间专任教师高一层次学历比例、中高级教师职称比例和骨干教师比例大体相当，实现区域内教师资源的均衡配置。采取切实有效措施，加强对交流轮岗校长、教师的管理和服务，为交流校长教师的生活和工作提供便利，积极引导优秀校长教师向农村学校、薄弱学校有序流动，缩小城乡、校际间教师队伍水平差距。校长、教师交流制度为该市"县管校聘"顺利实施奠定了基础。

（一）实行分类激励，为边远山区教师工作"添动力"

针对不同学校在规模、交通状况等方面存在的较大差异，充分运用广东省山区和农村偏远地区学校教师生活补助政策，将该市农村山区教师生活补助标准分为七类，实行分类激励，及时调整和完善《乐昌市农村地区中小学校教师生活补助实施方案》，想方设法调动教师扎根边远学校工作的积极性。

（二）实行职称岗位倾斜，为农村教师职称晋升"畅通道"

在省定中、小学教师中高级职称设岗的基础上，为农村中小学中高级教师职称设岗比例适当倾斜，同时，把教师在农村和薄弱学校任教一年以上作为竞聘中级职称的必要条件。

（三）实行优先聘用，为支教交流人员竞聘"开绿灯"

到农村支教交流人员，尤其是优秀的骨干教师支教交流服务期满的可回原单位优先聘用。

（四）加快建设教师周转房步伐，积极改善农村教师生活条件

通过新建、改建的方式，在农村学校逐步规划建设一批教师周转房，安装必要的基础设施设备。截至2021年，全市共完成教师周转宿舍建设83套，投入资金460多万元。

（五）积极落实补助政策，认真实施乡村教师计划

认真实施"乡村教师支持计划"，全面落实山区和农村偏远地区教师生

活补助政策，在业务培训、职称评聘、表彰奖励等方面向乡村教师倾斜。2018年，该市着力加强乡村教师队伍建设，重点向山区学校倾斜；扩大"三支一扶"教师和支教教师支持规模；推动农村偏远地区教师生活补助标准的提高；实施乡村优秀青年教师培养计划，进一步提高素质能力；实施好教师培训计划，推进教师信息技术应用能力提升培训。通过以上举措，优化了农村学校育人环境，大部分乡村教师能安心农村教育，愿做农村文化传播者。

三、激活用人机制，释放教育改革新动能

"金饭碗"端久了，一些教师的工作责任心越来越弱、工作热情不高，"混日子"的想法日渐滋长，这种精神面貌与当前教育的发展要求不相符。"县管校聘"的实施，打破了用人"瓶颈"，激活了工作动力。

（一）双向选择，校内竞聘

学校设置岗位，制定方案，选择学校需要的教师；教师校内竞聘，选择自己能干得好的岗位，双向选择，激发活力。

（二）多元选择，跨校竞聘

竞聘人数不够的学校，在全市超编学校选聘，超编学校的教师参加跨校竞聘，实现多元选择。2021年全市教师校内竞聘聘任3 948人，跨校竞聘聘任138人，组织调剂聘任50人。通过双向选择，校内竞聘和多元选择，跨校竞聘的方式，首先较好地实现城乡、校际、学科之间的均衡，解决了超编学校的教师课时量少，缺编学校不够教师上课的困局；其次增强了学校用人自主权，有利于学校通过岗位职责管理人，改变了过去"干好干差一个样"的局面，对学校的发展起到积极的促进作用；最后形成了竞争机制，调动了教师工作积极性，进一步激发了中小学教师队伍的活力。在这次改革中，师德高尚、爱岗敬业、教学水平高、教学能力强的优秀教师成为竞聘的"香饽饽"，树立了良好的用人导向，对一些"慵懒、散漫、不思进取"的教师起到了警示和督促作用。

四、积极稳妥推进，确保管理改革顺利实施

乐昌市"县管校聘"管理改革各项工作稳步实施，广大教师思想与情绪比较稳定，工作热情较高，学校教育教学顺利开展，工作局面为之一振，圆满完成预定改革目标。

（一）统一思想，提高认识，营造良好改革氛围

市委、市政府对"县管校聘"管理改革工作高度重视将"县管校聘"管理改革列入政府的重点工作，积极推进工作进展。教育局充分利用行政会、干部职工大会和校长会等会议以及"好教师"大讨论活动这一契机，大力宣传教师"县管校聘"管理改革精神；各中小学校通过教师大会、党员大会等形式及时将"县管校聘"改革精神传达给每位教职员工。

（二）集思广益，深入调研，奠定改革坚实基础

乐昌市分管教育工作的副市长多次深入学校召开校长、教师座谈会，广泛宣传改革的目的和意义，听取不同学校、不同年龄段教师的意见和建议；多次深入学校了解改革最新动态，并到教育局召开局班子与各股室负责人参与的调研工作会议，分析可能遇到的问题与困难；带领市委编办、市人社局和市教育局等相关部门的工作人员赴东莞大朗、顺德等地区调研学习，为改革制度的制定奠定了坚实的基础。

（三）开展试点，先行探索，开创改革良好局面

乐昌市以第四中学为试点，积极稳妥地探索"县管校聘"改革工作。《四中教师"县管校聘"工作实施方案》是乐昌市的第一个改革方案，该校试行的校内教师聘任工作，取得了良好的效果，为推进全市改革开了好局，起到了总结经验、以点带面的作用。

（四）坚持原则，规范操作，制度面前人人平等

在"县管校聘"管理改革中，乐昌市明确要求缺编学校教师不得参加跨校

聘任，坚持教育局党组会议集体研究通过，做到了一把尺子量到底，规范操作，不搞特殊化。

（五）以人为本，立足关怀，关照老、孕、病、残教师

在"县管校聘"管理改革中，乐昌市做到了适当照顾"老、孕、病、残"教师，对未能竞聘上岗的，由组织安排进行调剂。

第三节　乐昌市中小学教师"县管校聘"管理改革行动效果与问题

中小学教师"县管校聘"管理改革最直接的利益相关者是教师，让中小学教师由"校管"转变为"县管"，不仅扩展了中小学群体的管理范围，打破了教师职业的"铁饭碗"，在某种程度上激励每一位教师不断提升素质，改进教学方法，提升教学质量[1]。乐昌市自《关于推进中小学教师"县管校聘"管理改革的指导意见》文件发布以来，认真总结"县管校聘"的成功经验和存在的主要问题，进一步深化改革，扎实推进教育体制机制改革，让"撸起袖子加油干"成为教师队伍奋发有为的主流意识，着力推进教育现代化建设工作的开展。乐昌市中小学教师"县管校聘"管理改革行动取得了明显成效，对教育系统发挥了正向促进作用。

一、中小学教师"县管校聘"管理改革行动效果

（一）教师资源向均衡发展

"县管校聘"管理改革后，城乡中小学校学科背景对口率均有所增加，其

---

[1] 朱亚娟.推动构建基础教育发展新生态——对"县管校聘"改革的调查与思考[J].河南教育（基教版），2022（10）：32-34.

中城区小学教师学科背景对口率从95.5%上升到98.4%，乡镇小学教师学科背景对口率从95.2%上升到98.4%；城区初中教师学科背景对口率从96.9%上升到97.8%，乡镇初中教师学科背景对口率从98.4%上升到98.7%。

"县管校聘"管理改革后，乡镇小学生师比从22.34∶1下降为18.19∶1。乡镇骨干教师都有所上升，小学从759人增加到775人，初中从651人增加到678人，高中从97人增加到102人。乡镇小学教师本科及以上学历教师数从542人增加到681人，初中教师本科及以上学历教师数从866人增加到776人，高中教师研究生学历总数从5人增加到7人。

乐昌市交流轮岗教师增多，其中教师交流轮岗类型中人走关系走133人，支教交流40人，援疆援藏4人。

教师工资收入保障改善明显。2017年人均工资收入，公务员7.164 6万元，城镇教师7.831 2万元，农村教师8.890万元。2020年人均工资收入，公务员11.539 2万元，城镇教师11.551 7万元，农村教师11.651 9万元。

教师编制稳中有进，小学教师总数2 023，编制总数2 124，初中教师总数1 237，编制总数1 261，高中教师总数606，编制总数619，合计教师总数4 004，编制总数3 866。

（二）教师观念和心态改变明显

1. 教职工从不理解到支持："县管校聘"改革的群众基础逐步夯实

广大教职工对"县管校聘"改革的意义和重要性有了深刻的认识，不少教师由最初的不理解转而支持和积极参与改革，为改革建言献策，为改革的顺利推进奠定了群众基础。

2. 通过"县管校聘"，实行教师聘任制，不断优化竞争机制

在教师任命制基础上，实行岗位聘任与职务聘任相结合，在干部、职工中形成能上能下、能进能出、人尽其才的氛围，使有能力、有责任心的优秀教师能够充分发挥才干与潜力。"阳光下的竞聘"让广大教师拿出工作业绩参与竞争，竞聘得分公开公示，教师们心服口服。

3. 退出机制的实施击中了"倦怠者"的要害

对积极工作的教师是极大的鼓励，使那些工作马虎、无工作热情、不思提

高教学质量、混日子的教师产生"危机感",增加压力,对消极对待工作的教师是极大的警示。改革中的公平、公正、公开减少了竞聘中矛盾的发生,消除了教师对文件的误解,确保了改革顺利实施。

4. 实行教师聘任制,能启动学校的内部活力

实行教师聘任制,能使学校有用人管人的自主权,教职工也有了选择岗位的权利。学校内部每个教职工能否上岗,担任什么职务,承担什么责任,都与他的政治思想素质、文化业务水平、工作态度及效果有直接关系,每个人都存在被聘、辞聘、待聘或落聘的可能性。实行教师聘任制有力地激发教师工作的积极性,在教师中形成一种努力做好本职工作,争取不被解聘,而且能获得较好的心理动因,从而能启动学校的内部活力,提高工作效率,提高教育教学质量。

二、中小学教师"县管校聘"管理改革待解问题

山区学校教师周转房不足,导致教师交流到山区学校有障碍,需要加快山区学校教师周转房建设。

教师年龄结构和学科结构不平衡对"县管校聘"的后续管理工作不利。需要进一步完善教师绩效工资分配办法,与当地公务员相比,要提高教师的绩效工资总量,稳定教师队伍,需要加快校长职业化步伐,建设一支有思想、敢担当、能做事的校长队伍。

综上所述,乐昌市作为一个行动系统,中小学教师"县管校聘"管理改革行动策略集合,效果显著,未来有望在以往适合策略和显著效果基础上进一步取得丰硕成果。

第十三章

仁化县中小学教师"县管校聘"管理改革行动

行动者也是参与者。克罗齐耶与费埃德伯格指出："行动者组织内部的策略，只有放在由所有游戏构成的总体背景的内部才能理解，在这些游戏中间他同时是参与者。"❶仁化县委县政府把落实广东省和韶关市中小学教师"县管校聘"管理改革政策作为抓手，积极行动和作为，取得了不俗成绩。本章在介绍仁化县基础教育行动系统的特征基础上，结合中小学教师"县管校聘"管理改革实践，分析仁化县中小学教师"县管校聘"管理改革行动及其结果。

第一节 仁化县中小学教师"县管校聘"管理改革行动系统特征分析

仁化县作为中小学教师"县管校聘"管理改革具体行动系统，从行动系统内外部看，具有如下特征。

一、经济社会支撑力较强

仁化县是广东省韶关市辖县，总面积2 223平方千米，辖1个街道、10个镇、125个村（居）。2022年，全县年末户籍人口数24.2万人，其中城镇人口9万人，占37.3%；乡村人口15.15万人，占62.7%。户籍人口城镇化率为37.3%。经韶关市统计局统一核算，2022年仁化县实现地区生产总值（初步核算数）

---

❶ 克罗齐耶，费埃德伯格.行动者与系统——集体行动的政治学[M].张月，等译.上海：上海人民出版社，2007：119.

1 192 562万元，按可比价计算，比上年增长6.9%，其中，第一产业增加值245 459万元，增长13.2%；第二产业增加值514 499万元，增长8.8%；第三产业增加值432 603万元，增长1.3%；第一、第二、第三产业对经济增长的贡献率分别为43.6%、48.9%、7.4%。三次产业结构比重为20.6：43.1：36.3。全县一般公共预算收入完成4.98亿元，同比增长4.3%，其中税收收入2.68亿元，同比下降21.5%；一般公共预算支出完成26.7亿元，同比增长3.5%，其中教育支出4.73亿元，同比增长2.7%❶。

二、教育体系较完善

仁化县教育体系较完善。2022年年末，全县拥有各类学校71所（不含教学点），其中，普通中小学29所，中职1所，特殊学校1所，幼儿园40所。各类在校学生38 281人。学龄儿童入学率100%，小学毕业升学率100%，初中毕业升学率99.87%。其中，幼儿园招生1 856人，在校学生7 807人，毕业2 484人；义务教育学校招生5 221人，在校生25 821人，毕业人数5 146人；高中招生1 197人，在校学生3 473人，毕业1 100人；中职学校招生519人，在校生1 585人，毕业336人；特殊教育学校招生11人，在校生72人，毕业9人❷。

三、教育发展基础较好

仁化县委县政府将发展教育视为"最重要的民生工程"，全面贯彻党的教育方针，以促进基本公共教育服务均等化为基本方向，全面提升各类基础教育办学条件，不断提高教育现代化水平。多年来，仁化县先后被认定为"广东省教育强县""全国义务教育发展基本均衡县""广东省推进创建教育现代化先进县"。同时，仁化县成功创建17所省级绿色校园、8所省级书香校园、17所市级文明校

---

❶ 仁化县人民政府.仁化县2022年国民经济和社会发展统计公报[EB/OL].（2023-03-24）［2023-07-28］.

❷ 同❶.

园、11所市级卫生示范校，以及8所全国足球特色学校、2所省级田径传统学校、2所省级篮球特色学校、3所市级武术特色学校。目前，公办和普惠性民办幼儿园覆盖率超过90%，学前三年毛入园率超过100%，义务教育标准化学校覆盖率100%，义务教育阶段适龄儿童入学率超过100%，高中阶段毛入学率超过100%，各学段学生资助资金100%落实到位，全县30所义务教育学校资源配置的7项指标达标率均为100%。义务教育校际均衡7项指标差异系数均在国家标准范围内[1]。

第二节　仁化县中小学教师"县管校聘"管理改革行动策略

仁化县自《关于推进中小学教师"县管校聘"管理改革的指导意见》发布以来，县委县政府将"县管校聘"改革工作列入该县深化改革工作项目，举全县之力统筹推进"县管校聘"管理改革，成立了"县管校聘"改革工作领导小组，由县政府主要领导任组长，县政府分管领导为副组长，县委编办、教育、财政、人社主要负责人为成员，明确了各有关职能部门的工作职责，建立"县管校聘"管理改革联席会议制度，县委编办、县财政、县人社等部门也就教师"县管校聘"管理改革提出了有关意见。2018年6月14日，经多次会议研究，在倾听相关各界意见建议之后，仁化县人民政府出台了《仁化县人民政府办公室关于印发仁化县关于推进中小学教师"县管校聘"管理改革的实施方案的通知》，大力推动"县管校聘"管理改革工作迅速开展。主要行动策略如下。

一、制定配套制度

自《关于推进中小学教师"县管校聘"管理改革的指导意见》发布以来，

---

[1] 谭俊，谢稳辉.基础教育办学条件全面提升　城乡办学条件差距不断缩小[EB/OL].（2023-07-28）［2023-10-28］.

县级政府及相关部门在协调推进"县管校聘"管理改革工作整个过程中先后制定了相关文件,包括《仁化县关于推进中小学教师"县管校聘"管理改革的实施方案》《关于仁化县中小学教师"县管校聘"管理改革中岗位管理和人员流动的实施意见》等。

二、抓实政策措施落实

(一)完善中小学教职员编制管理机制

1. 完善中小学教职员编制管理机制

按照"总量控制,动态调整"原则,县教育局会同县编办、县财政局根据学校布局结构调整、班额、生源等情况变化进行动态调整,对规模较小的村小学、教学点,按照教职员与学生比例和教职员与班级比例相结合的方式对各中小学校教职员编制数进行核定。编制总量核定后,由县教育局统筹使用,因校制宜,按需配编。县教育局在核定的岗位总量内,按照学校规模、班额、师资结构、承担教育教学改革和任务需要等情况,将岗位具体分配到各学校,形成了《仁化县中小学校核定教职员人数统计表》,并发放至各中小学校。

2. 县教育局根据学校空编和次年减员等情况

每年11月底前向县委编办提交次年新进教职员年度编制使用申请。县域内中小学教职员编制总额每年至少核编一次,由县教育局会同县编办共同研究决定核编时间,如因特殊情况需要临时增加调整次数,亦需要县教育局会同县编办共同研究决定。

3. 主动和编办、财政局对接

加强公办学校临聘教师管理,制定《仁化县公办学校临聘教师管理办法》,临聘教师人员经费由县级财政统筹保障。县教育局按照创建教育现代化先进县的工作要求,把好临聘教师招聘关,吸引符合教学标准的优秀人才到中小学校任教,提高教师队伍整体素质和业务水平。

4. 对教师队伍中不能胜任教学岗位的一线教师,采取转岗等措施

由教育局或学校安排校际及校内竞聘转至非主科教学工作岗位,2019年、

2020年两年共转岗教师近200名，有效补充了音、体、美专业教师队伍。

（二）完善中小学教职员岗位设置管理

1. 建立中小学教职工岗位"总量控制、动态调整"机制

县人社局根据该县教育系统事业发展需要、人员编制计划和人员现状等情况核定教育系统岗位总量，进行宏观管理，即中小学按照有关文件要求以及学校教育教学实际，制定岗位设置方案，报县教育局审核后，由县教育局汇总学校的各类各等级岗位数量制定本系统总的岗位设置方案连同相关学校的岗位设置方案一并报县人社局，县人社部门核准同意后以整体打包的形式书面批复给县教育局，县教育局在核定的岗位总量、结构比例、最高等级限额内集中调控、集中管理，充分考虑校长、教师流动的需要，统筹分配相关学校各等级岗位数量，根据人员编制、班额等情况实行动态调整，并报县人社局备案。

2. 调整分配学校专业技术岗位时尽可能向农村、偏远地区和薄弱学校倾斜

例如，该县长江中学共有教职工72人，已聘11个副高级教师，占全校教职工总数的15.3%；56个中级职称，占比77.8%；5个初级职称。实行全县专业技术岗位统筹，在教师专业技术评定时优先向农村、偏远地区学校和薄弱学校倾斜。

3. 在进一步与人社部门协同做好岗位设置工作方面

建议及时落实《中共中央 国务院关于全面深化新时代教师队伍建设改革的意见》，提高中小学教师高级岗位结构比例，幼儿园达到8%、小学达到15%、初中达到30%、高中达到40%。

（三）完善中小学教师公开招聘制度情况

1. 在教师招聘工作中

由教育局按照公开招聘的相关政策规定，制定符合仁化县教育实际的招聘方案并组织实施，统一选拔、公开招聘，严格把好教师入口关。教育局按照各中小学教师编制、岗位及师资结构等情况，向人社部门申请公开招聘计划，制定招聘方案报县人民政府审批。招聘方案经县政府、县委编委批准后由县人社局、教育局组织实施。

2. 探索采用面试+笔试、直接面试、考察聘用的方式进行教师招聘

建立完善招聘优秀人才到学校任教的"绿色通道",2021年已开展的两轮"丹霞英才"人才招聘共有424人报名,85人参加网络面试,最终16人被录取,其中4人为硕士研究生学历,有效畅通了高校毕业生到乡村学校任教的通道。实施高层次人才引进工程,对具有硕士研究生学历、高级专业技术职务人员、特级教师等高层次专业人才,采取直接考核的方式招聘。

3. 建立完善的激励机制

建立完善"越往基层越是艰苦,地位待遇越高"的激励机制,目前山区和农村偏远地区教师最高发放生活补助1 800元/月/人,通过落实乡村教师支持计划,形成可持续发展的长效机制。

(四)完善中小学岗位聘用管理制度

1. 制定各种考核机制

"县管校聘"管理改革实施后,仁化县落实学校用人自主权,学校按照有关规定做好教师考核评价、职称评聘、奖励性绩效工资等管理工作,全面落实中小学教师聘用合同管理。例如,实验学校,教职工竞聘上岗工作小组根据教职工师德师风、业务能力、敬业表现、工作业绩、情绪智力确定拟聘人员;在学校干部聘任和年级主任聘任环节,明确主动申请班主任的优先聘任,对促进教师工作积极性具有导向作用。又如,丹霞学校,制定了《丹霞学校岗位竞聘量化评分表》,涉及的指标包括师德师风、学历、专业技术职称、教学成绩、科研课题、获奖情况、部门工作、满勤奖励等17项,竞聘工作考核小组参照教师的《学校岗位竞聘量化评分表》进行考核选聘合适人员,并从教师填写的意向岗位中优先选聘胜任班主任、年级组长、科组长工作的人员。

2. 加强对教师的工作考核

坚持公开、公平、公正的原则,以岗位职责为依据,以师德、能力、业绩、贡献为核心,制定不同工作岗位的分类考核指标和考核办法,建立完善学校、教师、学生、家长和社会多方参与的教师考核评价机制。例如,丹霞学校每年会组织1~2次家委会会议,向家长征求对教师的评价和建议,进行年级家访时以问卷、口头询问等形式进行教师满意度调查,下发量化考核表对每个老师进行打分。未来教师考核评价还将引入微信投票等参与度更高、更便捷的评价方式，构建多元的评价方式，形成立体的评价网络。

3. 全面推行竞聘上岗制度

建立竞聘上岗和组织统筹调剂相结合的教师聘用机制。突出考核教师师德表现、工作绩效和能力水平与岗位要求的匹配度，并将考核结果作为评先评优、职称评聘、资格注册、奖励性绩效工资等工作的重要依据，逐步建立完善能上能下、能进能出的竞争性用人机制。2019年，全县公办中小学在编在岗共2 181名教师参加"县管校聘"聘任，其中校内竞聘2 054人，跨校竞聘69人，组织调剂58人，充分激活了教师队伍。

（五）完善中小学教师均衡配置机制

1. 该县按照循序渐进的原则，分析问题的轻重缓急，设定不同阶段的工作目标

暂时不把职称配置比例、教师聘任比例纳入改革初始阶段的工作目标，重点解决教师人数、学科方面的均衡，待完成首次聘任后，通过职称评聘、工资级别晋升等手段逐步优化职称配置比例，以最小的阻力取得改革成功的最大化。新招聘教师优先满足农村、偏远地区学校和薄弱学校，进一步优化了乡镇教师资源配置，促进教育均衡优质发展。

2. 进一步完善该县义务教育学校校长教师交流轮岗实施方案并组织实施

逐步实现学校之间专任教师高一层次学历比例、中高级教师职称比例和骨干教师比例大体相当，实现县域内教师资源的均衡配置。学校要认真执行教育局在校长、教师交流轮岗工作上的整体安排，按照相关要求择优选派。交流任教经历纳入教师职称评聘、推荐评先评优的考核范畴。为交流校长教师的生活和工作提供便利，切实解决交流轮岗期间的食宿等基本生活问题，在职务晋升、职称评聘、薪酬待遇、评优评先、子女入学等方面实行一系列优惠政策。对交流轮岗工作中涌现出来的先进典型，加大宣传力度。

3. 县教育局与县财政局做好对接工作

依法依规落实中小学教师工资福利待遇保障政策，落实本县教职工工资待遇和山区偏远地区教师生活补助，2019年，仁化县中小学教师月人均工资8 005

元，高于公务员月人均工资7 993元。其中农村教师月人均工资8 264元，高于城镇教师月人均工资7 557元。2019年，县政府审议并通过《仁化县教育系统专业技术岗位内部等级晋升工作实施方案》，从2020年1月起正式实行，完善了"县管校聘"相关配套措施，切实增加教师收入，最大限度地保证教师权益，使广大教师更安心地立足岗位，做好教学工作。

4. "统筹调配临聘教师，所需人员经费由本级财政核拨"政策落实存在的问题

由于现在生二胎的女性教师不断增多，出现了学校短期需要招聘临聘教师的情况，有时临聘教师只是临时招聘一两个月，在此过程中财政核拨所需经费在实际上存在操作困难的问题。

（六）完善教师退出机制

1. 教师资格定期注册

根据广东省教育厅关于印发《广东省中小学教师资格考试试点实施办法》和《广东省中小学教师资格定期注册试点实施办法》，推进开展5年一周期的中小学教师资格定期注册，对注册不合格或逾期不注册的人员，依照规定调整出教师岗位，不得从事教学工作。

2. 严格师德考核

实行师德考核"一票否决制"，师德违规情节严重者应依照《中小学教师违反职业道德行为处理办法》及有关规定予以处理，并将师德师风情况作为年度工作各项考核评估的重要指标之一，作为学校年度工作和评优评先的一项重要依据。

3. 对考核不合格教师的处理

教师年度考核不合格的，学校应按照规定调整其岗位，或者安排其离岗接受必要的培训后调整岗位，教师无正当理由不同意变更工作岗位的，或者虽同意调整到新工作岗位，但到新岗位后考核仍不合格的，学校可按有关规定解除聘用合同。聘期考核不合格的，学校可以不与其续订聘用合同，或按聘用合同约定处理。

（七）完善教职人员合法权益保障机制

各学校结合自身实际制定了"县管校聘"的竞聘方案和实施方案，其中包括配套的人事争议仲裁制度。教育局健全教职工维权服务机制，学校建立教职工申诉机制，建立健全人事争议预防和协调解决机制，按照规定设立人事争议调解组织，让教职工有充分、畅通的诉求渠道。

学校制定教职人员岗位竞聘方案、考核办法等管理制度，应充分征求学校教职工的意见，并经教职工大会或代表大会审议通过后实施。涉及年度考核、评先评优、职称晋升、岗位竞聘等重要信息应予以公开，实行回避制度，对聘任和考核结果须公示7个工作日以上，充分保障教职工的知情权、参与权和监督权。

（八）政策宣传、检查督导和风险防控

教师和学校即"县管校聘"改革政策的执行者，更是政策实施的受益者。因此，推进"县管校聘"工作，首先要解决的是共识问题，让广大教师和学校形成政策认同。一方面，部分教师对"县管校聘"政策所能给自身利益和自身发展带来的影响缺乏准确判断，在思想上难以接受，产生了政策认同障碍；另一方面，学校对于政策实施给学校发展带来的影响存在疑虑，因为优秀教师是学校非常重要的资源，出于对学校教学质量的保护，许多学校不希望骨干教师流出，而对于教育发展水平相对落后的学校而言，他们虽然迫切需要优秀老师，但又顾虑到优秀教师的流入会带来管理上的困难。

针对认识上的误区，该县教育局先后召开研究会、座谈会等各类会议十余次，邀请县相关单位、校长、教师参加，积极宣传"县管校聘"工作的必然性和重要性，同时对政策进行充分宣传和引导，认真听取县相关单位、校长、教师的意见和建议，增强了教师对"县管校聘"工作的理解，有效防止教师因对政策的误解误读而影响"县管校聘"工作的开展。另外，各学校加强政策的答疑解惑工作，针对教职工关注的问题和疑惑，主动联系沟通，及时引导，使教职工充分理解"县管校聘"的深刻内涵。保证教师知晓率达100%。经过努力，全县上下迅速凝聚了共识："县管校聘"有助于统筹县域内义务教育教师

资源和促进县域内义务教育优质均衡发展,是提升教育质量的根本路径,更是教师专业成长,提升教师教书育人幸福感和获得感的根本路径所在,这场改革不是"末位淘汰",不是让教师下岗,而是惠及教育、惠及学生、惠及人民、更惠及教师,从而为"县管校聘"改革工作营造了良好的氛围。

第三节 仁化县中小学教师"县管校聘"管理改革行动效果与问题

克罗齐耶与费埃德伯格指出:"连续的思考让我们更加实际,同时让我们更多地从集体的角度出发来看待计划变革中的每一个行动。"[1]仁化县善思善行,中小学"县管校聘"管理改革行动,在促进校长、教师合理流动、优化教师资源配置,促进教育公平,促进教育均衡优质发展等方面取得的实际效果,对行动系统的提升作用明显。

一、中小学教师"县管校聘"管理改革行动效果

(一)教师资源均衡配置有进展

1. "县管校聘"管理改革前后学科背景对口率城乡学校对比变化情况

"县管校聘"管理改革后城乡学校学科背景对口率均有所增加,其中县城小学、初中的学科背景对口率增长显著,但乡镇学校学科背景对口率仍明显落后。

2. "县管校聘"管理改革前后师生比城乡学校对比变化情况

"县管校聘"管理改革后城乡学校师生比均略微缩小,部分学校的教师需求仍待满足。

---

[1] 克罗齐耶,费埃德伯格.行动者与系统——集体行动的政治学[M].张月,等译.上海:上海人民出版社,2007:379.

3. "县管校聘"管理改革前后县级以上骨干教师占比城乡学校对比变化情况

"县管校聘"管理改革后城区学校各学段骨干教师数均有显著增加，乡镇学校骨干教师数变化不大。

4. "县管校聘"管理改革前后学科带头人占比城乡学校对比变化情况

"县管校聘"管理改革后城乡学校学科带头人占比均无显著变化。

5. "县管校聘"管理改革前后专任教师高一层次学历比例城乡学校对比变化情况

"县管校聘"管理改革后城乡学校小学教师本科及以上学历教师数增长显著，其中乡镇学校小学教师本科及以上学历教师从2017年的217人增至2019年的393人，增长率达80%以上。

6. "县管校聘"管理改革前后中高级教师职称比例城乡学校对比变化情况

"县管校聘"管理改革后城乡学校中级教师职称比例变化不大，城乡学校高级教师职称比例均有显著提高。

7. "县管校聘"管理改革前后城乡教师平均工资收入对比变化、与公务员平均工资收入对比变化情况

"县管校聘"管理改革后城区学校教师平均工资收入有所降低，乡镇学校教师平均工资收入有显著提高，乡镇学校教师平均工资收入明显高于城区学校。城乡教师平均工资收入高于公务员平均工资收入。

8. "县管校聘"管理改革前后教师流动率城乡学校对比情况

"县管校聘"管理改革后城乡学校教师流动率均大幅增加。

（二）激发教师队伍活力成效

以"县管校聘"工作为导向，注重对教师"德、能、勤、绩"的考核评价，广大教师也产生了危机感和忧患意识，极大地调动了教师的工作积极性和创造性。此次"县管校聘"工作中，有部分原来担任过或在任的学校领导也主动提出到艰苦的山区学校竞聘，有超过20位50岁的老师参加跨校竞聘。所有竞聘的教师均主动承担学校安排的工作成为一种新风尚，激活了教师队伍活力。另外，学校与教师实现了双向选择，激发了学校的内生动力，盘活了学校用人机制，为建立能进能出、能上能下的教师任用机制打下牢固基础。以长江镇

中心小学为例，该校原校内聘任104人，校长3位，"县管校聘"后新招教师24人，交流轮岗教师7人，补充外校聘任1人，共139人。另有2位教师跨校聘任到城北小学，2位教师到田小跟岗。实行"县管校聘"管理改革后，教师有一种危机感，促使教师积极向上，激发了教师队伍的活力；缺编现象得到了较大的缓解，教师队伍也相对稳定了，原来每学年教师变动数都达到了30多人，对学校工作安排、教学质量和工作的延续性都有很大影响。学科问题基本得到解决，学科结构进一步均衡。教师学科对口率由"县管校聘"前的72.9%提升到了82.68%。新交流轮岗到校的教师，由于换了新的工作环境或为了原来学校的声誉等原因，工作认真踏实，能圆满完成学校布置的教育教学任务。

二、中小学教师"县管校聘"管理改革待解问题

（一）教师队伍结构仍有待优化

按照义务教育优质均衡的要求，仁化县体育、美术、音乐专任教师仍然不足，仍然存在结构性缺员。

（二）教育事业未来的发展，原有教师编制无法满足需求

中小学编制数与教师实际岗位合理数差距较大，难以保障教育教学的正常运行。同时，随着启智学校、中等职业学校规模扩大，原有教师编制无法满足需求。

（三）教师退出机制难以实施

部分教师由于身体原因无法继续承担教学岗位工作，但是由劳动能力鉴定委员会鉴定完全丧失劳动能力的难度较大，致使这部分教师无法申请提前退休。

综上所述，仁化县作为一个行动系统，行动者决心大、意志强，行动策略适合，对教育系统的提升效果较显著。大道虽远，不行不至。尽管中小学教师"县管校聘"管理改革行动难度仍然不小，但努力前行才是根本方向。

第十四章

中学教师"县管校聘"管理改革组织行动者

中学是中小学教师"县管校聘"管理改革的重要行动者，它能够将个体行动者组织结合一起行动。克罗齐耶与费埃德伯格指出："这样一来，行动者在组织中就被紧密地联系在了一起，彼此在决策方面高度依赖对方，这种在决策上彼此之间高度依赖对方的背景中所从事的有组织集体行动"[1]。本章主要对中学教师"县管校聘"管理改革的组织行动者行动及其效果进行分析。

第一节　始兴中学教师"县管校聘"管理改革行动及其效果[2]

始兴中学位于广东省始兴县，现属始兴县教育局直属重点中学，是"广东省国家级示范性普通高中""广东省普通高中教学水平优秀学校""广东省首批省一级学校"，连续八年被评为"韶关市普通高中教学质量优秀学校"。2021年9月1日前，始兴中学根据始兴县教育局有关文件精神，顺利完成了新一轮全校教职工竞聘上岗与超编教师的分流工作，全体教师平稳过渡，各得其所，没有出现漏聘、不聘或因情绪不满而上访的现象。下面对其行动及其效果进行分析。

---

[1] 克罗齐耶，费埃德伯格.行动者与系统：集体行动的政治学[M].张月，等译.上海：上海人民出版社，2007：5.

[2] 官天明提供了相关资料，特此感谢。

一、确保改革不偏方向

上级部门的指导是该校教师竞聘工作顺利实施的有力保障。该校从制定方案、审核方案、成立工作小组、现场竞聘等各个环节都得到了始兴县教育局有关领导和科室的帮助和指导，他们的关心和支持是此次教职工竞聘工作得以顺利实施的坚强保证。

该校领导小组对此项工作高度重视，反复分析校情，准确剖析政策、反复宣讲政策、赢得广大教职工的理解与支持。广泛征求教职工意见，拟定切合该校实际的实施方案。妥善做好落聘教职工的安抚工作。精心策划、组织每一个环节，也是此次竞聘工作成功的基础。

二、确保改革不走过场

该校严格按照竞聘工作的步骤环节开展工作，保证了竞聘工作的规范性和严肃性。

（一）成立领导小组

成立了以校长为组长、副校长为副组长，以各处室领导、年级组长等为成员的始兴中学教师竞聘领导小组，领导小组下设办公室，办公室设在学校办公室。主要负责协调、制定竞聘方案、编制核定等工作。

（二）制定方案

2021年7月底，该校就制定了《始兴中学教职工员竞聘实施方案》《始兴中学跨校竞聘实施方案》，为下一步组织实施奠定了依据，并通过多种形式广泛书面征求教职工意见，根据意见和建议，不断修订征求意见稿，经教职工大会表决通过。

（三）设定岗位数

该校严格执行上级部门的教师考核，设定好全校的教师岗位数。根据市、县编委新的编制核算结果，本轮该校教师编制为200人，对比原在职在编227

人，超出实际编制27人。因此，该校须在完成本轮的"县管校聘"工作之余，还要妥善地做好富余人员的分流与竞聘。

（四）组织竞聘

1. 竞聘申请

教职工向学校提出书面岗位竞聘申请，学校竞聘上岗工作小组审查竞聘人的应聘资格。工作小组逐个对申请人进行严格资格审查，对符合岗位竞聘条件的申请人进行公示。

2. 召开组织竞聘会

学校根据教职工师德师风、业务能力、敬业表现、工作业绩等进行考核量化现场打分（去掉一个最高分和一个最低分），算出竞聘人的总得分，分类从高分到低分，确定拟聘人员。得分低于60分的，本次不予聘任。竞聘工作中出现空缺岗位，学校应及时面向在校教职工进行补岗。

3. 竞聘结果及安排

学校根据情况对已竞聘上岗人员综合协调，统筹安排，确定其具体工作岗位，校内转岗由学校统筹安排。

三、确保改革合理合情

在开展中小学教师"县管校聘"管理改革工作时，该校严格遵循以下原则，确保这项工作公平公正，又体现人性化关怀。

（1）公开聘任、平等竞争、双向选择原则。

（2）严格实施编制管理原则。在始兴县教育局下达的教职工编制数和教职工设置数内聘任教职工。

（3）择优聘任原则。在该校应聘的，根据教师的工作考核评价情况（参照教职工近三年量化分及工作表现、年龄、原从事岗位等情况），结合学校实际，择优聘任。对年度考核不合格的，或无法胜任工作的，或不服从学校工作安排的老师，取消其优先聘任资格。

（4）老教师、女教师优先原则。对年满55周岁的男教师、50周岁的女教师、计划内怀孕期及哺乳期的女教师，学校予以优先聘任。因健康原因暂时无法上岗的教师（需市级以上医院证明），由县教育局下达岗位指标，学校另行聘任。

（5）相对稳定原则。教职工愿意在该校应聘的前提下，学校优先聘任该校教职工。

四、取得成效，确保教师各得其所

实行教师中小学教师"县管校聘"管理改革，是打破"大锅饭、铁饭碗"，引入竞争机制的有力措施。能在干部职工中形成能上能下、能进能出、优胜劣汰的用人机制，使有能力、有责任心的优秀教师能够充分发挥才干与潜力，使那些不思进取、混日子的教师产生危机感。

这次实施教职工"县管校聘"工作，能激发学校的内部活力、学校有用人管人的自主权，教职工也有了选择岗位的权利。极大地调动了学校教师的工作积极性，推动了学校人事制度从"死水"向"活水"转变。教职工从被动接受工作到主动申请工作有了质的飞跃，对于促进教育事业的发展具有重大的意义。

综上所述，始兴中学作为组织行动者，在中小学教师"县管校聘"管理改革行动中，依法依规，依据校情，顺利完成了教师"县管校聘"管理改革，进一步深化教师管理体制机制改革，切实调动教职工的工作积极性和主动性。

第二节　长江中学教师"县管校聘"管理改革行动[1]及其效果

克罗齐耶与费埃德伯格指出："在任何具体知识缺乏的情况下，人们不得

---

[1] 朱德后、刘金华提供相关资料，特此感谢。

不坚守诸种具体的原则立场，并以此为依据来决定未来。"[1]长江中学位于广东省乳源瑶族自治县，2002年被评为韶关市一级学校，2004年被评为韶关市绿色学校，2005年被评为韶关市行为规范示范校，2007年被评为韶关市师德建设先进集体，2021年1月入选2020年全国青少年校园足球特色学校名单。长江中学作为乳源瑶族自治县中小学教师"县管校聘"管理改革的先行者，成效突出。下面对其行动及其效果进行分析。

一、教师"县管校聘"管理改革的出台背景

2017年广东省、韶关市先后出台《关于推进中小学教师"县管校聘"管理改革的指导意见》《韶关市人民政府办公室关于推进全市基础教育学校公办教师中小学教师"县管校聘"管理改革工作的意见（试行）》。2018年，乳源瑶族自治县人民政府办公室关于印发《乳源瑶族自治县关于推进中小学教师"县管校聘"管理改革的实施方案》和2019年乳源瑶族自治县教育局关于印发《乳源瑶族自治县推进教师"县管校聘"管理改革工作实施方案》的通知，乳源瑶族自治县长江中学利用教师会议组织教师认真学习上级部门的文件，让全体教师了解中小学教师"县管校聘"管理改革势在必行。为了有效推动中小学教师"县管校聘"管理改革工作的进行，2019年上半年成立了乳源瑶族自治县长江中学中小学教师"县管校聘"管理改革工作领导小组，下设考核组、竞聘组、人事争议仲裁调解委员会，由此拉开了乳源瑶族自治县长江中学中小学教师"县管校聘"管理改革的序幕。

二、教师"县管校聘"管理改革的阳光操作

乳源瑶族自治县长江中学中小学教师"县管校聘"管理改革工作领导小组在前期组织教师广泛讨论的基础上，出台了"教师'县管校聘'管理改革实施方案"并经教代会审议通过并执行。乳源瑶族自治县长江中学教师"县管校

---

[1] 克罗齐耶，费埃德伯格.行动者与系统：集体行动的政治学[M].张月，等译.上海：上海人民出版社，2007：399.

聘"管理改革工作领导小组组长、校长在教师会议上向全体教师公布了学校的岗位设置、竞聘条件、考核办法、结果公布等具体内容,并打印纸质版贴在各年级办公室。这有力地保证了教师"县管校聘"管理改革工作在阳光下运行,一切都从教师的师德师风、教育教学水平、工作态度等方面出发,避免了感情化、人情化,为2019年秋季圆满地完成教师的聘任工作打下了良好的基础。

三、教师"县管校聘"管理改革凸显效应

(一)岗位设置与竞聘教师的愿景实现了和谐统一

2019年下半年,经上级部门核定乳源瑶族自治县长江中学的岗位共有63个,但现有教师65人,还不包括其他学校跨校竞聘的,这就决定了如果65人都在本校竞聘的话,必然有2位教师无法竞聘上岗。一旦处理不好,就有可能给上级部门增添麻烦,也影响学校中小学教师"县管校聘"管理改革工作的顺利推进。为此,学校一方面,向兄弟学校了解他们的岗位设置情况并及时告知老师,另一方面,根据学校的教师量化考核办法及时公布每位教师的考核分数,让大家更好地做出选择,另外鼓励教师敢于亮剑,跨校竞聘。通过扎实、细致、有效的工作,学校按照竞聘上岗的操作办法圆满地完成了各个岗位的聘任工作,其中有2位教师选择了跨校竞聘并顺利竞争上岗。这一份成绩的取得恰恰是因为学校前期工作宣传到位、考核合理、人文关怀与制度有机结合,从而赢得了教师们的普遍赞誉,没有教师向上级部门投诉。乳源瑶族自治县长江中学平稳有序地走出了中小学教师"县管校聘"管理改革工作的第一步,实现了岗位竞争上岗与教师愿景的和谐统一。

(二)教师的职业忠诚度与爱岗敬业得到了有机融合

习近平总书记曾经强调:"理想信念坚定和对党忠诚是紧密联系的,理想信念坚定才能对党忠诚,对党忠诚是对理想信念坚定的最好诠释。"[1]作为人

---

[1] 杨东广.理想信念是中国共产党人的精神支柱和政治灵魂[N].河北日报,2021-10-13.

民教师，忠诚党的教育事业，为国育人，为党育人就是教师应秉承的信念。但由于种种原因，教师行业曾被称为"铁饭碗"，在某种程度上干好干坏一个样，甚至换句话说只要工龄增加待遇自然就上去了，所以职业倦怠、拈轻怕重的工作思想曾经是一些教师的写照。中小学教师"县管校聘"管理改革制度的出台，无疑是给平静的教师队伍扔下了一颗"心灵炸弹"，让大家重新开始审视自己的职业操守，重新规划自己的职业前景。这点从实施中小学教师"县管校聘"管理改革以来明显可以看出，一部分年纪稍长的教师重新焕发出较强的战斗力，年轻教师也不甘落后，大家对职业的忠诚度有了更深层次的认识，同时教师也不再去纠结自己工作量的多与少，都按照学校的工作安排，尽己所能，守好自己的岗，站好自己的班，认真投入教育教学中去。特别是有些教师竞聘的岗位与自身的专业并不相符，可他们没有退缩。由此可见，中小学教师"县管校聘"管理改革的实施不但避免了教师挑三拣四、牢骚不断，反而提升了他们的职业忠诚度和爱岗敬业的精神，坚定了他们做好一位教育人的理想信念。

（三）教师的职业成长与学校发展逐渐形成"双赢"态势

中小学教师"县管校聘"管理改革实施以来，乳源瑶族自治县长江中学认真开展师德师风教育，要求广大教师务必以"四有"好老师的标准去提高自己，做好自己，育好学生，争做新时代的"筑梦人"。该校为了促进教师的职业成长，出台了一系列激励措施，从外出学习培训到各类优秀的评选，坚持做到以良好师德师风为标准，实行师德师风"一票否决制"，全体教师（含行政人员）都在同一个考核平台上进行考核。这极大地倒逼了教师职业成长的速度，年轻教师迅速成长为教育教学骨干。2019年刘老师被评为韶关市基础教育名教师（第三批），2020年蒙老师被评为乳源瑶族自治县初中语文骨干教师，两位老师参加韶关市中小学青年教师教学能力大赛均获得市级奖励，2020年两位老师参加县语文、英语优秀课比赛获县一等奖，2021年刘老师参加县心理健康教育课比赛均获得县一等奖，2021年蒙老师的课题获市立项，蔡老师的课题获县立项，蒙老师的课题获县立项。年轻教师崭露头角，老教师也毫不逊色，2021年邱老师在县教育局举办的班主任技能比赛中获得二等奖，邓老师、刘老师分别被评为乳源瑶族自治县最美教师、乳源瑶族自治县优秀乡村教师，校长则被评为乳源瑶族自治县优秀校长。教师的专业成长反过来促进了学校的发展，近年来，该校连续三年被乳源瑶族自治县人民政府授予"高考优秀生源学校"，文体艺术类活动在县级以上比赛中均获得较好的名次，尤其是2021年学校乒乓球队参加乳源瑶族自治县中小学乒乓球比赛中不畏强手，敢打敢拼，敢于亮剑，取得了团体比赛总分第二名的优异成绩，实现了历史性的突破。

总之，长江中学教师"县管校聘"管理改革行动在一定程度上推动了教师自主性成长，取得了一定的成绩和可以借鉴的经验。尽管教师"县管校聘"管理改革行动在推进过程中出现了一些问题，但是教师"县管校聘"管理改革已经带来了"鲶鱼效应"，有理由相信，长江中学能够写好中小学教师"县管校聘"管理改革这篇文章，实现学校高质量发展。

第三节　坪田中学教师"县管校聘"管理改革行动及其效果

克罗齐耶与费埃德伯格指出："实际上，一个组织的成员，不是以一种被动的和受局限的方式来处理他们的习惯的。如果能够在别人给他们建议的游戏中找到自己的利益，他们是完全可以很快变化的。"❶坪田中学是南雄市东边最偏远的一所农村初中，距离南雄市区59公里，距离镇政府也有13公里。学校现有12个教学班，在校生500多人。近年来，通过实施乡村教师支持计划，特别是通过实施中小学教师"县管校聘"管理改革，教师由"学校人"变为"系统人"，盘活了县域内的教师资源，为学校优质均衡发展提供了有力的师资保障，使学校从一所乡村薄弱学校实现了华丽转身，变成了一所办学成效显著、师生自信自豪、家长放心满意、群众肯定赞誉的优质乡村学校。《中国教育报》曾以《强健农村师资的"广东办法"》为题，在文章开头报道了学校优质

---

❶ 克罗齐耶，费埃德伯格.行动者与系统：集体行动的政治学[M].张月，等译.上海：上海人民出版社，2007：374.

发展的相关情况。该校教师"县管校聘"管理改革行动及其效果如下。

一、"县管校聘"管理改革为乡村学校提供师资保障

"努力让每个孩子都能享有公平而有质量的教育",党的十九大报告中的这句话引起代表的强烈共鸣。这些年,通过推动城乡义务教育一体化发展,加大对乡村教育的投入,在办学条件方面基本实现了乡村学校与城市学校的均衡配置,但最关键的师资力量的均衡配置之前一直是城乡差别的"硬伤"。该校原有学生444人,教师编制31名,实习教师25人,无法满足正常的教学工作,教育局只能通过行政手段由教师富余学校派出支教教师补充缺编学校,但由于超编学校派出的支教教师不一定是缺编学校需要的学科,只是解决了教师总量缺编问题,且支教教师一般为一年短期支教,没有归属感,时间短要一定时间来适应,等师生之间比较适应之后又要离开支教单位,难以真正将自己的能力水平充分发挥,支教成就感不明显。

实施中小学教师"县管校聘"管理改革工作后,有效地解决了该校教师缺编问题。2018年秋季开学前,通过中小学教师"县管校聘"管理改革,有15位城区和附城学校的教师交流应聘到该校任教,占该校教师总数的37.5%;该校也有4位学科富余教师流动应聘到城里和附城的学校任教,该校流动应聘教师比例超过40%,不仅很好地解决了该校教师总量严重缺编的情况,还通过有序流动很好地解决了其他学校"教师总量富余而又出现学科结构性缺编"的师资矛盾,盘活了教师队伍,使城乡学校的师资均衡配置得以实现。

在这次中小学教师"县管校聘"管理改革实施过程中,不仅从数量上解决了教师均衡问题,还从质量上解决了教师素质的均衡。原来在该校支教的6位教师觉得在该校更能施展自己的才华,能更好地实现自己的价值,因此主动选择留下来应聘到该校,其中有4位教师跟班上毕业班的课。此外,十多年前曾经在该校工作过一段时间然后申请调到城区工作的2位优秀教师,也在这次中小学教师"县管校聘"管理改革中主动申请应聘到该校,其中一位教师现在还担任了学校办公室主任,另一位担任毕业班班主任,为办好"公平而有质量"的乡村学校提供有力的师资保障。

二、"县管校聘"管理改革重新焕发教师工作激情

在实施中小学教师"县管校聘"管理改革之前,教师普遍不愿意承担班主任工作,经常造成班主任工作难以安排的窘境。实施中小学教师"县管校聘"管理改革后,该校在班主任工作安排过程中,出现了从以前教师不愿担任班主任到"抢着"做班主任的喜人局面,其中有多位这次新聘任到该校的教师多次找到学校领导强烈要求安排他们担任班主任工作,因为是主动申请,工作热情也高,责任感更强,工作效果也更好。主要原因是在这次中小学教师"县管校聘"管理改革实施过程中,教师经历了以绩效考核结果作为主要依据的择优聘用过程,既有压力,也有动力,从而极大激发了教师的工作热情。特别是有几位在原来学校由于超编和工作态度等各方面原因被"边缘化"做"替补队员"的教师,这次中小学教师"县管校聘"管理改革被"组织调剂"安排到该校后,在工作岗位上重新"唱主角",又重新焕发了工作激情,都主动要求学校给担子,并在工作中表现出了久违的激情状态,教学上也取得了较明显的成绩。

第四节 董塘中学教师"县管校聘"管理改革行动及其效果[1]

董塘中学创办于1958年9月,是仁化县的一所初级中学。学校致力于打造一流农村窗口学校,全面提高学生素质,助力学生成长成才。克罗齐耶与费埃德伯格指出:"个体和团队在行动中,无论他们如何使用这些规则,以及这些规则制造的人为的不确定区域的意义如何,他们总是趋向于依赖这些规则。"[2]根据仁化县人民政府办公室关于印发《仁化县关于推进中小学教师

---

[1] 李海平提供相关资料,特此感谢。

[2] 克罗齐耶,费埃德伯格.行动者与系统:集体行动的政治学[M].张月,等译.上海:上海人民出版社,2007:204-205.

"县管校聘"管理改革的实施方案》等文件要求和《仁化县董塘中学教师中小学教师"县管校聘"管理改革工作实施办法》相关工作要求，董塘中学顺利实施了教职工竞聘上岗工作，此项工作有力地激发了该校内部活力，充分调动了教职工工作积极性，为该校教育教学质量的稳步提升提供了有力保障。本节对董塘中学教师"县管校聘"管理改革行动及其效果进行介绍。

一、基本情况

董塘中学原有教职工88人，其中，截至2019年8月31日男年满55岁、女年满50岁人员共14人，借调1人，顶岗实习1人，孕期产期哺乳期教师2人，长期病假教师7人。该校2019—2020学年上期预设班额17个，学生预计802人，根据仁化县关于推进中小学教师"县管校聘"管理改革的实施方案等文件要求，并经教育局同意，该校教职工核定编制数为70人，超员18人。

二、教师"县管校聘"管理改革行动策略

该校根据学校发展和办学实际，在多次召开教职工大会、教代会的基础上，通过酝酿、讨论并广泛听取师生员工的意见、建议，认真制定了教职工竞聘上岗实施方案。同时，将该方案在校内进行公示，确认无异议后，才按照方案有步骤地推进县管校聘相关工作。

（一）建立组织机构

学校成立了由校长为组长、书记任副组长，副校长等为成员的董塘中学教职工聘任工作领导小组和由工会主席任组长的人事争议仲裁小组，还设立聘任工作监督小组，负责对竞聘工作全程监督，全程录像，保证竞聘工作全程公开、公平、公正。考核小组下设办公室，负责组织实施协调干部竞聘上岗工作。召开竞聘工作会前成立工作考评小组，负责对竞聘教职工评议和投票。具体考评小组人员：校级领导4名；中层3名；学校第一阶段已聘任的特殊岗位教师（年级组长2名、班主任1名、学科教研组长1名）及每年级直接聘用教师代

表1名（共计12名组员）。考评小组名单由聘任工作领导小组评选产生。

（二）实施聘后管理

通过"县管校聘"新聘任到该校任教的教师在教师总量中占比很大，达到50%。如何做好聘用后的管理这篇文章，可以说比聘任过程更加重要。通过中小学教师"县管校聘"管理改革新聘任到该校的教师当中，既有通过竞聘考核"双向选择"聘任来的，也有一部分是在原学校落聘后通过"组织调剂"安排过来的教师，特别是这部分"组织调剂"来的教师，他们可能有一定的"思想包袱"。这些新聘到的教师来校后，该校首先进行集体和个别的谈心谈话，学校校长亲自与新聘教师谈心谈话，介绍学校有关情况，了解教师的所思所想，倾听教师的自我认识和在新岗位工作的设想，同时对教师提出希望和要求，勉励教师尽快融入学校，进入角色，安教乐教。其次，学校尽力为教师解决好生活上的一些基本条件和困难，努力为教师安教、乐教营造舒心的工作环境氛围。最后，通过建立健全相关考核评价制度，引导教师扎实创新做好工作，不断提升专业发展水平和教育教学能力；实施"教师结对互助共进"等措施，让新老教师互相学习，共同提升，取得了比较明显的成效。

（三）严格落实政策

此次"县管校聘"管理工作该校严格做到了公开、公平、公正。从方案制定到具体实施，每个步骤、环节、进展情况都及时在校内公示，让全体教职工知晓工作进程、知晓工作结果，并自觉接受全体教职工的监督，确保该项工作的顺利进行。

1. 制定方案

该校制定了《仁化县董塘中学教师中小学教师"县管校聘"管理改革工作实施办法》，并通过多种形式广泛书面征求教职工意见，根据意见和建议，不断修订征求意见稿，于2019年7月13日经教职工大会表决通过。

2. 岗位设置

根据教育局核定的编制数，该校核定教职员70人。本次共设专任教师和教辅工勤岗位70个，其中思品5个，语文10个，数学10个，英语9个，物理4个，化学2个，生物4个，历史4个，地理3个，体育3个，美术1个，音乐1个，信息技术2个，报账员1个，综合科2个，写字1个，教辅岗位7个，工勤岗位1个。

3. 组织竞聘

（1）个人申请。符合条件人员，根据学校岗位设置情况向学校提交聘用申请，选择填写《校内聘任申请表》或《跨校聘任申请表》，统一提交学校。竞聘工作领导小组负责对竞聘人的竞聘资格认定，对符合岗位竞聘条件的申请人进行公示。

（2）组织竞聘会。直接聘任。学校设置直聘岗位，直接聘任对象提出聘任申请，聘任学校可直接聘任到设置的直聘岗位。一是校级领导由教育局直接聘任；二是特殊群体（男55周岁、女50周岁以上，孕期、哺乳期的女教师，或患有严重疾病的教师）在该校直接聘用；三是中层管理人员及特殊岗位（年级组长、教研组长、班主任、报账员）由学校直接聘任。各直聘对象上交直聘申请的同时上交相关证明材料，学校对直接聘用对象在校内公示无异议后，报教育局备案。

校内竞聘。学校先根据核定的岗位数，公布组别及第一轮聘任各组岗位数，分成七个组别：语文、数学、英语、理化生、政史、图音体、教辅（含工勤）。聘任程序采用积分制，由学校考评组根据竞聘人数及岗位设置，结合教师的个人2018—2019年度量化总分及学科考评组进行考评投票打分，根据个人总分由高到低进行学科差额聘任，得票数相等时，年长者优先。

个人总分由2018—2019学年的量化总分和小组评价总分组成：一是个人2018—2019学年两个学期的量化总分；二是参考教师个人的业绩和师德表现，经聘任小组酝酿讨论，采取无记名选票计分形式（每张选票记10分，校长不打分）。

竞聘过程全程接受监督，聘任工作监督小组负责对竞聘工作全程监督，全程摄像备查，保证竞聘工作全程公开、公平、公正，并当场宣布拟聘人员名单。

跨校竞聘。由该校未聘教师和外校教师一起竞聘。学校考评组对进入学校跨校竞聘的教职工进行面试评分，采用计分制，加上应聘者近三年的业绩，择优聘用。得分相等时，该校教师优先。在本县工作不满5年的教师，不能参加跨校竞聘。学校填写《教师跨校竞聘聘用统计表》和《教师聘用岗位空缺情况统计表》，报教育局人事股备案。该校对校内落聘的教师根据其专业和特征，对还有需求的兄弟学校进行推荐，为他们排忧解难。

组织调剂。申请组织调剂的教师，填写《组织调剂申请表》，明确申请意向，由学校统一收集，填写《教师申请组织调剂名单》报教育局人事股。

按照规定将拟聘人员名单在校内公开栏公示3个工作日，公示无异议后上报。学校根据情况对已竞聘上岗人员可综合协调，统筹安排，确定其具体工作岗位，校内转岗由学校统筹安排。

三、教师"县管校聘"管理改革行动效果

学校领导小组对此项工作高度重视，反复分析校情，准确剖析政策、反复宣讲政策、赢得广大教职工的理解与支持。广泛征求教职工意见，拟定切合该校实际的实施方案。妥善做好落聘教职工的安抚工作。精心策划、组织每一个环节，成功地完成了此次县管校聘工作任务。

实行中小学教师"县管校聘"管理改革，是打破"大锅饭、铁饭碗"，引入竞争机制的有力措施，能在干部 职工中形成能上能下、能进能出、优胜劣汰的用人机制，使有能力、有责任心的优秀教师能够充分发挥才干与潜力，使那些不思进取、混日子的教师产生"危机感"。

这次实施教职工县管校聘工作，能激发学校的内部活力，学校有用人管人的自主权，教职工也有了选择岗位的权利，推动了学校人事制度从"死水"向"活水"转变。教职工从被动接受工作到主动申请工作有了质的飞跃，对于促进教育事业的发展具有重大的意义。比如，当初有可能落聘的几位教师在工作态度、积极性和工作效果方面比上学期都有了明显变化。

通过中小学教师"县管校聘"管理改革，该校全体教职工加深了对中小学教师"县管校聘"管理改革工作意义的理解；由于老师们通过竞争获得了岗位，因而很多教师对岗位倍加珍惜，工作热情空前高涨，积极性得以充分调动，学校上上下下形成了积极向上的工作氛围，到处彰显着正能量。教师的正能量汇聚在一起，也必定会促进学校教育教学质量的提升，促进学生的全面健康发展。

总之，该校教师"县管校聘"管理改革行动有效果，但是该校直聘人员较多，教师队伍老、弱、病的问题仍然没有得到解决，对个别教师仍没有多大的

震动，有个别教师仍未产生危机意识，有个别教师对"县管校聘"管理改革行动工作的意义理解不到位，个别人情绪不稳定，有一些怨言。中小学教师"县管校聘"管理改革行动需要稳定教师队伍，但更重要的是促使教师专业成长，不能"走过场，做样子"。

第五节 龙仙第二中学教师"县管校聘"管理改革行动策略及其效果

克罗齐耶与费埃德伯格指出："作为集体行动可能性本身的条件，解决这些问题的方案，在要求并发展一些特别能力的同时，总是会对结果产生极大的影响。"[1] 2018年，翁源县为顺利开展首次中小学教师"县管校聘"管理改革工作，提前选取了几所试点学校进行试点，龙仙第二中学被选作其中一所试点学校。龙仙第二中学根据翁源县教育行政部门出台的相关指导方案，一步一个脚印，顺利开展了首次中小学教师"县管校聘"管理改革工作，有效提升了教师工作积极性，调整了教师队伍结构。翁源县教育局选定龙仙第二中学作为中小学教师"县管校聘"管理改革的试点学校，学校坚持"先行先试，稳步推进，不断完善"的原则。规范、有序地推行中小学教师"县管校聘"管理改革人事制度改革工作，实现合理流动教师，优化教师队伍结构，促进学校可持续发展的总体目标。其行动策略及其效果如下。

一、教师"县管校聘"管理改革行动策略

（一）找准待解问题

龙仙第二中学开展教师"县管校聘"管理改革工作前，在岗在编教师为122

---

[1] 克罗齐耶，费埃德伯格.行动者与系统：集体行动的政治学[M].张月，等译.上海：上海人民出版社，2007：207.

名,编制部门核准教师编制136名。由于教学任务繁重,现有的122名教师难以高质量开展教学工作,为保证教学工作顺利开展,该校聘请了13名临聘教师。

(二)核定编制、岗位

为保证学校首次中小学教师"县管校聘"管理改革工作顺利进行,学校依据县委编办、县人社局、县教育局相关规定和标准,根据未来三年学校发展、学生数量和结构变化等实际情况,在核定的编制数和岗位数范围内,科学合理设置学校工作岗位,并且明确每一个岗位的职责任务、工作标准、任职条件、工作量等事项,制成该校中小学教师"县管校聘"管理改革岗位表。

(三)成立领导小组

为组织好、协调好学校竞聘工作,该校成立了竞聘工作领导小组和人事争议调解小组,分工明确、相互配合。两个小组的主要成员有学校领导班子、中层行政、一线教师代表等。其中竞聘工作领导小组主要负责审查竞聘人的竞聘资格和竞聘组织实施工作,人事争议协调小组主要负责教师意见的收集和反映,依法监督程序的公开、公正,对竞聘工作中出现的矛盾和纠纷进行调解。

(四)制定竞聘方案

为保证竞聘工作的规范性、严肃性及公平性,学校制定了《龙仙第二中学教师中小学教师"县管校聘"管理改革首次聘用工作实施方案》,通过多种形式广泛书面征求教师意见,经校内公示后报上级教育行政部门审批并备案。

相关方案明确了参与竞聘的教师范围,学校聘用教师人数的比例占该校聘用核定使用编制总数的90%~95%,外校聘用5%~10%。退休年限少于三年的教师(副高以上职称女教师退休年龄按组通字〔2015〕14号文件规定执行),经组织选派参加支教的教师,有服务期且未满服务期的教师,处于孕期和哺乳期(一般指从婴儿出生之日起计满12个月)的教师,患重大疾病的教师(指患有现医疗条件下短时间内难以治愈的,按规定程序须连续请假6个月及以上且仍在治疗期的人员），原则上在该校聘用。

（五）组织竞聘

1. 公布岗位说明

学校按学校实际分类公布竞聘岗位名称、岗位数、岗位条件及岗位职责等。岗位说明书必须细化明确该类岗位所应承担的工作项目（含教学，班主任，公开课、示范课，教育教学论文，教研教改实验课题等）、工作量、质量目标（含教学成绩平均分、合格率、优秀率等）。

2. 个人申请

教师个人根据学校公布的竞聘岗位数、岗位条件及岗位职责等，向学校提交竞聘申请；不提交个人申请的，视作自动放弃竞聘资格。竞聘工作领导小组负责审查竞聘人的竞聘资格。

3. 填写竞聘意愿

参与竞聘的教职工填写竞聘意向申请表，学校竞聘工作领导小组组织竞聘。

4. 量化考评

学校组织量化考核小组，考评小组组织按教师业务档案考核方案，累计2015—2018学年（3年）得分，竞聘工作领导小组从高到低择优聘任。

5. 为了保证公平、公正，竞聘过程全程留痕备查

竞聘工作结束，学校将岗位空缺数和对应的岗位说明书报送县教育局人事股。竞聘结果报县教育局审核同意后聘用。

6. 其他

校内竞聘中未参加竞聘和落聘的教师根据相关规定参加县内竞聘和组织调剂。

二、教师"县管校聘"管理改革行动效果

龙仙第二中学首次实施教师中小学教师"县管校聘"管理改革工作，激发了学校的内部活力。学校有了用人管人的自主权，教师也有了选择岗位的权利，极大地调动了学校教师的工作积极性，有效推动了学校人事制度从"死

水"向"活水"转变。教师从被动接受工作到主动申请工作有了质的飞跃,对于促进教育事业的发展具有重大的意义。龙仙第二中学开展了首次中小学教师"县管校聘"管理改革工作后,核定编制数提高到了160名,教师人数也同样从122名增加到160名,学校聘请临聘教师的数量从13名减少到1名,实现了编制资源的充分利用,促进了教师队伍流动,也优化了教育系统。

第十五章

小学教师"县管校聘"管理改革组织行动者

小学作为组织行动者是处于具体行动系统统一体尾端的一类行动主体。克罗齐耶与费埃德伯格指出："组织处于具体行动系统这个统一体的末段，其形式化程度、结构化程度、参与者的自觉程度以及了解过程中责任者公开负责的程度，可以从系统中的无意识规制，例如，出现一种服装潮流，变成完全理性化组织的有意识规则。"❶本章主要对小学教师"县管校聘"管理改革的组织行动者行动策略及其效果进行分析。

第一节　韶钢第四小学教师"县管校聘"管理改革行动策略及其效果

克罗齐耶与费埃德伯格指出："在组织内部，预先存在的游戏模型能够对一些具体问题作出回应，而这些问题是由于在一个坚定的整体内部将许多自主的行动者加以整合而出现的。"❷为进一步深化中小学教师管理体制改革，努力建设一支师德高尚、业务精湛、结构合理、充满活力的具有创新精神的高素质专业化教师队伍，有力激发学校内部活力，充分调动教职工工作积极性，进一步促进教育教学质量的提高，韶钢第四小学根据韶关市人民政府办公室《关于推进全市基础教育学校公办教师"县管校聘"管理改革工作的意见（试

---

❶ 克罗齐耶，费埃德伯格.行动者与系统：集体行动的政治学[M].张月，等译.上海：上海人民出版社，2007：278.

❷ 克罗齐耶，费埃德伯格.行动者与系统：集体行动的政治学[M].张月，等译.上海：上海人民出版社，2007：203.

行）》《曲江区中小学教师第二期（2021—2025年）"县管校聘"管理改革工作实施方案》等文件精神，第一时间召开中小学教师"县管校聘"管理改革专题会议，积极探索行动。

一、教师"县管校聘"管理改革行动策略

（一）贯彻上级精神，提高思想认识

接到曲江区教育局通知后，该校第一时间召开全体中层以上干部会议和教职工大会。校长带领大家一起学习韶关市人民政府办公室《关于推进全市基础教育学校公办教师"县管校聘"管理改革工作的意见（试行）》《曲江区中小学教师第二期（2021—2025年）"县管校聘"管理改革工作实施方案》等文件以及曲江区教育局局长关于中小学教师"县管校聘"管理改革工作的讲话精神等，确保政策知晓率、理解率达到100%。

通过学习文件精神，该校统一了全校教职工的思想，使大家充分认识到中小学教师"县管校聘"管理改革的重要性，是落实全面深化新时代教师队伍建设改革意见精神、加强中小学教师队伍建设的重要举措，对激发学校内部活力、增强教师工作积极性、提高教育教学质量等有着重要的作用。

（二）开展前期工作，摸清学校底数

为了确保改革工作顺利推进，该校提早谋划，先行一步，多措并举，确保改革工作顺利推进。

1. 成立相关工作小组

根据学校的实际情况，成立了由校长、中层、年级组长、教师代表为成员的中小学教师"县管校聘"管理改革竞聘工作领导小组，由工会负责人、纪检委员、科组长、教师代表为成员的中小学教师"县管校聘"管理改革争议协调小组。明确各小组工作职责，全面加强组织保证和组织领导，凝聚强大工作合力。

2. 广泛开展宣传动员活动

借助微信群、宣传栏、LED大屏幕等多种形式进行宣讲，使改革精神全覆

盖、无盲区，营造了良好的工作氛围。同时，开展谈心谈话活动，校领导深入了解一线教师的思想状态和实际情况，讲解改革内容和精神，争取广大教职工的认同和支持。

3. 开展调查摸底活动

全校上下一盘棋，教务、财务、政教和后勤等多部门协同一致，进行调查摸底，对现有教师情况进行了梳理。整体上，从教师年龄结构来看，50岁以上25人，45岁以上17人，40岁以上11人，35岁以上1人，35岁及其以下12人，全校教师平均年龄约为45岁。从教师学科结构来看，全校共有语文教师27人，数学教师14人，英语教师7人，体育教师6人，音乐教师3人，美术教师3人，信息技术教师2人，其他综合教师4人。

（三）立足学校实际，查摆存在问题

结合该校实际情况，仍存在以下问题：一是该校教师队伍整体年龄偏大，人员年龄结构不合理；二是目前教师队伍学科结构不均衡，存在结构性缺编缺岗；三是学校之前接收了因撤并高中而富余的原韶钢一中教师、企业破产整体移交社会的原十六冶学校的教师，教师来源结构复杂，诉求多元，工作难度大；四是个别教师对于改革与个人事业发展（如职称评审、提干）等问题的担忧；五是部分老、弱、病、残以及孕期和哺乳期等教师对自己个人健康状况和家庭的现实情况存在顾虑，希望得到适当照顾。

二、教师"县管校聘"管理改革行动的效果

该校坚持统筹兼顾、优化配置、公开公正、竞争择优、平等自愿、以人为本的原则，注重人文关怀，确保队伍稳定。对年龄大、患重病、孕期、哺乳期教师等特殊人群，学校直接聘用，同时鼓励青年教师到乡村薄弱学校支教。其他需参加校内竞聘的老师由竞聘工作领导小组根据学校实际组建考评小组，从师德师风、业绩能力、教龄、教师资格、学历、乡镇工作年限等方面对竞聘对象进行综合量化考评，择优聘用。参与校外竞聘的教师，学校根据他们的专业特长，努力为他们做好信息服务和推荐工作，给他们创造成长机会和平台，帮

助他们竞聘上岗。

吴老师在原学校一直担任初中数学课的教学工作，个人数学素养和教学能力都较强。2018年整体移交地方管理后，被该校接收，担任四年级数学课的教学工作。小学的教学与学生的管理模式都有异于中学，需要老师更多精细的讲解和多变的课堂组织手段，甚至还需要大量的课余时间对后进生进行课后辅导。吴老师母亲身患精神疾病，需要人常年悉心照料。这次中小学教师"县管校聘"管理改革，吴老师提出想到中学去应聘，可以有更多的时间来兼顾教学与家事。学校领导对吴老师的家庭情况深入了解之后，对他跨校竞聘的想法表示完全理解。本着以人为本、人尽其才的原则，批准了他的申请，并要求学校人事部门积极为吴老师做好跨校竞聘的信息服务和推荐工作。经过学校的积极推荐和应聘学校的综合考评，目前吴老师已到新学校任教。

吴老师正是中小学教师"县管校聘"管理改革这一教师人事管理体制重大变革政策的受益者。中小学教师"县管校聘"管理改革真正打破了教师在学校之间交流的"藩篱"，实现了教师的合理有序流动。中小学教师"县管校聘"管理改革以来，该校共聘用65位教师，工勤1人，累计校外竞聘交流24人，支教12人。该校原教师年龄结构不合理、学科结构不均衡问题均得到有效改善。教师们多元诉求得到妥善解决，大家对中小学教师"县管校聘"管理改革工作都十分满意，实现了零投诉、零上访。

该校教师"县管校聘"管理改革行动取得了一些经验，包括以下几点。

（一）上级部门的有力支持是竞聘工作顺利实施的有力保障

该校从召开竞聘工作学习会议、成立竞聘工作领导小组、制定竞聘方案、组织竞聘等各个环节都得到了区教育局有关领导和科室的有力帮助和指导，使此次教职工全员竞聘工作得以顺利实施并圆满完成。

（二）赢得广大教职工的理解与支持是工作顺利实施的重要前提

该校对此项工作高度重视，反复分析校情，准确剖析政策，反复宣讲政策，赢得了广大教职工的理解与支持。广泛征求教职工意见，制定切合该校实际的实施方案。

（三）精心策划、组织好每一个环节，是此次竞聘工作成功的基础

该校从前期宣传动员、组建竞聘工作领导机构、制定工作方案、组织量化考评、组织竞聘、结果公示、落聘人员思想工作等各个环节都考虑周全，工作扎实有效，保障了竞聘工作的顺利进行。

（四）在竞聘工作全过程中渗透人文关怀是竞聘工作顺利完成的关键

在制度方案中体现人文关怀，鼓励符合直聘条件的人员积极参加校内竞聘，使他们有机会得到自己满意的岗位。在实施过程中体现人文关怀，注重做好全体教职工的心理疏导工作，让他们认识到今后竞聘是一种常态，人人都有可能流动，要有一颗平常心，以积极乐观的态度去面对竞聘。最终该校跨校竞聘人员都找到了自己满意的学校和岗位。重视对落聘教职工的全程关怀，该校对落聘人员确定专人进行"一对一"关注，及时掌握他们的思想动态，同时反复做思想工作，深化他们对中小学教师"县管校聘"管理改革工作的理解，稳定他们的情绪，使他们能以积极的心态面对竞聘。同时及时提供其他学校岗位空缺信息，结合落聘人员自身实际情况，综合分析，权衡利弊，提出合理化建议，并积极向其他学校推荐该校落聘人员。

总之，该校中小学教师"县管校聘"管理改革激发了教师队伍的活力，提升了教育教学水平，同时促进了教育资源的均衡发展。目前的问题是，该校教师流动比例还偏小，相关行动还有待加强。

第二节　新丰县城第一小学教师"县管校聘"管理改革行动策略[1]

克罗齐耶与费埃德伯格指出："团体采取的对策类型不仅是由其特有目

---

[1] 赖秋霞提供相关资料，特此感谢。

标及支配权的优势决定的,也是由其自我组织行动的能力决定的,甚至最终是由通过一致的方法找到存在认同的能力决定的。"[1]2018年7月,新丰县城第一小学被选为中小学教师"县管校聘"管理改革试点学校。作为第一批"吃螃蟹"的学校,在缺乏成熟经验借鉴的情况下,该校高度重视、精心组织、以人为本,把每一项工作都落到细处、实处,为中小学教师"县管校聘"管理改革工作交上一份满意的答卷,提供一些可复制可推广的创新经验做法。2019年,该校在以往积累的经验基础上,不断完善教师补充机制,继续进行程序优化,注重人文关怀,规范程序,聚焦关键,落实重点,从编制、岗位、流动等方面综合施策,重构教师资源配置,进一步促进了该校师资均衡配置,激发了学校活力。

一、人文为先,关怀为本

该校始终坚持"人是目的,而不是手段",在中小学教师"县管校聘"管理改革工作中,把人文关怀作为贯穿始终的主线。在传统的"学校人"观念下,教师对学校有着强烈的归属感,中小学教师"县管校聘"管理改革要求教师由"学校人"变成"系统人",打破了教师原有的归属感,切割了学校与教师之间的关系,对教师的日常生活、工作和职业发展产生了一系列的影响,必然会导致教师对这一改革的认可度低,甚至产生抵触情绪。为消弭这种抵触情绪,该校以宣传为抓手,通过专题学习、座谈交流等方式,组织全校教职工吃深吃透相关文件精神,深入领会、准确把握中小学教师"县管校聘"管理改革的内涵和要求,确保政策知晓率、理解率达100%。

为深入了解教师的思想动态,该校聘任工作仲裁小组的第一项工作便是调研。工作小组不但深入教师群体去广泛听取意见,还专门建立中小学教师"县管校聘"管理改革管理微信群,常态化进行中小学教师"县管校聘"管理改革交流,商量每一条政策,探讨每一个细节,征求大家的意见和建议,增强教师的存在感、归属感、安全感。

---

[1] 克罗齐耶,费埃德伯格.行动者与系统:集体行动的政治学[M].张月,等译.上海:上海人民出版社,2007:200.

调研结果显示，45~50岁的教师抱有极大的忧虑，他们没有到达年龄的保护线，与年轻教师相比，他们又没有明显的竞争优势，他们为教育事业贡献了差不多半生的青春，最终却将面临被"抛弃"的命运。一些重病教师，因为疾病，已经生活拮据，他们最担心的问题是"铁饭碗将要丢失，未来何去何从"。为此，学校充分考虑这部分教师的贡献，在业绩考核一项特别增设了"工龄得分""在该校任教年限得分"这两项内容，以此给他们一定程度的"保护"。对一些重病教师，学校也采取直接聘用的方式，给予他们人文关怀。

此外，该校还制定了教师"县管校聘"管理改革落聘人员关爱计划，按照计划要求对落聘人员确定专人进行"一对一"关注，包括对落聘人员的心理建设、提供其他学校岗位空缺信息及提出合理化建议等内容。由于该校两次中小学教师"县管校聘"管理改革工作均无落聘人员，此计划尚未进入实施阶段。

二、程序规范，阳光公正

中小学教师"县管校聘"管理改革是一项教师流动政策，实行县域内教师交流互动，关涉每一位教师的切身利益。这就需要加强对政策实施的监督与管理，让每一个环节在阳光之下实施。

该校由教代会表决确立了学校中小学教师"县管校聘"管理改革领导小组。领导小组由书记、校长为组长，副校长为副组长，教师代表、党代表为成员的聘任工作领导小组；成立了以工会主席为组长、教师代表为成员的聘任工作仲裁小组机构。

领导小组负责建立多部门联动工作机制以及宣传工作、工作方案、制度的制定、核定岗位、组织量化考评、组织竞聘、结果公示、落聘人员关怀工作等各个环节的实施，保障中小学教师"县管校聘"管理改革工作的顺利进行。仲裁小组负责本单位教职工意见的收集和反映，对聘任工作中出现的矛盾和纠纷进行调解，从而保障每一位教职工的权益。

在多次学习关于推行教师中小学教师"县管校聘"管理改革工作的文件精神及要求后，学校根据该校发展和办学实际，召开教职工大会、教代会，反复分析校情，准确剖析政策，通过酝酿、讨论并广泛听取教职员工的意见和建议，在此基础上认真制定了《新丰县城第一小学中小学教师"县管校聘"管理改革工作方案》。明确配套竞聘上岗实施办法，明确三级竞聘流程、聘用合同签订、落聘人员管理等核心措施，建立竞聘上岗与组织统筹调剂相结合的教师资源配置教职工竞聘上岗实施方案。同时，将上述方案在校内公示，确认无异议后，才按照方案有步骤地推进，让社会对其进行监督。

实施中小学教师"县管校聘"管理改革的第一步就是要破解均衡难题，整个实施过程，充分考虑教师自身的自愿性及其专业发展状况，处理好了"人"与"岗"的匹配问题，既考虑教师的职称问题，又要兼顾年龄的优化、学科结构的优化。为此，该校统筹考虑学科结构、师资结构等情况，采用班师比与师生比相结合的方式，精准配置教师资源，并上报教育局核编后，通过校务公开栏及公众号进行公布。

实施中小学教师"县管校聘"管理改革最需要公开透明化的便是组织竞聘一环。为确保竞聘工作的公平公正，该校提前由教代会产生评委组人员。竞聘时，通过抽签随机产生评委小组，评委小组对竞聘人进行现场打分，通过统计汇总得出竞聘成绩。整个竞聘过程，从收取申请资料到资格审查，从面试工作到结果公示，均由监督小组进行现场监督，每个环节进展情况都及时在校内公示，并自觉接受全体教职工监督，确保每一个环节都在阳光下进行。

三、内留人才，外引贤能

在传统的"学校人"观念下，教师对学校有着强烈的归属感，而学校对教师尤其是优秀教师、名师也有着强烈的依赖感。"学校人"成为"系统人"后，人才实现流动，学校同样面临着"人才流失"的问题。为把该校人才留住，同时吸引更多的高精尖人才，该校着实下了一番功夫。在日常的工作中该校把学校品牌建设、学校文化建设、教师团队建设当作重中之重，努力为教师创造优美舒适的工作环境，积极营造温馨幸福的工作氛围，组织高品质高内涵的教师活动，努力提高教师的幸福指数，使"里面的人不想出来，外面的人都想进来"。种好了"梧桐树"，自然就能引来"金凤凰"。

为留住该校人才，在聘任工作前一周，该校通过组织教师填写《中小学教师"县管校聘"管理改革意向表》，对该校教师流动意向情况进行细致深入的了解。在了解教师的意向后，对将要流失的人才，学校进行心与心的谈话，了解他们的需求，并努力为他们解决困难，给他们创造更好的工作环境，紧扣情感、需求要素，以留住人才。

光留住该校的人才是不够的，一所学校要发展，要迸发出活力，还需要新鲜血液的注入。为引进人才，该校在完成校内竞聘后，对缺少的编制和岗位数进行动态管理，对每一个岗位的工作标准、任职条件、职责任务等事项进行明确规定，并通过学校公众号进行动态公示，向广大人才发出英雄帖。鼓励该校教职工通过微信朋友圈加大宣传力度，扩大宣传面，提高关注度，以吸引更多的人才。

在一系列措施的推动下，2018年，该校任教在职在编教职工无一人流失；另有13名教师通过跨校竞聘成为该校新学年的教师，其中语文7人，数学2人，英语3人，体育1人。2019年，该校任教在职在编教职工无一人流失；另有11位教师通过跨校竞聘、1位教师通过组织调剂成为该校新学年的教师，其中语文6人，数学3人，信息技术1人，校医1人。该校专任教师年龄比例、学历比例、职称比例、音体美专任教师比例及骨干教师比例达到了相对均衡的状态。

与中小学教师"县管校聘"管理改革实施前相比，该校教师的工作积极性大幅提高，推动了该校人事制度从"死水"向"活水"转变。教职工也有了选择岗位的权利，教职工从被动接受工作到主动申请工作，教职工对工作的态度和积极性都有了明显变化，教学质量、育人质量有了一定程度的飞跃，学校也变得更加有生机。从2019年到2021年，该校教学成绩屡创新高，取得金牌科目的数量一路飙升，提供的优质生源人数呈直线上升。

第三节　乳源瑶族自治县第一小学教师"县管校聘"管理改革行动策略及其效果

团队是行动效果的保证。克罗齐耶与费埃德伯格指出："一个团体通常是一种社会建构，当它能够依赖并且整合个体成员不同的策略、取向，并且规定其导向和互动的结构时，这种社会建构才会存在，并持续存在下去。"[1] "努力让每个孩子都能享有公平而有质量的教育"是党的十九大报告作出的庄严承诺，也是全民关注的焦点。乳源第一小学借助中小学教师"县管校聘"管理改革，努力让每个孩子都能享有公平而有质量的教育，教育改革成效初步显现。中小学教师"县管校聘"管理改革行动策略及其效果如下。

一、教师"县管校聘"管理改革促进教育均衡

乳源瑶族自治县第一小学是乳源瑶族自治县直属小学，1992年正式命名为乳源瑶族自治县第一小学，沿用至今。2013年9月，学校迁入新校址。学校占地面积75亩，建筑面积24 055平方米。截至2022年春季，学校共有110个教学班，在校学生4 706人；教职工272人，其中在编教职工213人（包含后勤人员3人、教辅人员2人），临聘教师59人，另东莞来该校支教4人。

多年来，由于县城、乡镇和高寒边远山区地域差异较大，各学校教师编制、优质教育资源不均衡，两极分化严重，导致教师交流调动难。学校部分教师从未到过山区工作，有些教师对工作产生惰性思想；山区学校的教师，有的已经坚持了20多年，因为看不到调动的希望，工作积极性受挫，学校工作开展面临诸多困境，教师、家长盼望变革。如何让教师在一定范围内合理流动，平衡区域内教师资源，激发教师工作积极性，促进教育均衡发展，是教育改革亟待解决的难题。

2019年秋季，中小学教师"县管校聘"管理改革行动开展后，学校高度重视，成立中小学教师"县管校聘"管理改革综合领导小组，反复讨论研究，制定了《乳源瑶族自治县第一小学教师"县管校聘"管理改革实施方案》《乳源瑶族自治县第一小学教师评审考核量化方案》《乳源瑶族自治县第一小学教职工核增绩效考核办法及发放方案》等一系列改革方案。方案明确学校教师实行

---

[1] 克罗齐耶，费埃德伯格.行动者与系统：集体行动的政治学[M].张月，等译.上海：上海人民出版社，2007：200.

"总量控制、动态管理",学校将核定的教师编制总数精准核定分配到各年级各科组,并根据学校办学需求以及学科结构等具体情况,动态调整学校教师编制需求数据。

方案明确了向薄弱学校、山区学校倾斜的方针,并确保交流轮岗的学科教学骨干教师不低于当年交流教师总数的20%。学校在公示交流到山区薄弱学校的人员的同时,对申请交流到山区学校的教师进行综合考核,确保新学期前全体交流人员进入新的岗位。每学期组织对全体教师进行综合考核、统一量化,将考核结果与履职考核、评优评先、绩效分配等挂钩,并作为下一轮交流轮岗、全员竞聘的重要依据。

在实施过程中,为确保交流轮岗到山区学校的教师能安心、舒心工作,学校多方协调,积极争取当地村(居)委会、社会各界关心支持教育的热心人士的大力支持,不断改善学校办学条件和住宿生活条件,为广大山区教师创造良好的教书育人环境。

二、教师"县管校聘"管理改革重燃教师教育热情

林老师原来在该校任教,她积极响应号召交流到一农村小学,她对工作充满了信心与热情。林老师说:"我是心里唱着歌来到学校的,心情特好。我们一开始就下定决心,一定要努力工作,把好的经验带到乡镇,把好的成绩带给乡镇的孩子们。"

钟老师之前在该校累计从教20多年,交流轮岗到少数民族聚居地的一所小学,她说:"过去离家那么远,时常牵挂家中年老的父母,现在可以照顾家庭了,我没理由不更加努力工作。新的工作岗位也促使我要加强学习,自我提升,才能够交出好成绩。"

黄老师轮岗到该校,她主动申请继续留在该校任教,她说:"现在学校发展也很好,在这里学习到了新理念,提高了业务能力,个人的成长有了很大的提高。我对这里的孩子们也有很深的感情。再说,按交流轮岗的长效机制,我不用担心回不去原校"

"乡镇山区优秀的教师到我们学校来任教,他们朴实踏实的工作作风给我们

带来有力的支持；而该校优秀的教师为乡镇山区学校带来了先进的教育理念和教学方式，让整个学校充满了新的活力，教学气氛非常活跃。"该校校长说。

目前，教师交流轮岗已成为常态，交流到山区学校的教师基本是主动申请的。其中，部分教师自愿继续留在山区学校任教，主动承担山区学校领导工作。在他们的带领下，该县教师队伍整体素质不断优化，教师工作热情得到有效激发，甘于奉献、爱岗敬业蔚然成风。

三、教师"县管校聘"管理改革带来学校全新面貌

改革带来新生。通过三年的探索实践，该校面貌焕然一新，办学活力显著增强。该校以"至坚至美"为办学理念，充分体现"给学生最坚实的基础，给学生最美好的教育"的教育追求，形成学校的"坚美"文化体系。在"至坚至美"的办学理念引领下，学校致力打造一支有理想信念、有道德情操、有扎实学识、有仁爱之心的"四有"好教师队伍。目前，学校有2位教师被评为广东省特级教师，有1名教师获得全国优秀教师荣誉称号。

该校高扬课程改革之帆，走科研兴校之路，积极探索与实践新课程背景下"自主互助，当堂训练"的课堂模式，打造"悦美课堂"，切实抓好教学常规管理，切实保障教学质量稳步提升和素质教育的落地生根。每年在县期末教学质量检测中，学校各科教学成绩都名列前茅，赢得社会和家长的一致肯定。

在办学历程中，学校不忘初心、牢记使命，全面实施"坚美"教育，全面推进素质教育，"坚美"教育成果令人欣喜。社团文化作为学校"至坚至美"校园文化的重要组成部分，已成为培养学生综合素质的重要载体。学校组建了10余个学生社团，其中，乒乓球社团、足球社团、合唱社团、鼓号队社团、信息技术社团、绘画书法摄影社团已成为学校的坚美品牌。学校还通过每年举办书香节、体育节、艺术节，打造特色鲜明的"三节"文化，为学生身心的健康成长开辟更大空间。

作为此次教育综合改革试点的亲历者，该校校长说："我们是因地制宜落实中小学教师'县管校聘'管理改革的要求。交流轮岗不是末位淘汰，分批次交流循环，是进一步优化绩效分配，完善激励机制。教师们看到了希望，看到

了成效，自然会欣然接受。"

该校在试点示范基础上，以中小学教师"县管校聘"管理改革为重要抓手，全力打好交流轮岗、竞聘上岗、教师评价、职称评聘、绩效分配等各项改革的"组合拳"，有效地打破了制约教育发展的"瓶颈"，全力推进教育教学质量稳步提升。

实地调查中，该校党总支书记、校长说："中小学教师'县管校聘'管理改革，促进教育资源均衡发展。一是充分调动了教师工作的积极性，激励了更多的优秀教师留在山区学校任教；二是教师交流促进了教师素质的全面提升，逐步缩小了城乡之间、学校之间的差距，使师资配置更加均衡，提升了学校管理水平和办学成效。"

第四节　田家炳小学教师"县管校聘"管理改革行动策略及其效果

组织需要融合更大的系统。克罗齐耶与费埃德伯格指出："人们清晰地看到，组织与环境的关系不能被削减为纯粹的单方面对于一种外来影响的适应。事实上，这是一种交换的恒定过程，通过这个过程，我们可以有选择地说，一个组织向其参与的更宽泛的系统开放。通过这个系统，它就可以用或多或少制衡的方法，将那一系统的组成部分整合进它自己的系统之中，目的是让这一更广阔的系统适应于它自身的诸种需要。"[1]田家炳小学基于这点考虑，作为武江区第六互助共建组学校的龙头学校，该校在制定教师"县管校聘"管理改革相关方案方面着重师资配置，优化轮岗交流，实现区域内教育均衡，激发教师队伍活力。下面对该校教师"县管校聘"管理改革行动策略及其效果进行介绍。

---

[1] 克罗齐耶，费埃德伯格.行动者与系统：集体行动的政治学[M].张月，等译.上海：上海人民出版社，2007：164.

一、教师"县管校聘"管理改革行动策略

(一) 多形式轮岗交流，优化竞聘措施

该校教师"县管校聘"管理改革方案中主要采取以下三种竞聘措施。

1. 直接聘用

直接聘用对象包括：大龄教师，即2018年9月1日起5年内退休教师，具有高级职称的女教师区别对待；3年以下教龄的新教师；孕期产期哺乳期人员；重病人员；后勤职工；组织选派的援疆（藏）教师及经区政府、区教育局批准的借用人员等。学校可直接聘用到相应岗位，直聘人员不再参与其他岗位聘用。

符合直接聘用规定的教职员若不满意学校安排的岗位，也可参加其他聘用，但不再保留原直聘岗位。

2. 校内聘用

聘用对象为除校级领导、中层干部和直聘教职员以外的其他教师。

3. 跨校聘用

即在区域内交流轮岗。有意向进行跨校聘用的教师需提交跨校聘用申请到区教育局人事监察股存档。当意向学校聘用工作领导小组同意聘用，即可办理聘用手续；当意向学校不同意聘用时，可返回原学校参加聘用。当原学校聘用名额已用完时，则由教育局统筹调剂。根据学校的岗位职数和教师的需求出发，轮岗交流形式主要有以下几种。

（1）优派骨干教师流动，实现均衡配置。在单位教龄满8年以上的教师，在互助共建组学校内进行交流聘用。解决城乡校际优秀师资均衡配置。如该校语文骨干教师许老师，到一所农村小学进行交流，给农村学校注入了强有力的教学骨干力量。

（2）年轻后备干部挂职聘用。例如，该校数学年轻骨干郭老师，因教学业绩突出，能力出众，被委派到另一所薄弱小学挂职德育主任，既为薄弱学校输送了教学骨干，又解决了年轻后备干部培养的问题。

（3）按需统筹轮岗。根据互助共建组内各校的学科岗位缺编，统筹校际间适合轮岗的教师人数，按需轮岗。如有一所小学数学教师紧缺，另一所小学

语文教师紧缺，在适合轮岗交流的教师中，优先选择这两个学科的教师进行跨校竞聘，解决学校结构性缺编问题。

（二）整合教育资源，激发教师队伍活力

学生的发展，是教师的成功；教师的发展，才是学校的成功。教师"县管校聘"管理改革的最终方向是盘活教师队伍，促进教师专业发展，学校发展才有生命力。该校充分整合互助共建组区域教育资源，加强教师队伍建设，激发教师队伍活力。

1. 以学习共同体为抓手，促进教师专业发展

该校是武江区第六互助共建组的龙头学校，互助共建组以课堂教学为主阵地，以培养年轻教师为主目标，把教研做实做深，实现学校之间的资源共享、优势互补、合作共赢。其间，成立互助共建组青年教师发展中心，组织校际间骨干教师与新教师进行结对辅导，助力成长。采用走出去、请进来，辅以校际间的校本教研，以"思政课堂"引领学科建设，以"智慧课堂"构建创新课堂，多方位促进教师专业发展。互助共建组组织参加区相关活动，获得过互助共建组工会活动一等奖，体育项目互助共建组团队一等奖，部分年轻教师在省、区、市各项教学教研竞赛和展示中获得优异成绩。

2. 以名师工作室为平台，促进区域青年教师专业发展

按照名师引领、传承创新、资源共享、辐射带动的原则，该校以名师工作室为平台，发挥引领示范作用，以点带面，为教师搭建学习、交流、成长的平台，以促进教师专业发展。如该校现有3个名师工作室，在3位名师的主导下，以青年骨干教师为核心团队，共同开展基于线上线下的学科研究、教改探索和教学磨炼为一体的新型教师培养模式，促进区域青年教师专业发展。

二、教师"县管校聘"改革行动效果

（一）取得的经验

在上级部门的指导下开展工作是竞聘工作顺利实施的有力保障。该校从制定方案、审核方案、成立工作小组、现场竞聘等各个环节都得到了教育局有关领导和科室的帮助和指导，同时和其他试点校保持密切联系，是此次教职工竞聘工作得以顺利实施的坚强保证。

学校领导小组对此项工作高度重视，反复分析校情，准确剖析政策，反复宣讲政策，赢得广大教职工的理解与支持。妥善做好跨校竞聘教职工的工作。精心策划、组织每一个环节，也是此次竞聘工作成功的基础。

（二）取得的成效

1. 通过实行教师聘任制，能不断优化竞争机制

教师"县管校聘"管理改革在教师任命制基础上，实行岗位聘任与职务聘任相结合，在干部、职工中形成能上能下、能进能出、人尽其才的氛围，使有能力、有责任心的优秀教师能够充分发挥才干与潜力，使那些不思提高教学质量、混日子的教师产生"危机感"，增加压力，不断优化竞争机制。

2. 实行教师聘任制，能启动学校的内部活力

教师"县管校聘"管理改革实行教师聘任制，能使学校有用人管人的自主权，教职工也有了选择岗位的权利。学校内部每个教职工能否上岗，担任什么职务，承担什么责任，都与他的政治思想素质、文化业务水平、工作态度及效果有直接关系，每个人都存在被聘、辞聘、待聘或落聘的可能性。实行教师聘任制能有力地激发教师工作的积极性，在教师中形成一种努力做好本职工作，争取不被解聘，而且能获得较好的心理动因，从而能启动学校的内部活力，提高工作效率，提高教育教学质量。在工作室中成长起来的青年教师服务于农村学校，如郭老师轮岗到一所薄弱小学做中层，饶老师在薄弱小学快速成长为该校学科骨干。

3. 提升教育教学质量

近年来，学校通过教师"县管校聘"管理改革，优化轮岗交流，激活教师队伍，逐步提升了教育教学质量，取得了多项荣誉。该校获得广东省书香校园、优秀语文教研组、优秀体育教研组、区教育教学进步单位等称号，阶段性实现了学校高质量发展目标。未来，该校将深化实施教师"县管校聘"管理改革，让教师"县管校聘"管理改革成为学校发展的重要抓手。

第五节 新丰县城第二小学教师"县管校聘"管理改革行动策略及其效果

克罗齐耶与费埃德伯格指出："在任何具体知识缺乏的情况下，人们不得不坚守诸种具体的原则立场，并以此为依据来决定未来。"[1]为全面深化教育人事制度改革，进一步优化教师资源合理配置，深入推进义务教育学校均衡发展，根据韶关市人民政府办公室《关于推进全市基础教育学校公办教师"县管校聘"管理改革的意见（试行）》、新丰县人民政府办公室《关于印发新丰县推进中小学教师"县管校聘"管理改革实施方案的通知》等文件精神，该校2018年被列为中小学教师"县管校聘"管理改革试点单位，2019年铺开实施中小学教师"县管校聘"管理改革。该校中小学教师"县管校聘"管理改革行动取得一定成效，主要行动策略及效果如下。

一、教师"县管校聘"管理改革行动策略

（一）高位推动抓部署

自2018年该项工作开展以来，该校列为中小学教师"县管校聘"管理改革

---

[1] 克罗齐耶, 费埃德伯格.行动者与系统：集体行动的政治学[M].张月, 等译.上海：上海人民出版社, 2007：399.

的试点单位，按照"试点先行、稳步推进"的原则，在认真总结该项工作经验的基础上，稳步推进中小学教师"县管校聘"管理改革工作。在县教育局的大力支持下，2019年7月该校制定了《新丰县第二小学教师"县管校聘"管理改革工作实施方案》，成立改革工作领导小组，明确各部门、各相关人员职责，形成工作合力，统一部署，高位推进，配套改革竞聘上岗实施办法，明确三级竞聘流程、聘用合同签订、落聘人员管理等核心措施，建立学校竞聘上岗与县级组织统筹调剂相结合的教师资源配置模式。

（二）深入动员聚共识

把宣传动员工作贯穿始终，将改革的目的意义、重要性和必要性，以及改革的程序步骤宣传到位，增强学校、教师对改革的认同感，确保广大教职工的参与权、知情权和监督权。组织行政中层、年级组长、科组长，通过专题学习、座谈交流等方式，凝聚推行改革的核心力量，消杂音、增信心、稳人心、聚共识。组织全体教职工，吃深吃透改革文件精神，公开改革思路、步骤、措施，打消教师的思想顾虑，减少改革阻力。先后完成校内中小学教师"县管校聘"管理改革宣传工作，《新丰县第二小学教师"县管校聘"管理改革实施方案》的制定和发布，以及改革实施方案宣传学习工作。

（三）聚焦关键强落实

1.实施全员竞聘制度，教师申报学校考量聘用

为进一步落实学校用人自主权，该校积极探索建立多轮竞聘上岗和组织统筹调剂相结合的教师资源配置模式。根据《中小学教师工作量标准》和学年教育教学工作实际需求，在核定的编制和岗位内，科学制定学校岗位设置和聘用实施方案，并经教职工代表大会讨论通过。教职工自主申报岗位后，校内竞聘工作领导小组根据教职工平时表现、工作实绩等进行综合考量，予以聘用。同时，明确试点学校原在岗教职工首轮聘用比例不低于学校设岗总数的80%，确保"校聘"工作平稳有序。由工作小组统计出全校教职工近三年来的平均业绩及排名情况并在微信群公布。公布后，工作小组对平均业绩排名靠后的部分教职工进行了家访及心理疏导工作。

2. 完善竞聘模式，激发教师竞岗内动力

竞聘采用校内竞聘申请、跨校竞聘申请和直接聘用申请三类竞聘方式，坚决破除论资排辈的思维定式。对申请校内竞聘的教职工，优先聘用在原岗位履职表现优秀、满工作量且群众评议良好的人员；对申请跨校竞聘人员和校内竞聘未被聘用人员，组织其在空缺岗位统一公布后参加跨校竞聘；对三年内退休人员、孕期哺乳期人员、重病教职工，按照以人为本理念，安排在该校直聘岗位。具体做法如下：

（1）进行校内竞岗，完成校内竞岗和直接聘用工作。全校81名在职在岗的教师有70位参加竞岗，8位老师因满足直接聘用申请的要求被直接聘用。其中三位老师因住得离该校较远选择跨校竞聘。按实际计算，空岗31个，需跨校竞聘。

（2）接受跨校竞聘报名。工作组的成员均有针对性地通过电话、微信、走访等方式进行宣传，争取最大的可能性弥补该校的教师空缺。最后，完成跨校竞聘面试。当天下午公示被录用的教师名单。

（四）新规划促新发展

面对重新洗了牌的教师们，该如何盘活这帮"教育人"是关乎该校下一步发展的大事。学校面对这一转折点，出台了三年规划，在规划中给了明确的方向：教师发展年—课程改革年—学生发展年。这一规划让该校重建了一系列的制度。

1. 多元评价"倾斜一线"铁标准

该校以岗位职责为依据，完善了教师、教辅、工勤等不同工作岗位的分类考核指标和考核办法，重点考核教职工师德表现、工作绩效、能力水平与岗位要求的匹配度，重点体现向教学一线倾斜的原则。设置了优秀评价系列，如"榜样教师""十佳教学能手""十佳班主任""十大师德标兵""教坛新秀"等。同时，采用纸质问卷等方式正反向测评、行风监督等方法，引导教师、学生、家长和社会多方位参与教职工考核，力求全面、客观、公正地评价每一位教职工。

2. 双管齐下，创新培训促成长

按学年规划配套教职工培训方案，主要采取线上线下相结合，走出去、请进来的方式对全体教职工进行职业规划培训。督促相关人员全力提升教师的师德修养水平和教育教学素养，尽快适应新形势下的教育教学工作。

3. 巧搭平台，贤能展翅有归宿

活动能破冰。为了破局，光有制度是远远不够的，具体的执行力度才是最重要的。该校在制度的基础上出台了许多与制度匹配的活动，向规范化、系统化迈进。

（1）教学教研系统化，如"人人登台"青蓝工程"乐教精英教研组评比""青年教师课堂大赛""新教师过关课""教职工书法比赛"等。

（2）德育为首项目化，如"班主任技能大赛""我的班主任工作""黑板报比赛""艺术节""科技节"等。

（3）五育并举规范化，举办"教工篮球赛、排球赛、乒乓球赛""歌唱比赛""舞蹈大赛"等；这些平台让教师们成长更快。除此之外，我们根据教师的任教学科特征选派教师参加各类培训。

该校在各类比赛及培训中，尤其关注跨校竞聘过来的教师们，旨在让他们更快地适应该校的节奏，让贤能有归属感。在用人方面，该校也遵循"德才兼备者上"的原则，没有冷落跨校竞聘过来的教师们，让贤能均有展翅飞翔的机会。

二、教师"县管校聘"管理改革行动效果

该校中小学教师"县管校聘"管理改革行动三年，让教师们重新审视自己的职业价值和人生意义，给他们的教书生涯注入了新的动力。

教导处潘副主任从另一中心小学跨校竞聘到该校，成长很快，他说感谢团队让他在挑战中得到历练与成长。来该校前，他从事的更多是管理岗位上的工作，即使是上课，面对的也只是十几二十个学生，每学年都是按部就班。但进入该校后，他面对的是两个班且每班五六十个学生，这是个不小的挑战。所幸学校有一套较为完善的教师专业发展体系，如师徒结对、集体备课、新教师课赛等，让他在磨炼中较快地度过了适应期，并且从中学习到更多课堂调控的技巧，让他增加了几分驾驭课堂的自信。此外，2020年8月他被委派至分教点任负责人，尽管当时

分教点存在生源复杂，家长有情绪等诸多困难，但在上级部门和学校领导的关心关怀以及自己的努力下，分教点逐渐被家长接纳、认可和肯定。在此过程中，让他在沟通、管理、应急处置等方面收获了不少的经验。

该校德育处李副主任曾是一所中心小学的常务副校长，竞聘到该校一切均要从零开始。可是每当有人问他在该校的感觉如何，他都会响亮地回答："累并幸福着！"他说在该校三年的工作中有欢笑、有泪水，但更多的是成长和收获，在这里工作是一种磨炼，一种经历，更是一笔难得的人生财富。他刚到这所学校时，发现自己在教学中存在很多不足，教育教学方法比较单一，教学观念陈旧，方式和方法不适合小学生。但是在该校众多优秀教师和师傅的帮助下，在领导的重视和指导下，这些不足之处每天都在不断地弥补、进步和收获。他感受最深的是到该校后的第一次公开课，让他真正感受到了什么是备课组，大家为了上好一节课一次次地磨课，让他对小学数学教学有了更深层次的认识：在小学教学中最主要是重视数学思维和方法的培养，而不是培养一个解题和考试的机器。了解到更多的小学数学教育的方法，如何精讲多练，让学生成为学习的主人，学会了如何引导学生通过自主探索获得新知，学会了如何引导、表扬，如何与小学生交流等方法，让他第一次体验到了农村小学的教学教研工作和县城学校的差距，再一次对教育教学工作充满着憧憬和激情。

王老师也是跨校竞聘成功的一位老师。他总是说："感谢学校，让我终于找到了作为老师的快乐。"因为他的专业特殊，在原来的小学仅与财会打交道，他对信息技术那滚烫的渴望只能默默地藏在心里。到了该校后，他是信息技术专任教师，在学校争取下他拥有了创客室，拥有了创客梯队，可以专心地做自己专业的事。由于他的到来，该校成为信息技术教育强校。

周老师在原来小学当英语老师，竞聘到该校后，根据岗位设置的需要，担任五年级语文教学和班主任工作。虽然之前十几年是担任英语教学，也没有做过班主任，但周老师勇于承担，乐于挑战，勤于钻研，虚心请教，在结对师傅和年级老师的帮助指点下，短短半个学期就适应了新的岗位。这三年，周老师在教育教学工作中全面开花，收获了鲜花与掌声，这是她在乡镇学校十几年的工作都无法比拟的。如今，周老师已成为学校语文骨干教师，担任六年级语文教学，是教研组长的培养对象。她说："当初选择竞聘到该校，是为了更好地照顾孩子。如今，我倒觉得，是孩子、是该校成就了今天的自己，我庆幸自己当初作出了正确的选择……"

"一二三四，二二三四"，操场上响起了洪亮的口哨指令声，三年级的小朋友正跟着老师有板有眼地在学习新广播操……谁曾想到，在上体育课的是年近六十的罗老师。罗老师是2019年在原学校落聘后，由组织部按"组织调剂"方式分配到该校的。罗老师原为中学舍管员，因为职称与岗位配备问题落聘了。根据学校岗位需求，罗老师被安排担任三年级体育老师。起初，罗老师并不愿意，他还多次找校领导沟通，希望能给安排工勤类的工作。但基于学校实际，并未如愿。为了让罗老师尽快打开心结，校长经常请罗老师到校长室谈心，了解罗老师的顾虑与困难，并适时地开导他；为了让罗老师尽快适应新的岗位，体育科组的老师们手把手地教罗老师上课，从最基础的集队开始，到如何组织教学、设计内容、示范讲解等，把老教师当成"职场小白"……就这样，在领导的关怀和同事们的帮助下，罗老师很快融入该校的大家庭里，课堂上也焕发出别样的精气神。"想不到，临退休，我还要遭遇这么一场职业风波，好在来了该校，让我重新感受到作为老师的光荣……"罗老师感叹道，这哪还是当初的那个宿管大叔呢？

类似例子很多，不管是老该校人，还是新该校人，"累并成长着""痛并奋斗着"。中小学教师"县管校聘"管理改革给该校注入了新鲜的血液，激活了教师的潜力。但也不得不看到，有个别教师，特别是调剂过来的教师，对学校工作安排不满，不服从管理；还有些教师，特别是老教师，因为中小学教师"县管校聘"管理改革从"学校人"变成"系统人"，感觉没有归属感，反而懈怠了工作。更重要的是，因为该校教师配备本身就不足，岗位竞聘基本都是全员续聘，对一些有所"倦怠"的教师缺乏"震慑力"，后续该校将借助中小学教师"县管校聘"管理改革进一步砥砺教师队伍建设，实现学校高质量发展。

第十六章

中小学教师"县管校聘"管理改革个体行动者

个体行动者是自由人。"个体行动者是一个自由人，他自行管理所有个人的活动，这不仅在他开始投入行动时是如此。"[1]个体行动者的行动受到组织的限制。"组织中的行动成员虽然享有选择的自由和行动的自由，然而他并不能够随心所欲，恣意妄为。他的态度与行动必然会受到组织的限制，受到其他行动者的制约与影响，因此他会考虑其他行动者对他的行动可能会做出的回应，他会以别人的反应为参照，来做出任何有关行动的决定。"[2]但是，在具体行动系统中总有行动者能够校正自己的行动，成为行动系统中的重要个体行动者。克罗齐耶与费埃德伯格指出："一个行动者将根据他所了解的或他事先知道的别人的愿望，预先校正自己的行动。而且这些资源还必须是在专门的关系中可动用的，并与他人的目标相比必须是合理的。"[3]本章将结合中小学教师"县管校聘"管理改革行动，对若干重要个体行动者的行动及效果进行分析。

第一节 中小学教师"县管校聘"管理改革跋涉为乐[4]

系统具有衍变性。克罗齐耶与费埃德伯格指出："有组织的系统都会衍

---

[1] 克罗齐耶，费埃德伯格.行动者与系统：集体行动的政治学[M].张月，等译.上海：上海人民出版社，2007：82.

[2] 克罗齐耶，费埃德伯格.行动者与系统：集体行动的政治学[M].张月，等译.上海：上海人民出版社，2007：5.

[3] 克罗齐耶，费埃德伯格.行动者与系统：集体行动的政治学[M].张月，等译.上海：上海人民出版社，2007：60.

[4] 黄夏曦提供了相关资料，特此致谢。

变：一方面，事实上是为了生存，他们必须去适应环境的变化要求；另一方面，他们必须考虑这样一个事实，即那些构成组织和有组织的系统的人也会改变。"❶系统的衍变离不开个体行动者。仁化县分管人事的肖副局长无疑是一位能够促使系统衍变的人。

一、管理改革之前

山区教师问题一直是中国教育大道的拦路虎。仁化县也不例外。在中小学教师"县管校聘"管理改革之前，教育局曾采用了支教的形式，这对山区教师数量的均衡产生了一定的作用。但与此同时，肖副局长也目睹了山区的教学质量在"支教"背景下的逐年下滑。她这么说："支教的做法存在着几个不满意。"

（一）对于老师而言，他们是不满意的

本来一直待在县城内的学校教书，突然被调往长江等乡镇学校支教，在内心里肯定是不满意的。尤其是初期山区补贴不足的情况下，老师抱着埋怨受罪的心态去山区学校支教，又怎么能带动山区教学的质量呢？而在山区津贴提上去之后，确实开始有部分老师主动调往山区工作，但是又出现了新的问题，他们却出工不出力，不主动争取称号、荣耀，呈现出一种"躺平"的姿态。

（二）对于山区学校而言，他们也不用满意

支教老师的任期只有短短一年，满期后可直接申请返回所在学校，很多时候都是走个形式，教学质量时高时低、难以保障。在这种情况下，学校很难去重用这些支教老师，如培训的机会不会给他们，课例的机会也不会让他们上。

（三）对于山区学校的学生而言，他们同样不满意

说到这，肖副局长回忆道："像中心小学一个家长讲的，他说我小孩在你

---

❶ 克罗齐耶，费埃德伯格.行动者与系统：集体行动的政治学[M].张月，等译.上海：上海人民出版社，2007：377.

这里上了五年学就换了五批老师……"在这种情况下，孩子们被迫不断地重新适应不同的老师，更难以将山区教学质量提上去。

二、管理改革之初

为解决"支教"背景下的种种问题，2019年仁化县开始在国家的统筹下推行实施了中小学教师"县管校聘"管理改革政策。措施上，仁化县在摸索中确立了自己的道路。首先，老师从"学校人"变成"系统人"，从"一年支教"到"三年一聘"，山区任期时间大幅延长；其次，仁化县各个学校整体的统筹调配，确保教师资源进一步均衡；再次，山区津贴的完善（包括支教教师和山区老师工资补贴的提高与均衡），以及教师周课程量的统筹分配、教学表现评测等。最后，县管校聘下，仁化县出现了跟岗、轮岗等新型有效支援山区教育的形式，还有相关一针见血的具体措施，数不胜数。

由此可见，中小学教师"县管校聘"管理改革无疑是对"支教"的扬长避短。

可是中小学教师"县管校聘"管理改革的推行并不是一帆风顺的。由于历史的地域规划原因，黄坑等地区刚刚归划为仁化县的一部分，归属感并不强，对改革的推行充满了戒备。肖副局长回忆道："一开始，我们定的主基调就是平稳推进，既要去动到他们的蛋糕，又要不要出什么事，这是县里面给我们这样一个工作的底线。"

他们第一步做的是借鉴模仿，相应地花了很多时间去了解其他地区的方案。

肖副局长分别来到了南雄市、曲江区等地进行学习了解，她清楚地认识到乳源瑶族自治县的问题在于超编，如何将过多的老师进行分流调配——这是一个比较头疼的问题。对于这个问题，肖副局长对"末位淘汰制"的解决方案表达了不认同的态度。她有力地摇了摇头，坚决地说："整一个末位淘汰，搞得好像中小学教师'县管校聘'管理改革就等于去搞乱整个教师队伍（原本秩序）——我们本来是要让优质的教师先去流动起来，对不对？"

经过借鉴经验的学习，结合对仁化县实情的疑虑，仁化县教育局迈出了中小学教师"县管校聘"管理改革的第二步和第三步。

第二步，宣传工作。通过教代会等方式，增强教师群体在改革中的参与感，增进老师对改革的了解，减轻老师对改革的警戒心，就像肖副局长常说的"我们不能伤了老师的心"，要让老师认识到中小学教师"县管校聘"管理改革并不会伤害到他们。

第三步，摸底工作。要统筹交流各个学校教师，肯定先得对每个学校的师资情况进行摸底。每个学校有自己不同的情况，不能武断地对学校老师编制情况进行一刀切，要考虑到存在一些身体情况不适宜工作的老师，也要考虑到每个不同的学校具体的课时量和工作量。于是，教育局对每个学校"周课时量"进行了摸底——他们要求学校根据自己的情况细化出每一个老师的课时量，确保老师在其位、谋其事的同时，通过学校的总体工作量来定下每个学校不同的编制标准。

标准是定下了，问题又回到原点——如何去合情合理地分流超编的老师呢？肖副局长强调："就像我刚刚一直说的，我们不能伤了老师的心……"

三、管理改革深处

2021年8月，五个来自某中学的老师挤在肖副局长的办公室里，他们结束了两年的跟岗，评价都挺不错。

"肖局？"肖副局长快步进了办公室。老师们纷纷站起来，迎上前，她面带歉意地说："刚刚开完会，不好意思，久等了。"老师们摆摆手，笑着说着没事："哎呀千万别这么说，我们得好好感谢肖局！"

"这两年真的学到了很多……"肖副局长笑了笑，她一下子想起了两年前……

2019年的8月，办公室里，桌子上的数只茶杯冒起了几股热气，在空气中久久不散。马上要对交流轮岗的5位南田中学的老师迂回地表达了一些疑虑，此时气氛有些僵持。"这话里可带了刺啊。"肖副局长心想，她挑了挑眉，笑道，"来，坐下说，坐下说。"她坐下来，摩挲着手里的茶杯，说："我知道你们难，可总要有人去跟岗的是不是，你看那个教学评价也摆在那……""唉……"。肖副局长扫了一圈，看见老师们多少有点丧气。她轻皱了皱眉，对着交流轮岗的那五位老师，缓下语气说道："你们难？那些来自山区的教师就不难吗？换位思考一下——他们就没有小孩要照看？没有父母要照顾？"

她顿了顿，继续说："是，我知道你们确实是不容易，一开始到山区教书，多少会不太适应，学生不一样，环境也不一样，可是人是活的……你看看你们现在的教学态度，种贡柑的去种贡柑，开电器店的去开电器店，像什么样子？去那里接受一下磨炼，跟优秀教师学习、锻炼，不也是好事？""肖局，我们也没觉得不好，还是家庭问题，确实是比较为难的，我们就是担心两年之后……你又走了。"五位教师你看看我，我看看你，欲言又止。

肖副局长马上摆了摆手，爽快道："我肖某说到肯定做到，人是要讲信任的是不是？先不管周中超不超编的问题，反正我肯定会负责到底，绝对保证两年之后把你们全部调回来。"

"但是你们也要争气！你们都是教育界专业人士，都是从师范正规专业毕业的，要好好干、好好表现！如果你们自己不争气，你们也不要来找我了。"肖副局长的语气逐渐严肃起来，这五位教师纷纷点头。

接下来在跟岗的两年中，这五名教师跟着山区优秀教师学习，从备课到讲课，从大课题的学习到与山区孩子的沟通，他们都表现不错，受到了所在学校的良好评价。而在2019年的同一时期，肖副局长还做通了这所中学另外十来位教师的工作。最后，他们大部分都通过跨校竞聘来到了一所小学。这显然不是一件易事。从中学转入小学，不仅给教师的教学能力和观念带来了挑战，还给小学的管理层造成了难题——肖副局长只能分别去做思想工作。

在中学教师这边，她干脆利落地给出了两个方案，要么就是转变观念、转入小学，服从小学管理层的安排；要么就是不转变的，他们就要到乡镇的山区中学。在沟通中，教师们逐渐认可了这两个方案。他们点点头，纷纷表示没问题——一些人的情绪也受到渲染，说道："肖局，你放心，我们本身就是南田人，那些小孩也是我们看着长大的——我们怎么能不安心教学呢？"就这样，中学教师的问题解决了，那么小学管理层那边呢？

在小学管理层，她也提了一些方案，他们始终不太认可。基于刻板印象，他们并不看好中学教师去往小学教书。于是，肖副局长找到中心小学的校长和副校长，打算跟他们讨论这个问题。

第十六章　中小学教师"县管校聘"管理改革个体行动者

"肖局,你也是知道的,这样搞,我们的工作难度很大——南田中学那批教师毕竟是教中学的,教学上也很难适应;再说了,这么多教师也不好管理,万一他们跟原来的教师起内讧……"他们揉了揉眼睛,比较为难地说。

"我理解你们的担心,但是改革下面谁都不容易——是不是这个道理?那这样吧,我们互相退一步好不好,你要18位教师——这批教师你们怎么都得要他10位,剩下8位教师,我一定想办法帮你要到更合适的教师。"肖副局长这样说道。他们点点头,翻了翻资料,指向了一个通过跨校竞聘来到仁化县的美术教师,说:"我们学校有一个学陶艺的第二课堂——这位教师实在是太合适了,就是不知道能不能给我们?"

"好,没问题,这位教师我拍板给你了,但是中学来的这10位教师你得收了。"肖副局长强调:"这些教师下去你们一定不能嫌弃他们的,要从整个大环境去培养他们,不能寒他们的心。"

"行,绝对没问题。"他们也这样说道。就这样,他们顺着这个话题,继续讨论着中学老师到小学如何融入的问题。

回去以后,南田中心小学开展了很多团建活动,还让从曲江区初级中学到南田小学轮岗的刘老师过来跟他们聊天。刘老师本身也是南田人,他们用南田话交流转入小学的教学故事和感触想法,让南田中学老师也有了更强的融入感。肖局回忆起刘欢,说道:"这个刘欢也是很给力,她就是说,大家都是南田人,都是为了南田的教育,大家说值不值得。说得非常好。"

此外,她一挑眉毛,还想起了一个人——何校长。

她这样说道:"哦——后来那批南田中学教师中,我有一个最感动的是南田中心小学的副校长,何校长当时是因为理念不太一样,学校里面行政关系处理得不是很好,合作得不是很愉快,就说他要离开小学。我想着可以,刚好可以去交流轮岗。"

那天,肖副局长找到何校长谈论副校长之间交流轮岗的问题,但何校长似乎并不想去。在商量中,他们的情绪越来越激动,肖副局长干脆问道:"那你想去哪儿?你想怎么办?"

没想到,何校长突然一下子有些哽咽,声音开始颤抖:"……这样子去交流,就搞得好像我去打败仗一样,面子上我也过不去……"他顿了顿,深呼一口气，平稳下自己的情绪，继续说道："我想去南田中学。"肖副局长有点愣住了，她敲敲桌子，慢慢地说道："可是南田中学没有副校长的职位，你要去的话，只能做普通教师。"

"没问题。"何校长斩钉截铁地回答，眼神里充满了坚定，像一支投出去的箭一般收不回来。肖副局长见状，知道自己多半也拗不过他，再考虑到他的家庭情况，便松口让他去南田中学做普通教师。

2019年8月，乳源瑶族自治县一所中心小学派出了四名骨干年轻教师到仁化县城的一所小学轮岗，其中有两位分别是语文教研组、数学教研组的组长。由于距离较远，协商的过程也没有那么一帆风顺，每位老师有自己的家庭问题，如里面的白老师刚刚生下二胎，家里没人照看，正是孩子需要妈妈照顾的时候。

"我就跟她说，我知道你做妈妈的确难，如果我关照了你，那三个我怎么办？我整个口子打开了，你要我怎么处理对不对？"肖副局长这么说道，"我就叫她再坚持坚持，我肯定保证两年之后把她调回去。"

再次碰到这四位老师的时候，他们即将结束在县城轮岗的工作。是在七月的一个晚上，老师们站在饭店门口，都笑得很开心。肖副局长凑巧从饭店出来，很惊喜地跟他们打了一个招呼，说："你们在这干什么？""房东请我们吃饭。"其中一个老师笑着回答道。听罢，肖副局长因为他们之间浓厚的情感而有所感触，就跟他们又聊了起来……

他们聊到很多。作为山区骨干教师，来到县城后，他们深感自己的教学格局不够广阔，教育理念不够新颖。在和县城的年轻教师交流学习中，他们借力打破了固有的传统理念，学习到了很多新的教学方式与方法，相信未来能更好地在山区教育里发光发热。

"这个是我记忆很深刻的，就是在县城的两年时间，他们在教学上感觉变化很多，也学到很多东西。"肖局这样说道，笑着点了点头。

"所以说，我觉得这个改革是很好的。"肖副局长放下了茶杯，"不过我想，再一轮的中小学教师'县管校聘'管理改革应该能做得更好。"

四、管理改革未来

中小学教师"县管校聘"管理改革确实带来了很多利处。但不可避免地，仁化县的第一轮改革经验尚缺，存在一定的漏洞和不足。

趁着肖副局长提到下一轮中小学教师"县管校聘"管理改革的计划，我们抛出了一个问题："就像您刚刚一直强调的，您一直是不看好末位淘汰制的，因为其实中小学教师'县管校聘'管理改革的本质目的是让优质教师流往教育资源偏弱的地方；但其实很多时候，教师们都更愿意待在原校或者去向更优质的学校；那么请教一下，您要怎么去促进优质教师向山区学校流动呢？"

"首先，就像我之前一直说的，三年一聘是必须坚持的，我们不能吓到教师，你不能把中小学教师'县管校聘'管理改革当作一个武器去戳伤教师的心……"肖副局长慢慢地道来。

在住房硬件的问题上，她提到了红山中心小学，他们专门准备一栋房子给老师们居住，让外来的老师没有后顾之忧。就像肖副局长说的，"外来的教师得有地方住，人家才能乐教，总不能老让他们打游击一样。"所以，在下一轮的中小学教师"县管校聘"管理改革中，她认为要为流入乡村学校的教师们解决硬件问题，其中就包括要尽量保证教师的住房、保证学校多媒体教学设施的跟进等。肖副局长这样说道："只有人文关怀跟上了，老师才愿意流动到山区。"

在山区津贴上，她也提到了山区原有的老教师和外来援助的新教师之间的津贴差距问题。肖副局长一针见血地指出："允许老教师和新教师之间的差距，但它们不能差太多。"她认为，山区老教师可以有额外的补贴，但是大体上他们不能因为单单是山区老教师这一个称号，就获得比新教师更多的津贴。老教师更应该要凭优秀的真本事去获得额外的津贴，要不然津贴差距问题只会导致老教师出工不出力，而变成一把戳伤新教师热情的武器。只有均衡了经济上的支持，才能让更多的优质老师愿意来到山区认真教学。

最后，肖副局长提出了她对仁化县中小学教师"县管校聘"管理改革未来蓝图的展望："在下一轮的中小学教师'县管校聘'管理改革中，我就希望我们不要单单出一个中小学教师'县管校聘'管理改革的方案，要结合教师的小级别晋升，要结合他的硬件条件的改善，要结合他的周转房的配套，还要结合他的山区津贴，把这些都融进里面，形成一个系统的工作。我觉得这样一来，可能工作更好做，也更有利于仁化县山区教育改革的现状。"

第二节　中小学教师"县管校聘"管理抱诚行路[1]

克罗齐耶与费埃德伯格指出："在行动者的行为总是受拘束、受限制的同时，他们的行为却是永远无法直接加以确定的，即使是被动校级，那也始终是某种意义上的选择的结果。"[2]一讲起中小学教师"县管校聘"管理改革，南雄市教育局温副局长脸上总会露出欣慰的笑容。作为南雄市中小学教师"县管校聘"管理改革行动策略和推动者，他对中小学教师"县管校聘"管理改革始终抱着赤诚之心。

一、初踏改革路

2015年，广东省出台文件《关于进一步加强教师交流的指导意见》，温副局长仔细读过一遍又一遍文件后，深有感触，就主动积极投身改革与人事工作中。"以前的教师调配太过于僵化，就如我们南雄市的坪田中学。"温副局长说。

坪田中学是南雄市东边最偏远的一所农村初中，距离南雄市区59公里，距离镇政府也有13公里。学校原本有学生444人，教师编制31名，实际教师25人。"这样的教师数量是根本无法满足正常教学工作的。"温副局长叹了口气。

当时教育局只能通过行政手段由教师富余学校派出支教教师补充到缺编的学校，但支教教师仅解决了教师数量的问题，而学科不均衡的问题依然存在……

---

[1] 熊伟钦提供了相关资料，特此致谢。

[2] 克罗齐耶，费埃德伯格.行动者与系统：集体行动的政治学[M].张月，等译.上海：上海人民出版社，2007：39.

"程序冗杂、审核时间过长，以前的制度根本解决不了学校对于教师的需求。"彼时的温副局长深深地意识到：要改善现状，一定要有壮士断腕的勇气去进行改变。

"教育是国之大计，教师更是教育发展的第一资源。而以前的制度，是根本留不住教师的。"温副局长提到。

"如果我们连最基本的教师都成为稀缺资源，那么教育的均衡普及将无从谈起。"温副局长的眼神里，满是坚定。

那时候由于城镇化和计划生育的背景，南雄市的学校正面临着教师多、学生少及教师资源分配不均衡，许多学校向时任南雄市教育局人事股股长的温副局长索要教师。一些学校教师结构已经变得十分畸形，有的学校甚至连一位音乐老师都没有，同样某乡镇中学一位教师一周才上6节课，仍向主管部门投诉校长安排课程时偏心，因为有的老教师一周仅上4节课。"而就算解决了教师数量的问题，教师的质量也很难被保证。改革已经势在必行。"温副局长向我们解释道。

2016年，广东省推行中小学教师"县管校聘"管理改革的试点，老百姓们如火如荼地议论着，无论是老师还是家长们都十分地关心此次中小学教师"县管校聘"管理改革。当消息传到温副局长耳中的时候，他仔细阅读、研究过一遍又一遍上头发下来的文件，心中更多的是激动。曾做过十几年教师的他清楚地明白，这次改革既能调动教师们的积极性，又能解决学校对于教师资源的需求，可谓是一举两得。

温副局长拿着改革文件，反复看了几遍。想起许多学校连老师都不齐全，有的老师还需要教多门学科，想起孩子们稚嫩天真、渴望知识的小脸，温副局长决心要为改革奉献自己的力量，他与人事股的同事向局长提交了改革意见，他们的改革意见也得到了各级政府的大力支持。

2017年，温副局长分析中小学教师"县管校聘"管理改革的试点结果，并学习其他省的改革经验后，拟定了南雄市实行中小学教师"县管校聘"管理改革的指导意见。他还提出，教师编制系统应该进行全国联网，这个意见得到了教育局科长和书记的大力支持。

"经过一段时间的试点，我们发现光靠方案是行不通的。"温副局长陷入了沉思。

"应该如何聘任教师,中小学教师'县管校聘'管理改革的教师是否能满足学校的要求?学科之间应该如何均衡?老教师应该如何分配?这些都是我们要面对的问题,一般来说,中小学教师'县管校聘'管理改革的教师是不能满足学校的要求的,老教师要是不招录,也会引来学校矛盾。"改革在开始阶段就碰到了硬骨头。

二、改革碰硬茬

南雄市第一小学正是改革的第一个硬茬。南雄市第一小学前身是八一路小学。当时在校学生1 000多人,教师54人,19个教学班,平均班额近56人,教师平均年龄47岁且多人长期病假。除3人专职体育教师外,所有术科全部由其他教师兼任,是城区小学师资最薄弱的学校。

"当时喊苦喊得最大声的就是南雄市该校,基本上天天都会来教育局诉苦、要人。"温副局长摇了摇头。"南雄市该校办学规模急剧扩大,教师资源却又严重不足,学校领导和我们教育局压力都是非常大的。"

当时,教育局也只能通过大量派遣支教和跟岗培训教师的办法来解燃眉之急。任谁都清楚,这个办法是治标不治本的。

实际上,哪怕派了这么多的支教和跟岗教师,学校的师资依然捉襟见肘,每年学校还要聘请临聘教师几十人,否则根本保证不了正常的教育教学工作需要。就在实行中小学教师"县管校聘"管理改革前的上个学期,南雄市该校还聘请了58个临聘教师。

温副局长皱了皱眉,"2017年上半年,我们就暂停推进"县管校聘"的改革工作,下半年,经过多方的调研和十轮的校长座谈,我们最终还是制定了与改革配套的制度。"改革之路是不可能一帆风顺的。

温副局长通过调查和走访发现某校校长安排富余的教师做后勤工作,甚至将教师调任至校门口担当保安的职位,仅是为节省学校的资金。改革当头,这就是必须修正的不当行为。"明明现在教师资源就不充裕,你还为了自己学校的利益,将教师们安排进厨房、守大门,你认为这样合适吗?"温副局长气愤地说道。"我们学校的教师,我们有分配他们工作量的权力,只要完成了额定的工作量那就是合适的!"那位校长拍案而起。

纵使温副局长私下与这位校长关系不错,但工作归工作,特别是在损害了全市学校利益、阻塞改革的行为面前,没有任何的情面可言。

"我再说一遍。"温副局长用食指敲了敲面前的桌子。"这样是损害了全市学校利益,有很多的学校现在对于教师的需求根本得不到满足,而贵校还在为了一些蝇头小利,霸占着珍贵的教师资源,贵校真的觉得合适吗?"那位校长听到这里,只能悻悻地坐了下去。

在"清算"了改革路上的一些障碍后,中小学教师"县管校聘"管理改革便如火如荼地进行了。

"拨开云雾终见日,真是苦尽甘来啊!"南雄市的某校长感慨着。实行中小学教师"县管校聘"管理改革后,该校竞聘了外校教师77人,加上新分配22人,在编教师达到了191人(包括3个教学点8人),教师数量基本满足了,学科队伍基本齐整了,教师队伍年轻化,平均年龄只有39岁,活力十足。

实行中小学教师"县管校聘"管理改革的那一学期,B校流动来体育12人,美术7人,音乐9人,信息技术3人,在校学生达到4 026人,按照要求开设90个教学班,能基本满足教育教学工作需要。如今该校33个兴趣小组,文体活动专项训练都能找到专业对口的教师带队,各学科活动也得到了全面开展,整个南雄市的学校都步入了一个蓬勃发展、生机盎然的崭新局面。

三、出配套制度

"首先我们想到的是要为教师制定一个工作量标准,以前富余教师的课程会相对较少,现在这个工作量标准,能够决定教师配置。"

"其次就是考核教师的问题,如何均衡教师质量也是我们在这次改革中遇到的一个棘手问题。"

"最终我们通过对各省市中小学教师'县管校聘'管理改革的经验进行了分析,经过多次的商讨,决定以绩效排名作为中小学教师'县管校聘'管理改革的标准。保证能够顺利进行聘任,并且一定要让这个过程公平、公正、公开。"温副局长补充道。

中小学教师"县管校聘"管理改革之前，教师职业倦怠情绪明显。在以前班主任这个职务是"人见人怕"的，教师的教学态度不积极，如何让教师安教乐教的问题又被摆上了台面。

"绩效考核这个制度其实更多的是面向班主任，当我们制定这个政策的时候，整天都会有老教师来反映。"

"从2009年开始，广东省就有奖励性的绩效考核，属于奖励性工资的一部分进行二次分配，2009年南雄市有每月600元作为教师补贴，但由于这部分奖励性的绩效考核是从教师工资结构中独立出来的，因此那时清远地区就出现了罢课。"温副局长又叹了口气。

"绩效考核的奖励性工资持续了两年，这两年间出现了很多的矛盾和意见，因此到最后70%的奖励性工资又重新纳入工资结构，到最后还是无法改变其原有的风气。"

"直到2017年，制定了绩效考核重新分配奖励性工资，同时我们有市财政的大力支持，绩效少的有一两千，多的能有三四万，这是科学合理的。"温副局长补充道。

"我们还要求学校对班主任、管理层和社团老师进行改革，要提高教师的积极性，改变原有不愿意上课、不愿意多上课的局面。"

制定绩效考核的政策之后，以前"人见人怕"的班主任工作现在有人抢着做了，主动要求做班主任的教师大有人在，个别做不到班主任的教师还提出下一年就要轮到他来做。而学生的第二课堂也有专人负责，一些老领导、老教师也纷纷表示："虽然我年龄大，但我做值日工作是没问题的。"教师们苦活累活抢着干，安教乐教，整个校园呈现出一派欣欣向荣的景象。

为什么会这样呢？原因很简单：一是中小学教师"县管校聘"管理改革让教师来到了想来的学校，学校选择了想要的教师，各取所需，一下子就极大地激发了广大教师的工作热情，学校教育教学工作面貌自然焕然一新；二是中小学教师"县管校聘"管理改革评价细则起作用，少干一项工作，评分就少，可能过几年再次竞聘就会落聘。

"通过开拓创新思维，我们重新启动了绩效考核制度，并且让其变得更加科学公平，充分调动教师的积极性和激情。重新启用绩效考核制度，让中小学教师'县管校聘'管理改革焕然一新。教师们开始争取多干事，改变中小学教师'县管校聘'管理改革之前的坏风气是改革的最终目标。"

"除此之外，我们还全力保障教师权益，优先聘任老、病、孕教师。并且制定了体育艺术老师的聘任标准，保证偏远地区也不会缺少体育艺术老师。"

四、赤诚结硕果

"教育工作者要对教育有一片赤诚之情，教育是国之大计、党之大计。纵使这几年来的改革工作是辛苦的，但教师是教育的灵魂，只有做好教师工作、分配好教师资源，才能不负党和人民。"温副局长坚定地说道。

"教育是民生热点，办好教育可以让老百姓放心，当时的'县管校聘'工作只有我和局长几个人在做。"温副局长笑着说。"我的头发都是在人事股熬白的，只有用心、用情才能推动教育的发展。"

温副局长从事教师职业十五年，他深深地明白教师在想什么，教师需要什么，只有深深地明白其病根所在，才能推动中小学教师"县管校聘"管理改革的发展。"但改革从来不是孤立的，党委政府的支持和协调、各个部门的大力支持才能改革出今天的成效。"

中小学教师"县管校聘"管理改革的第一轮改革已经结束，温副局长提到："第一轮的中小学教师'县管校聘'管理改革主要是解决教师数量的均衡问题，但教师的年龄、学科分配、职称均衡很多问题还没有解决。改革不是一蹴而就的，我们需要时间逐步完善。"2021年第二轮中小学教师"县管校聘"管理改革已经开始了，但温副局长却十分地不满意："如今的'县管校聘'改革并没有达到预期目标，学科不均的问题还是没有得到解决。如果教师的年龄、学科分配、职称问题没有得到解决，是无法做到优质均衡发展的。"

"我希望我能有一个能用心用情推动改革的人来接班。"温副局长语重心长地说，"我们的改革就像是凤阳小岗村的改革一样，南雄市作为一个小县城，有些改革政策是不接地气的，我们要有改革精神，要有自己的做法，当时我们把南雄市的情况向省教育厅报告，得到了省教育厅的大力支持。"

"改革要因地制宜，要充分调研和吸取基层教师意见，并且集思广益，要得到大部分人的支持，这样推动改革才能成功。"温副局长讲述改革事迹时充满着成就感。

自此，南雄市成为韶关市中小学教师"县管校聘"管理改革先行者，省内各地纷纷开始效仿南雄市的做法，因地制宜，做好中小学教师"县管校聘"管理改革工作。

中小学教师"县管校聘"管理改革让教师由"学校人"变为"系统人"，盘活了县域内的教师资源，为学校优质均衡发展提供了有力的师资保障。

中小学教师"县管校聘"管理改革为办好"公平而有质量"的乡村学校提供了有力师资保障。"努力让每个孩子都能享有公平而有质量的教育"，十九大报告中的这句话引起温副局长的强烈共鸣。这些年，通过推动城乡义务教育一体化发展，加大对乡村教育的投入，在办学条件方面基本实现了乡村学校与城市学校的均衡配置。"改革之路依旧漫长。"温副局长笑着说道，"但我依然会凭着这份赤诚之情坚定地走下去。"

第三节 中小学教师"县管校聘"管理改革探则有方[1]

克罗齐耶与费埃德伯格指出："个人或团体在组织内部的权利和行动能力，归根结底，取决于他们对影响组织是否可实现其目标的不确定性领域的控制程度，取决于该不确定性领域的重要程度，以及和其他同样能制约这种领域的对手相比他们所体现出来的合理性，所以由个人或团体控制的不确定性领域越是关键，他们所拥有的权力就越多。"[2]黄副校长根据教育局安排，到边远薄弱学校重阳学校挂职副校长，主抓教学改薄工作。重阳学校教学质量长期欠

---

[1] 黄昌盛提供了相关资料，特此致谢。

[2] 克罗齐耶，费埃德伯格.行动者与系统：集体行动的政治学[M].张月，等译.上海：上海人民出版社，2007：62.

佳，学生考试成绩在武江区长期垫底，尖子生长期流失严重，青年教师交流后不愿再回学校，连续多年成绩排在倒数第一名。为了改变这种状况，黄副校长借助中小学教师"县管校聘"管理改革，实现了教师队伍优化和教学质量提升双重目标。

一、力抓教研，开阔视野

中小学教师"县管校聘"管理改革实施之后，黄副校长充分发挥市区互助共建学校的领头羊作用，提升互助共建组区域教研质量，促使薄弱学校重阳学校教研质量提高。

（1）开展"对等式"同构异课活动，发挥集体备课优势，集科组教师的智慧进行集体备课，在不同的学校之间进行同构异课。互助共建组先后派重阳学校多位骨干教师到龙头学校共同执教中考备考研讨课，龙头学校派多位骨干教师送教下乡到重阳学校中学部上教学示范课。

（2）进行中考备考联动。利用龙头学校的优质资源，采取统一教学进度，统一质量检测，加强对比分析。每月紧跟龙头学校的月考步伐，进行月考联动，共享龙头学校备课的经验，分享部分数据，分析考试情况，研讨备考策略，以提升重阳学校的备考质量。

（3）开展师徒结对伙伴成长活动。在互助共建组薄弱学校重阳学校遴选上进心强的年轻教师，与龙头学校骨干教师结成成长伙伴，到龙头学校跟岗听课，每周至少听一节七年级的新课，听一节九年级的备考复习课。

（4）提升信息化教学水平。通过努力争取，教育局给学校配备了几台崭新的希沃教学平台，为学校整体提升信息化教学水平提供了契机：邀请龙头学校信息化教学水平较高的潘老师到学校开展信息化教学专题讲座，展示了信息化教学的优势，激起了广大教师特别是年轻教师运用现代化装备的兴趣。通过开展"希沃教学助手"的推广运用开展教研活动，引导年轻骨干教师加入先行先试行列。通过指导教师撰写"学科教学与新媒体新技术的深度融合"论文，引导年轻教师的积极发挥辐射带动作用，不断提升学校的信息化教学水平。

通过"请进来－走出去"的策略，引导学校教师，尤其是年轻教师，开阔视野，客观看待自身的不足，加倍努力补短板、强弱项，力求在学科专业上有更大的进步。

二、借助帮扶，注入活力

根据相关文件要求，广州九十八中学、东莞市低涌中学和重阳学校结成帮扶对子。借此良机，重阳学校获得了交流学习、促进自身提高的机遇，积极学习外校的管理经验，促进自身发展，积极邀请骨干教师前来传经送宝，借助外力，积极推进不一样的"强师工程"。

1. 积极与东莞市低涌中学进行联盟发展互动

在双方充分沟通与协商的基础上，广州九十八中学、东莞市低涌中学有关教师开展送教下乡活动。例如，朱老师的推断题专题复习课，利用多媒体技术和简练幽默的语言，充分调动学生学习的积极性，在师生互动中完成对中考知识点的复习，并结合中考重点考点进行针对性的练习；徐老师的作文指导课，把作文备考的策略教给学生，使如何写作文做到认识简单化、备考清晰化、训练明细化；颜老师的政治课以路上所思所想为导入，以"砸金蛋"游戏开展教学活动，以两个搞笑视频为过渡，把"自尊、自信、自立、自强"的知识点与解题方法有机结合起来等。低涌中学骨干教师的送教下乡，充分展现了现代教师的风采，激活了该校教师的思维，为如何在新形势下备考提供了典范。

2. 主动参与广州市九十八中的骨干教师培训

经了解，该校教师信息比较闭塞，外出学习机会不多，在主动与广州市九十八中沟通后，该校诚恳邀请年轻教师参加他们的骨干教师专项培训活动，先后派出6位骨干教师参加了2017年在厦门组织的骨干教师培训，派出三人参加了2018年在长沙开展的党员干部培训。通过几次培训，改变了他们的教学理念，有效提升了该校骨干教师的专业素养。

通过"珠三角"相关学校的真诚帮扶，该校骨干教师积极与他们开展的互动活动，借助他们的资源，发挥该校教学骨干团队的示范引领作用，以点带面，推进不一样的强师工程。

三、扩充师资，留优培优

2018年9月之后，该校累计增班6个，教师退休5人、外出交流5人、休产假12人，加上学校教师学科结构性缺编，"用工荒"问题显得更加严重。为了走出困境，一方面，积极向教育局争取城区教师到该校交流，另一方面，主动与高校、社会互动，解决"用工荒"难题。通过多方努力，学校成为当地本科高校的实习基地，既为高校大学生提供了教育教学实习岗位，又在一定程度上缓解了人员紧缺问题。

这些年轻教师最大的短板就是教学经验不足，为了让她们能够尽快站稳讲台，开展青蓝结对伙伴共成长活动，即根据年龄、学科、学段等特征，给教龄小于5年的年轻教师安排了结对帮扶促成长的"师傅"，要求这些年轻教师虚心向师傅请教，学习师傅宝贵的教育教学和班级管理的经验，促年轻教师快速成长。这些"师傅"无私地将自己宝贵的经验授予徒弟，他们所带的徒弟进步明显，很快就适应了新的工作环境，成为年轻教师中的领头羊。

受种种因素影响，每学期开学，都有近一个班的学生消失，大量学生转学，其中包括不少尖子生。为了扭转这一局面，学校除了狠抓教学常规，努力提升教学质量外，还积极主动地采取各种办法稳住尖子生。一是要求科任教师、班主任经常与尖子生的家长沟通，通过学习方法的指导等工作，力求让家长理解、信任并支持学校；二是组织班主任和科任教师不定期开展家访活动；三是召开村委会干部会议，向他们介绍学校提升教学质量的做法与成效，努力获得村干部的支持，再通过村干部的宣传作用，努力营造尊师重教的良好氛围；四是召开小学毕业班尖子生家长会议，邀请家长参观学校，摆事实讲道理，让家长通过实地走访，感受学校的积极变化，特别是九年级教师的爱岗敬业精神和扎实的教学基本功，进而信任学校，将孩子留在重阳学校读初中；五是利用课余时间开展培优活动，放学后组织语文、数学、英语、物理等科目的教师，将年级前20名的学生集中在会议室里开展帮扶活动，晚上安排住校教师到课室进行作业答疑和预习指导。通过培优和预习指导，促使尖子生养成良好的学习习惯，有效拓宽了他们的解题思路，增强他们的解题能力，提升他们的应考心理素质，他们的考试成绩稳步提升。通过主动作为，"留优培优"效果显著，避免了九年级教师"无米下炊"的尴尬局面，为冲刺省、市重点高中储备了优质生源。

四、身先士卒，榜样引领

单靠行政手段难以服众，要求老师们相互听课，黄副校长自己会深入课堂，第一个学期就听课92节；要求各科组要开展校本教研，黄副校长自己树立榜样，一年内两次上校级示范课；要求教师要家访，黄副校长自己冒着炎炎烈日，到学生家里家访，动员该同学留在重阳学校读初中；要求教师悉心关爱留守儿童，黄副校长自己掏钱给孩子们买牛奶；要求教师撰写教育教学论文，黄副校长自己先上交教学论文；要求年轻教师参加教科研改革，黄副校长自己带着老师进行教科研课题研究，2017年主持的省级"课题运用本土资源开展初中生物实验教学研究与实践"顺利结题。

遇到年轻教师因工作累而情绪低落时，黄副校长拍着胸膛和他说撸起袖子加油干！遇到本地的老教师有点不良想法时，黄副校长耐心地和他说，我可是抛家弃子在这里干，希望你也能加油。

在黄副校长的带领下，学校的科组长、骨干教师先动起来，通过示范引领，逐渐形成了较浓的以提升课堂教学质量为主题的校本教研氛围，教学成绩逐年提升，尤其是中学部。

五、群策群力，进步明显

通过不懈的努力，多数教师转变了工作态度，他们的教学方法有了改进，专业能力有了提升，教学改薄工作取得喜人成绩，教师获奖人次增多了，获奖层次提高了，教学质量有了明显的进步，在多方面实现了零的突破：一是2019年6月中考，学校有3人考上了韶关市第一中学，重阳学校彻底翻身了，重阳学校的教师腰杆硬朗了；二是在2017—2018学年度，累计有25人次获奖。有教师的教学论文获省一等奖、国家一等奖，两位教师在韶关市青年教师教学技能大赛中脱颖而出，邹老师荣获才艺、解题、说课、教学设计四个一等奖，何老师获得一等奖，该成绩在武江区属学校名列第一；三是2017年6月武江区教育局组织的教学评估中，重阳学校得分第六名（武江区共八所中学），扭转了倒数第一的局面；四是在2017年九年级毕业水平考试中，该校400%完成了武江区教育局的中考预设指标；五是年轻教师有了市级教科研课题，2017年9月邹老师申报的市级课题成功立项（十多年来首次有中青年教师的市级课题获得立项），2018年11月刘老师和许老师的市级课题成功立项；六是教学质量明显提升，在2017—2018学年度期末统考中，十三年来第一次有五个学科的平均分甩掉了全区最低的帽子，尤其是八年级的语文、数学在2017—2018学年度期末统考中取得了非常明显的进步，平均分普遍超过了2~3所学校；七是在2016—2017学年度，累计有20人次获奖，获得市一等奖的比赛项目有教学设计、微课制作、历史漫画、教学论文等，还有部分教师的录像课被评为省级、市级优秀课例；八是尖子生大面积流失的局面得到有效控制，部分尖子生回流到了重阳学校中学部，背后就是家长和学生对学校教学成绩进步的认可；九是吸引了市区骨干教师来校支教或交流。韶关市首批名班主任温老师到该校交流两年，促成非常紧缺的音乐、数学等学科老师到该校支教，城区来的谢老师第一次上课后感慨："不用管纪律，课堂比较舒服，这节课比我在以前的学校上得还好！"

只要重阳学校教师强化主人翁意识，发挥主观能动性，下苦功不计较个人得失，加上教育局从政策上和资金上对重阳学校进行的倾斜和照顾，重阳学校的教学改薄工作定会取得更大的进步。

第四节 中小学教师"县管校聘"管理改革走则有路[1]

2021年春节前后，正值中小学教师"县管校聘"管理改革紧要之际，我们如约见到了走出法院的梁股长。他万万没有想到，一场关于中小学教师"县管校聘"管理改革的官司竟然持续了两年多的时间。

---

[1] 邱洋提供了相关素材，特此致谢。

一、山寺桃花始盛开

在教育局的一间会议室里，此时的氛围有一些紧张。这次的会议不同以往，关于中小学教师"县管校聘"管理改革的文件政策下发了，改革已经来到。

根据多次到学校去调研的情况，此时的教育局内的众人正激烈地讨论，分析着在改革中可能出现的问题，对这些问题做着一些风险的研判，探索研究着如何具体在多个部门各自的职责范围里面，下好中小学教师"县管校聘"管理改革的这步棋。

与此同时，在这片土地上因改革所涉及的学校教师们，对未知政策的到来，也是担忧不已、心绪各异。面对社会上的种种舆论，当时宣传组认为，首先要做好宣传方面的工作，做好正确的舆论导向。通过部门之间多方的商议，梁股长清醒认识到：在宣传方面，如果做得不好，教师们难以了解好这个政策。因而，宣传对政策的解读要到位，要让学校的教职工们清楚明白这项改革目的是什么，让他们明确知道中小学教师"县管校聘"管理改革是一个什么样的形式，工作程序和要求如何进行，而这项改革所求的效果及目标是什么。通过对政策的每一次解释宣传、解析普及，促使学校的教职工对这项改革的解读变得更加充足完善，努力争取与改革相关更多人员的支持，防止让反对改革的人抱成一团，借此增大这项改革的阻力。于是，宣传组开始出谋划策，想方设法地去减轻改革的矛盾，努力在宣传舆论上为改革保驾护航。

二、柳暗花明又一村

正当这项中小学教师"县管校聘"管理改革轰轰烈烈推进的时候，梁股长和同事们接到了一名教师的投诉，说他们接下来的教职工作将与国家的法律法规背道而驰。据了解，这名教师所在的学校，教职工有60多人，其学校正打算开展教代会来进行通过相关的规章制度，而就在进行方案审议的时候，这名教师对他们进行了投诉。这时梁股长他们的心提到了嗓子眼儿，立马去了解相关法律法规，一看，发现真的是他们和学校不了解这个规定，因为按照国家的法律法规，80名教职工以下的学校，是不允许用教代会来通过一些规章制度的，一定要通过开展全体教职工大会来制定规章制度。而好在这名教师也是善意提醒，方案还未实施通过，但自此之后，这件事也给了梁股长和同事们一个警醒，他们深刻明白，做中小学教师"县管校聘"管理改革工作一定要了解清楚相关日常不太常用的一些法律，不能仅凭一腔热血做事，迷住了自己的双眼，同时要依法依规去做这项工作，如果不是依法依规，那就很容易产生所做的事情与国家的法律不相符。

当市委编办、市人社局下发了办案编制岗位的制定通知时，梁股长拿起就开始发起了愁。按照国家的规定，小学的师资比是19∶1，初中的师资比是13.5∶1，高中的师资比是12.5∶1，但是有一些农村小学和有些教学点，规模很小，一个班仅10名学生，两个班合起来还不到师资配比的要求。如果学校里仅是3个班，在一、二、三年级里，每个班里还不足10人，总算起来3个班都达不到师资配比的要求，按编制来算也还不够，若是分配2名教师进行教学，但是就两名教师如何去完成这3个班？梁股长心里泛起了难，想着：少一个老师，这时候怎么配这个岗位？如果严格执行上面的规定，这个工作就没办法推行。他皱着眉，略仰起头，思索着。通过多日思索，梁股长和同事们不断与编办、区人社部门进行沟通协商，终于想出了好的方法。按照区里的实际情况，在市的基础上制定自己区的方式方法，依据各校学生数及预计增班情况，对规模较小、学生较少的农村小学或教学点，给予适当倾斜，按照班次比，一个班分配两位老师来核定教职员编制。同时，编办对他们这种根据实际来定的做法表示极大的支持，人社局也同意帮助他们设定方案。由此，岗位制定方案定了下来。

三、乱云飞渡仍从容

一项改革的推行，总会面对"乱云飞渡"的场景，遇到一些艰难险阻。中小学教师"县管校聘"管理改革的开展，在教师群当中引起了强烈的反响，由于涉及教师们的切身利益，教师们的心态也是起起伏伏。在中小学教师"县管校聘"管理改革涉及的教师交流中，需要有城区到乡镇的教师，当然也需要有乡镇到城区的教师。但在多种因素影响下，很多学校的教师不愿意离开原工作的学校，其中有些教师心里暗暗想着：如果自己是交流出去的教师，是不是位于一个很差的教师行列？是不是自己得不到学生和家长的认可，是被学校抛弃的教师？这时候，他们的心里面不由觉得委屈与担忧，很难配合好改革的工作。然而，不单是教学的教师有担忧，此时韶钢一中的校长也是忧心忡忡，按照学校学生数来测算的话，学校的生源已不断萎缩，学校的办学规模越来越小，学校总共70多名教师，若是学校要留60名教师，按照中小学教师"县管校聘"管理改革的改革需求，当前的学校已超编了16名老师，需要离开16名教师，但学校的出身是厂矿企业的子弟学校，职工与学生关系密切，情况特殊，改革给他的压力像山一样压在他的心头上。

面对这样的问题，教育部门在这方面上尽量地多花时间和精力去了解他们的一些实际问题，去明白他们是怎么样的一些心态，除了进行政策解析，还根据实际情况做一些人文的关怀。对有疑问、有情绪和个人实际困难的教师，教育局和学校就会对教师进行沟通，反复做思想工作，耐心解答教师的问题，以减轻教师心理负担，尽可能让他们放下思想疑虑，积极主动参与改革工作，尽快融入新的单位。对个别教师愿意下乡去薄弱学校的，但是其现阶段的住房、人文生活环境等这些还未解决的问题，在梁股长和同事们看来，这些问题只要能够了解，能够作为教育行政部门有能力进行合法解决的，都尽力帮这些老师解决，从而使他们更好地配合推行中小学教师"县管校聘"管理改革的工作。

在曲江区里，初中的学校总共超编了大概110名教师，而在小学里缺编不少教学的教师，这时急需进一步健全中小学岗位设置动态调整机制，进行教师的岗位流动，但在此期间如何让岗位流动的教师的心态适应转变呢？梁股长和同事们一致认为，一定要先进行人文关怀，然后加以培训，做好转岗工作。教研室进行中小学教师"县管校聘"管理改革之前，从业务上主要的一点是要为教师做好转岗培训，教育部门从对初中里面大约调岗的100名教师，组织进行一些转岗培训。当时的教研室对"如何从这个岗位过渡到另一岗位进行一个适应"的问题，同时开展组织了一些培训、听课、相互的研讨等。梁股长和同事们作为人事部门和学校沟通的桥梁，在生活上及其他方面和转岗教职工谈心相处，与他们沟通交流，让他们尽快地适应新小学的教学和生活环境，当然其中也包括解决一些生活上的实际问题,如子女入学问题、住房问题等,在时间不断前行,在不断从容解决改革遇到的问题的同时,通过中小学教师"县管校聘"管理改革,曲江区教师岗位大致能够满足学校的教学需要,基本上消除严重超编缺编的现象。在这一方面,正如梁股长心里所期望的那样——"起码岗位有人上,起码学生有人去教",这就为开展中小学教师"县管校聘"管理改革中的工作者们的心田注入了一股暖流,感动又欣慰。

四、雄关漫道真如铁

根据梁股长和同事们对于这次中小学教师"县管校聘"管理改革的设计,全区教师岗位竞聘分三批进行,分批聘用,专业归位。第一轮要在学校内进行"校内竞聘",就是要分配好这个岗位里面设有多少个岗位,也就是要做好各个岗位设置,这由当地的教育局根据国家的规定和学校的学生数给多少个岗位。同时跟进学校的生源情况,如何在学校方面设置这个岗位,其中一点必须保证满足教学需要,学校一定要考虑清楚要设置多少门科目,设多少个岗位,岗位里面设多少个专业教师,然后就根据这个岗位,优先让该校的老师来竞聘,按照中小学教师"县管校聘"管理改革的设计,要从学校里面招聘90%的教师,余下的10%必须去交流,以保持教师队伍的稳定。然后再进行第二轮的"跨校竞聘",每个学校都需要有10%的岗位留给其他学校的人来竞聘,供在第一轮中未被学校聘用的教职员选择,而学校内部占90%,在此期间及时地公布这个岗位,让所学专业与申报岗位一致的教师进行竞聘,此规定保证了教师专业归位,减少和避免教师学非所教现象。经过第二轮的竞聘之后,一致被认为是最艰难也是最辛苦的,也就是第三轮的"统一调配",因为在推进中小学教师"县管校聘"管理改革工作的众人看来,在第三轮里的不肯离开的教师,往往携带着多种多样的原因,有个人的因素,也有家庭的一些因素,且在这一环节里教育部门接收到的各方面的反映和矛盾也是集中最多的。

在这次第三轮竞聘改革中,梁股长和同事们大抵也没有想到,此时的他们会遇到持续两年多的行政案件。

对于作为一般的公职人员,第一次站在被告席里的梁股长和同事们,印象可谓深刻。这项改革，无疑是与教师们的切身利益息息相关的。在此轮竞聘的改革中，有一位教师由于从初中流动到小学，觉得自身身份地位下降，在其他人面前失去了颜面，虽然个人待遇和工资都没有落差与减少，但还是有了心结，他对梁股长说："我一直是初中老师，你们现在把我弄到小学去，我都教不了小学。"他对这项改革极度不理解、不配合，于是把"县管校聘"的领导小组告上了法庭，一场波折于韶关市中级人民法院、广东省高级人民法院、韶关市检察院的长达两年多的官司由此展开。在此艰难的时期，教育部门坚持原则，努力做好人文关怀，致力于沟通与和解，寻找该教师的亲戚朋友对他进行劝解，也找当地的政府跟他沟通，然后教育局专程跟他谈心，管教育的副区长专程去跟这名教师交流，然而结果都是不欢而散。但他们对这位教师没有因此产生怨恨之心，而是在坚持原则的基础上进行对他妥善安置，让他慢慢理解这项工作。前进的道路上，有风，也有情；长路漫漫，远方有山，也有水。

五、而今迈步从头越

经过一段时间中小学教师"县管校聘"管理改革的开展，梁股长和同事们也发现了其中的一些问题，至今尚未解决。没有完全厘清作为教育行政部门和学校之间权责的一些界限，易造成教育行政部门"该管的没管，没管的又管"的局面，学校的主动性或者说是自主权没有发挥出来，致使学校在改革方面有"等、靠、要"的思想。另外，没有解决好教师职称与岗位的问题。例如，学校要10名语文教师，10名语文教师之间如何进行配比，是3个高级，4名中级，3名初级，但这还是没有职称的配比，那么如果考虑职称，让没有职称的教师又如何？但教育部门对岗位职称这个问题难以解决，涉及多方面的管理，这需要多个部门协作解决。

现在的他们，到目前为止还是不知如何下手办这件事，就是"职称"与"岗位"怎么匹配的问题。当然，从理论上"职称"的配比是可以做得到的，但实际上很难操作，"岗位"与"职称"的管理很难理顺好这两者之间的关系。既要"岗位"又要考虑"职称"，还要考虑这个人的工作能力等。这样一来，作为实施中小学教师"县管校聘"管理改革的第一线人员是很难处理好一个职称和岗位的关系。

同时,有部分教师通过交流之后,怎样保持他的工作积极性呢?这个看似很容易的问题,但是到了个人层面,究竟其自身是不是出工不出力,还是怎样的?这个不单指表面上看人有没有到位,更加要看的是,其工作积极性是否有保持。

目前,梁股长和同事们以及中小学教师"县管校聘"管理改革领导小组一直都在探讨如何考核评价这个问题。校长、副校长、主任、教师如何分别进行考核?考核的标准和指标体系如何构建?不同学科的教师又如何去考核?考核结果如何利用,考核的作用才能发挥得更好?对此,梁股长他们还需要研究和探索。这也是中小学教师"县管校聘"管理改革能否深入发展不得不解决好的问题。

后记

教育研究领域是一个容易涌现热点的学术属地。毋庸讳言，近两年中小学教师"县管校聘"管理改革的研究热度已大不似前些年。事实上，党的二十大报告还在强调，要加快义务教育优质均衡发展和城乡一体化，优化区域教育资源配置，对此，中小学教师"县管校聘"管理改革仍可称有效战略举措。故，中小学教师"县管校聘"管理改革仍当大力实践，中小学教师"县管校聘"管理改革的研究仍需跟进和深化。本书只是抛砖引玉，一尝试性探索，限于作者水平和能力，本书不足难免，敬请方家赐教。

本书能面世，感谢之人甚多。感谢韶关市教育局有关领导的信任和支持，正是得益于他们的信任，使我有机会走进韶关市基础教育沃野，汲取学术成长的养料。感谢合作者黄华明五级组织员，得益于他的信任、托举，使我有机会忝为区域基础教育智库成员，为区域基础教育发展略尽绵薄微力。感谢韶关市有关县（市、区）、有关学校、有关人员提供的宝贵资料和重要信息，没有这些重要资料，本书的研究将成无源之水、无本之木。感谢韶关学院及教育科学学院有关领导的厚爱和支持，他们不仅助我专业精进，还为本书出版提供了费用。感谢中国纺织出版社有限公司有关编辑，他们为本书出版付出的艰苦劳动。

童顺平
于韶乐园
2023年11月10日